本书系2024年度江苏高校哲学社会科学研究一般项目"江苏乡村休闲体育产业发展路径研究"（项目号24SJYB0289）、2023年度江苏省习近平新时代中国特色社会主义思想研究中心一般项目、江苏省社科基金一般项目"江苏体育强省建设的空间格局及优化调控研究"（项目号23ZXZB015）、2024年度江苏体育强省建设研究基地项目"数字乡村战略下江苏乡村体育旅游产业发展机理与路径"（项目号24SSL123）研究成果。

南京体育学院优秀学术著作出版基金资助

九州文库

企业危机管理

孙绪芹 著

九州出版社
JIUZHOUPRESS

图书在版编目（CIP）数据

企业危机管理 / 孙绪芹著 . -- 北京：九州出版社，
2024. 9. -- ISBN 978-7-5225-3367-4

Ⅰ . F272

中国国家版本馆 CIP 数据核字第 2024TS5838 号

企业危机管理

作　　者　孙绪芹　著

责任编辑　牛　叶

出版发行　九州出版社

地　　址　北京市西城区阜外大街甲 35 号（100037）

发行电话　（010）68992190/3/5/6

网　　址　www. jiuzhoupress. com

印　　刷　唐山才智印刷有限公司

开　　本　710 毫米 × 1000 毫米　16 开

印　　张　19. 5

字　　数　296 千字

版　　次　2025 年 1 月第 1 版

印　　次　2025 年 1 月第 1 次印刷

书　　号　ISBN 978 - 7 - 5225 - 3367 - 4

定　　价　98. 00 元

前　言

　　和人一样，企业也是个有生命的机体，只不过企业是从事经济活动的生命机体。作为企业的主人，如何精心护理企业，给企业治病疗伤、规避风险、化解危机，使企业永葆青春，这的确是发展壮大企业的重要话题。因此，在世界范围内，"企业危机管理"已成为企业需要研究的重大课题之一。据此，笔者以《企业危机管理》为主题，历经一年悉心撰写，最终写成本书。

　　本书所讲的危机，不是人们传统意义上理解的危机，而是指企业在面临内外环境的变化时表现出的种种不适，即问题，问题大到一定程度时就可能演变成"危机"。危机管理不等同于管理危机，危机管理包含管理危机。危机管理中的"管"是一种现实的实践性的行为，危机管理中的"控"是一种预见性的理性的行为。危机管理中的"管"和"控"，前者是一种现在进行时态，后者是一种将来时态，前后两者相结合，企业管理者就能得心应手化解本企业的各种危机。当然，企业管理者可以从过去或其他企业的危机当中得到警示，也可以从自己企业危机管理实践当中获得经验，从而更好地为企业在面临各种危机时提供解决方案。

　　现代企业高度发达，分工越来越精细，产品越来越尖端，服务越来越人性化，对企业管理的要求越来越高。随着社会的飞速发展，经济的快速腾飞，使得竞争变得异常激烈，所以危机管理在各行各业都显得非常重要。事实上，"变"已成为经济生活中一个绝对关键的常数。经济全球化、市场一体化、消费者需求的多样化等内外环境的变化都可能给企业带来各种各样的危机。企业面临着宏观环境、微观环境的变化，如果企业以所谓的"以不变应万变"的策略来应对，无疑是刻舟求剑。

　　目前，在世界范围内对企业危机管理进行系统的研究时间并不长，能见到的有关文献资料不多，这给本书的写作带来了不少的困难。尽管本书在写作过程中对"企业危机管理"作了全方位的分析研究，但书中的不少观点、看法和认识还比较肤浅，而"危机管理"这一题目又博大精深，要深谈"危机管理"并形成理论还远远不够，本书只能起一个抛砖引玉的作用。期盼企业家、学者和朋友们共同努力，不断探索、研究企业危机管理的理论和化解危机的方法，以有效帮助企业、规避危机，从而达到化危为机、远离危机的目的，为实现我国企业的健康、持续、高速发展作出不懈的努力。

本书由南京体育学院孙绪芹博士著，经南京邮电大学管理学院范鹏飞教授审校定稿。本书撰写初稿的时候南京大学朱晓宇、秦欣悦、孔梦宇、钱超，中国海洋大学孙亚卿，南京理工大学刘佳乐，南京体育学院付文清等七位同志也做出了大量的贡献，对他们的辛勤付出深表谢意。

本书在写作过程中得到了不少企业有关领导、专家和学者的大力支持和帮助，并对本书的写作提出了许多有参考价值的宝贵意见；此外，本书在写作过程中参阅了国内外有关专家、学者的企业危机管理的观点和资料，在此一并表示诚挚的感谢。

最后，笔者要特别指出的是，本书在写作过程中难免会出现差错，请各位专家、学者和读者批评斧正。

目　录
CONTENTS

第一章

企业战略危机管理

第一节　企业战略危机概述

一、战略管理与危机管理

提及企业战略危机，我们一般会主观地将其理解为"企业在战略层面出现的危机"。但细究这一概念，我们会发现，传统意义上的"战略"管理是为企业在激烈的市场竞争中大展宏图，实现企业发展目标的一种外向的扩张性行为，而"危机"管理的特点是谨慎，是一种内收的威胁分析策略，两者原本是平行发展的领域。所以"战略危机"，实际代表着企业战略管理与危机管理的深度融合，其背后是传统的战略管理仅关注于战略的指导性作用，忽视其中的危机管理方法的固有弊端，其实践指导意义已经落后于时代的变化。所以将危机管理概念与战略管理相结合，将危机管理的防御能力添加到战略管理的进攻性市场定位中，以产生更全面的组织战略管理方法，具有理论与实践的多重作用，不仅拓展了两个领域的研究边界，对企业的战略布局与长足发展也同样具有重要的意义。

（一）战略管理

1. 企业战略管理概念

战略管理是指企业为了长期的生存和发展，在充分分析企业外部环境和内部条件的基础上，确定和选择企业战略目标，针对战略目标的实现进行谋划，进而依靠企业内部能力将这种谋划和决策付诸实施，并在实施过程中进行控制的一个动态过程。动态管理的过程，亦即企业需要根据外部环境和内部条件的变化以及战略结果付诸实施的反馈信息调整战略管理的过程。同时，战略管理不仅涉及战略的制定和规划，而且包含着将制定出的战略付诸实施的管理，是全过程的管理。

2.战略管理的过程

战略管理过程包括战略制定、战略实施、战略评价三个环节。一般的教材上，这三个环节是按直线列示的，即按顺序依次发生的。但实际上各环节之间是存在互相联系与交叉的可能，比如实施战略的过程中已经对战略进行了评价，两者就会出现重叠。所以，战略管理过程实际上是三个环节相互联系、循环反复、不断完善的，如图1-1所示。

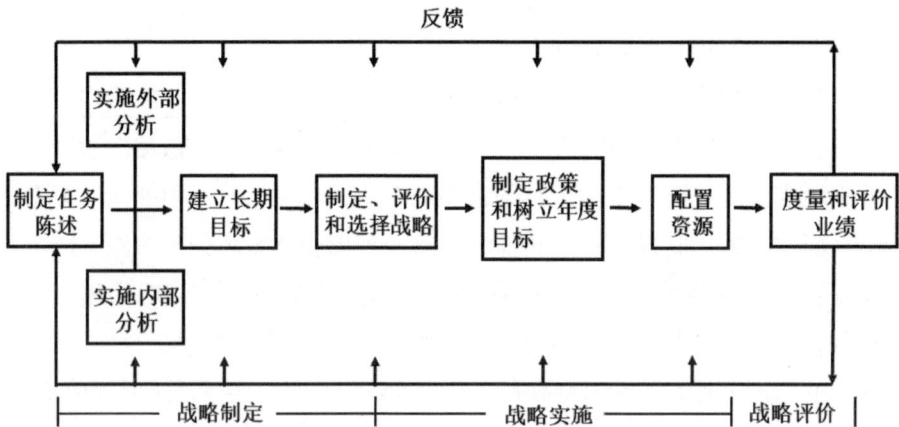

图1-1 战略管理流程框架

（1）战略制定

战略制定通常包括进行某种形式的外部评析，以确定关键的外部机会和威胁，并对组织最重要的优势和劣势（SWOT）进行内部评析。该阶段还包括任务、愿景和声明的制定以及长期目标的规范。战略选择或选择遵循上述步骤，并可通过使用TOWS矩阵（weirich，1982）来系统地确定先前确定的SWOT集合之间的关系（例如优势/机会、劣势/威胁）来促进，以创建基于这些组合的众多备选战略。所谓TOWS分析法即态势分析，就是将与研究对象密切相关的各种主要内部优势、劣势和外部的机会和威胁等，通过调查列举出来，并依照矩阵形式排列，然后用系统分析的思想，把各种因素相互匹配起来加以分析，从中得出一系列相应的结论，而结论通常带有一定的决策性。这种分析法也被称为"倒SWOT"分析法。

（2）战略实施

战略实施涉及修改组织结构和流程，以实现计划目标（即战略、长期目标）。该阶段包括制定年度目标和政策、分配资源以实现目标、调整激励和奖励系统以更好地匹配新的战略目标。

（3）战略评价

战略评价主要涉及传统的控制过程，包括审查和反馈绩效。评价正在实施的战略是否实现了企业的计划和目标，是否偏离了设定的轨道，并据此对现有战略进行纠正与调整。

3. 传统战略管理的缺陷

战略规划与管理的目标是设计竞争战略，使企业能够在所处的行业竞争环境中找到位置，并超越当前行业形势的看法，将企业的目标放得更加长远。这种激进、前瞻性的思维取向忽视了可能损害企业战略管理过程的潜在问题，因而也欠缺对问题处理能力的培养。尽管成功地实施了规划好的战略，但许多公司仍可能对以下因素关注不够：如对环境具有重大隐性破坏的企业经营活动（如：切尔诺贝利）；未检查其存在潜在负面影响的产品（如道康宁硅胶乳房植入物）；可能被剥夺组织权利的利益相关者（例如美国邮政工人）等。

简而言之，在竞争激烈的市场中，战略管理可以为企业制定一个很好的竞争战略，但是它对企业可能面临的危机认识不足，对企业防御危机的应变能力考虑不周，对企业危机的内在机理，如危机成因、危机形成过程、预防危机的规律等方面的研究稍显不足，对可能采取行动防止意外、不可取和意外危机发生的防御行动关注不足。此类危机的发生可能会破坏企业在市场的成功，给企业带来经济损失，损害公司的声誉，最终企业的生存甚至可能受到威胁。

而新兴的危机管理理论大多停留在战术层面上，没有上升到战略高度。因此，真正行之有效的战略危机管理应该从理论上和实践上对危机进行统一，不仅具备竞争观念，而且要有危机意识，把危机管理意识融入企业战略管理过程中，制定战略管理的实施范围过程中研究企业危机的形成机理和危机产生、发展的规律，在战略管理职责中增加应对危机的措施，加强企业应对战略危机的能力，或削弱战略危机的不利影响能力，使企业战略在动态的竞争环境中更具有生命力。图1-2展示了危机管理的流程框架。

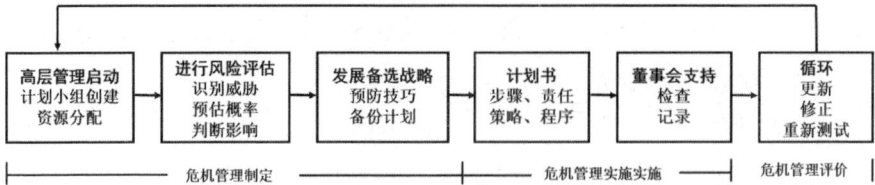

图1-2 危机管理流程框架

（二）战略管理与危机管理

1.战略管理与危机管理的不同点

（1）教育背景

虽然危机管理和战略管理本质上都是多学科的，但每一个领域所代表的学科往往不同。从事危机管理研究的个人通常来自经济学、社会学、心理学、政治学、公共管理、公共关系、环境科学、化学工程、计算机科学和通信等领域。而战略管理的支持者通常接受过商业政策、一般管理、商业及其环境、国际商业和组织行为方面的培训。每门学科都有自己的视角来研究这两个相对较新和新兴的领域。

（2）文化（规范和信仰）取向

社会化倾向于形成一套与特定学科或组织内相关的明确而稳定的态度、信仰、价值观和行为（即文化取向）。例如，虽然战略管理研究人员和从业者坚持包括外部环境在内的开放系统观点，但危机管理支持者在提倡使用全系统观点时使用了更广泛的视角，其观点包括考虑组织的生产和破坏潜力、多系统的可靠性以及紧密耦合的复杂新技术的交互效应。虽然财务绩效是战略管理的主要目标，但危机管理的支持者将质量、安全性和可靠性也添加到公司的目标结构中。

（3）利益相关者观点

战略管理领域将股东、员工、供应商、金融家、政府机构和客户视为其主要利益相关者。危机管理支持者扩大了这一范围，将未出生的后代、特殊利益集团（例如生态学家）、地方政客、竞争对手等都纳入其中。

通过上述讨论，我们可以明白为什么危机管理和战略管理领域迄今为止一直在分别发展。然而，正是这些观点和方向上的差异为二者提供了整合机会。幸运的是，危机管理的观点是对战略管理的补充，因此可以添加到战略管理过程中，以拓宽和加强它。整合任务还将通过危机管理和战略管理之间现存的大量共同点（即相似性）来促进。

2. 战略管理与危机管理的相似之处

（1）对企业所处环境的关注方面

战略管理把环境看作开放系统，强调企业应根据所处的外部环境制定、调整发展战略；危机管理同样也拥有环境是开放系统的观点，它强调提高企业与环境的契合度或一致性，强调不仅要考虑外部环境对企业的潜在威胁，而且要考虑企业行为对环境的影响，以便更好地理解危机的动态并发展危机管理工作。两者的主要差别是：战略管理更多地关注环境由外到内的影响（即寻找机会和威胁），如环境带来的机遇和威胁；危机管理更多地关注环境由内到外的影响（即公司对环境的影响），如企业对外部环境的反应。

（2）企业高层管理者的参与

高层管理人员的参与被广泛视为战略管理和危机管理努力有效的必要条件。在战略管理领域，企业高层管理者或高层管理团队的作用是构建和指导流程，并为实际制定计划和战略的单位级经理提供象征性支持。危机管理领域将高层管理态度视为启动危机管理活动的关键，高层管理人员直接参与危机团队对其正常运作至关重要。危机的出现、危机管理准备的程度以及危机管理工作的有效性都在很大程度上受到高层管理人员的基本假设和活动的影响。

（3）对利益相关者的关注

随着外部环境对企业战略管理的影响越来越大，企业战略管理过程必须充分考虑各利益相关者群体（如顾客、员工、供应商、竞争者、债权人、政府金融机构等）的利益。管理者被看作是各相关利益群体的利益平衡者。由于各相关利益群体对企业的影响巨大，甚至可能给企业的长远生存和发展带来灾难性的损失，造成企业危机，因此危机管理比战略管理关注更多的利益群体。

（4）对整个组织的关注

战略管理领域自成立以来一直关注整个企业（即整个组织）的管理。同样，危机管理试图管理可能干扰整个组织的危机。两者都站在整个组织的高度，关注组织和相关利益者以及整个行业和环境的生存或发展。

（5）一致模式的表达

将危机管理整合到战略管理过程中的一个关键之处是，这两个领域都开发及描述其过程中的公式和实施方面的模型。此外，战略管理和危机管理的支持者都认为，他们的理念应该贯彻于企业生产经营的全过程。由于这两个过程的重要性，战略管理和危机管理主要关注组织及其受影响的成员的长期生存和福祉。战略管理和危机管理都有制定和实施两个过程，两个过程都是持续的、循环发展的，都特别关注企业的长期生存和可持续发展。

（6）存在突发事件的持续性过程

战略制定是一个连续的、复杂的过程，通常也对一些突发事件进行考虑，尤其是为应付外部环境的变化而制定战略时，会加入对突发事件的管理程序。危机管理的研究者发现，高层管理者对一些事物的看法存在一致性，如对组织的认同，因此有形成对危机认识一致性的可能。不论是环境导致的，还是在组织成员的行动中产生的，危机是组织中的突发事件，无论是由环境决定（强加的），还是由组织成员的选择和行动引起，它都随地存在、随时会发生。

以上都是可以把危机管理整合入战略管理过程的关键之处。

3.将危机管理融入战略管理的重要性

将企业危机管理融入企业战略管理之中，首先有利于提高企业决策者的决策水平，在面临企业的战略性选择时更趋于理性与科学性，使企业的发展战略更具策略性，企业的运行也更平稳，同时也有助于决策者增强全体职工的危机意识，防微杜渐，避免危机事件威胁到企业的生存与发展。其次，在企业战略中融入危机管理，有利于企业从管理制度、管理过程等环节贯彻危机管理，根据企业的实际情况建立危机管理程序，准备好危机预案，增强企业识别危机、抵抗危机、解决危机的能力。最后，有利于企业的管理创新，每经历一次危机，企业都会从中找出自身的不足或管理中存在的没有被发现的问题，从而进行相应的改进或调整，从组织机构的设置到管理权限，甚至管理机制的各个方面都可以改变，保证企业更健康、更快速地发展。

4. 企业危机管理与战略管理融合的影响因素分析

实现企业危机管理与战略管理融合受多种因素的影响，主要包含以下四点：

（1）企业管理者的意识与能力的缺失

2019年末突发的新冠疫情给企业带来了巨大的打击，经此事件之后，我国相当部分企业管理者已经具备了一定的危机事件应对能力与预防意识，但在管理实践中予以贯彻的并不多，从企业战略的角度考虑的就更少了。有的企业虽然实施了危机管理，但企业中高层管理人员却普遍具有危机识别能力和危机处理能力薄弱的"通病"。一般地说，他们对于与企业经营效益直接关联的危机具有较高的敏感度，而对于与企业经济效益关联不直接的危机则敏感度相对较低，如并购、诉讼、工作事故、媒体危机等。然而，这些非直接关联的危机，如果得不到及时有效的处理，同样会给企业带来严重危害甚至是毁灭性的打击。

（2）专业危机管理人才的缺乏

调查显示，在企业最经常面临的危机中，人才危机处于首要地位。其中，精通危机管理的专业人才的缺乏对企业的影响也日渐明显。当企业发生危机时，企业管理者感到束手无策，也缺乏系统性的对策。比如，如何正确对待危机事态；采取何种危机处理措施；面对员工、顾客、公众和政府应该采取什么样的行动；危机过去之后，企业将从何处着手恢复管理和经营正常秩序等，均离不开专业的危机管理人才。

（3）危机管理团队的缺乏

虽然危机管理并非只是特定部门或特定人员的职责，而是企业内各部门的联合责任，但是在企业内设立危机管理团队是完全应该且必需的。一个有效的危机管理团队应该包括决策层负责人以及企业各部门的主管或优秀人才，还可外聘公关专家，组成一个智囊团。一旦企业出现危机时，危机管理团队就应当在企业高级管理人员的组织和协调下快速进行危机的处理。危机管理团队应该是企业的常设机构，但目前大多数企业内尚未配备。

（4）危机评价机制的不科学

危机的出现并非一朝一夕的事，往往都有一段"潜伏期"。由于没有及时地、科学地评估，很容易被管理者忽视。现有评估体系也可能存在一些不足，如：片面强调短期的财务指标；评价手段不够先进；评价指标不够全面；评价过程缺乏动态管理等，这些都影响着评价结果。

5.把危机管理融入企业战略管理的过程

图1-3显示了一个新的综合战略管理过程模型，该模型结合了危机管理视角。之前描述的规范性危机管理过程模型已融入传统的战略管理过程模型。该组合模型代表了该战略中的程序整合，将通过直接纳入流程的危机程序来制定和实施。由于同时进行这些过程，管理者不会倾向于认为这些领域具有严格独立的边界，因此对融合后的过程更易产生认同。它同样分战略制定、战略实施和战略评价三个步骤。

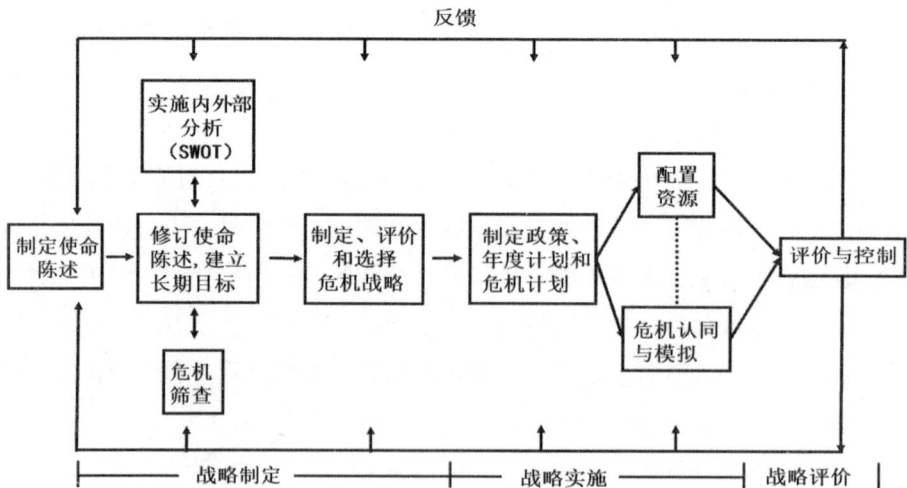

图1-3 融合后的战略管理过程

（1）战略制定阶段

在该阶段仍然采用SWOT法评价内外部环境，找出企业的优势和弱点，分析环境的威胁和机遇，不仅仅把视点放在产品和提供的服务的积极影响上，还要进行危机筛查，找出企业中有可能存在危机的脆弱和敏感的领域；复杂的新技术和新系统中潜在的风险和破坏性也要受到关注，以识别各方面存在的失败的可能；认真评估产品和生产过程，确定是否会产生危机，并随时做好应对准备；对外部环境的影响进行估计。识别技术和社会领域可能带来的风险。该阶段的关键是让管理者有一种危机意识，牢记对危机的否认可能带来严重的后果。

危机筛查后找出几个低概率高威胁的事件、企业的弱势及可能对顾客、员工和环境产生负面影响的产品，再结合SWOT分析的结果进行总体评价，制定出几个备用战略，在形成确定的战略之前，需要有修订过的使命陈述和一系列长期目标（3—5年），其中包括利益相关者分析。最后，充分把握组织内部的优势，回避弱势，削弱环境对企业的威胁和企业对环境的不良影响，探索市场环境和去掉危害后的产品带来的机会，同时考虑危机回避技术，形成有竞争优势的、有弹性的执行战略。

（2）战略实施阶段

这一步骤要制定清楚的公司政策和年度目标以分步实现长期目标，还要制定出危机管理计划并明文规定，包括预期的程序以及员工和管理者的职责。建立危机管理小组是重要的危机管理准备战略，在危机发生时可以迅速投入工作，危机管理小组的核心成员应包括拥有危机处理技能的管理人员、能快速反应不同危机并进行管理的不同专家。另外还要有人力资源、法律、保险、质量保证、安全与健康、公司公共关系方面的代表，核心成员要有CEO的支持和充分授权，以决策和获取资源。危机管理小组成员要能处理压力，面对高压环境仍能保持灵活性和创造性，此外，外部专家也应纳入小组。

（3）战略评价阶段

用向前反馈和向后反馈机制对战略管理和危机管理的结果进行评价，再用评价获得的信息解决问题，采取相应的行动修改战略和奖励绩效。特别预警控制也被纳入战略管理过程，通过定期对危机进行模拟，做好能随时应对危机的准备，并探索其他的防止危机战略。若有必要，进入下一轮制定战略管理过程之中。

二、企业战略危机概念与表现形式

（一）战略危机的概念

战略危机一词的概念不能脱离对"危机"的阐述。当一群人、一个组织、一个社区或一个企业意识到对共同价值观或维持生命的系统的威胁，需要在高度不确定的情况下做出紧急反应时，我们会谈论到危机。迄今为止，理论界对企业危机的定义存在诸多争议。中外专家对危机所具有的特质：严重性、破坏性、复杂性、动态性、扩散性等有着不同认知，因此这些学者对危机名词的概念界定也有不同的阐述。表1-1展示了一些具有代表性的观点。

表1-1　危机界定的代表性理论

Otto Lerbinger	对于公司未来的获利率、成长，甚至生存发生潜在威胁的事件。具有三种特质：（1）管理者必须认识到威胁，且相信这种威胁会阻碍公司发展的优先目标；（2）必须认识到若不采取行动，情境会恶化并造成无法挽回的后果；（3）突然间所遭遇的损失。
Foster	急需快速做出决定，并且严重缺乏必要的训练有素的员工、物质资源和时间来完成。
Barton	一个会引起潜在负面影响的具有不确定性的大事件，这种事件及其后果可能对组织及其员工、产品、服务、资产和声誉造成巨大的损害。
Michael Regester	能够使企业成为普遍的和潜在不适宜关注的承受者的事件，其中关注来自国际和国内的媒体、消费者、股东、雇员等群体。
Donald A.Fishman	发生不可预测的事件；企业重要价值受到威胁。

通过对众多学者的概念解释的汇总，笔者总结出了经典的危机理论包含的重要因素。危机诱因的存在；难以预测性；处理的紧迫性；资源整合的高要求性；对企业价值的威胁与破坏性。在此基础上建立的战略危机概念，即严重削弱管理者实施原有企业战略能力的突发事件或一系列事件。这类事件

既可能来源于企业外部环境，也可能与企业内部环境密切相关，其最终的结果就是妨害企业战略的实施，给企业价值带来了威胁与破坏。

另一种战略危机的概念起源于对企业危机诱因及其预警的分类研究，在这种分类方式下，企业危机诱因首先被分为外部诱因和内部诱因。外部诱因主要是来自企业外部环境及其变动带来的诱因，内部诱因是来自企业内部，由于生产经营和管理问题而产生的诱因。由于外部环境给企业带来的威胁通常具有不可抗拒性，因此不适宜作为预警研究的对象。在内部诱因中，按照美国哈佛大学 Porter 教授关于企业管理是战略管理与运营管理的组合的思想，将企业内部危机诱因划分为战略层面与运营层面展开研究。运营层面的危机诱因又包括来自企业内部不同职能，如供应、营销、人力资源、财务等方面的危机。

（二）企业战略危机的表现形式

1. 重战术，轻战略

战略和战术的概念最初来源于战争和军事活动。战略着眼于战争全局性的研究，战术则针对局部战役而言。正确的战略指导是企业迈向成功的必要条件：如果企业的战略是正确的，即使个别战术运用错误，最终仍能取得成功；反之，如果只重视战术，忽视战略，企业的发展就会迷失方向，最终在激烈的市场竞争中被淹没。企业的成功需要成功的战术，而仅有成功的战术却不能造就成功的企业。对企业而言，战术上的失误只会伤筋动骨；而战略上的错误或者缺乏战略，很可能会误入歧途甚至走上不归之路。

2. 逐眼前利，目光短浅

空间思维和时间思维是战略思维的两大要件：从空间上讲，战略管理要求全局部署；从时间上讲，战略管理要求深谋远虑。在战争中不深谋远虑，将一事无成。在竞争日益激烈的商战中亦是如此。如果企业没有远见卓识，只顾及眼前利益而忽视对未来的研究，往往会患上急功近利的"近视症"，导致企业的短命。

3. 内外部认识不足，战略不切实际

"天时、地利、人和"是企业成功的三大基本因素，其中天时和地利都是企业生存的外部因素。"为将者须知天知地，善用天时地利"，为商者也该如此，要懂得适应天时和占据地利。在瞬息万变的市场环境中，制定企业战略首先要分析环境，从而适应企业所处的外部环境；如果忽视外界环境的变化，企业往往会处于被动局面，甚至会一败涂地，血本无归。

"知己知彼，百战不殆；知天时地利，百战不殆。"古代军事家孙武不仅同时强调外部环境和内部条件对战争胜负的重要作用，而且将后者放在优先的位置上来考虑。从哲学的角度出发，无论是天时，还是地利，都是外因；相对于外因而言，内因则是影响事物发展变化的主导因素。因此，分析内部条件，是企业生存和发展的基础，是战略定位的关键起点。如果要在激烈的竞争中立于不败之地，首先要看清自己。

4.孤立看待战略，忽视组织配套

企业战略管理的实践表明，企业的组织结构是实施战略的重要基础，战略目标的实现在很大程度上取决于企业的组织结构与既定战略的匹配程度。并且，企业战略与组织结构之间的关系是后者服从于前者。如果只关注战略本身的变化，忽略组织结构与战略的匹配，可能会使新战略的实施效果大打折扣，甚至会功亏一篑。

5.战略已到位，文化拖后腿

在企业经营活动中，一个新的战略的制定和实施，都需要企业原有文化的配合，但由于原有的企业文化具有滞后性，很难与新战略适配。同时，随着企业经营的发展，企业组织规模的扩大，企业员工的增加，也会给企业带来新的文化。尤其是随着新科学新技术的发展，日益激烈的竞争形势同样也会要求企业文化的提升。这种变化环境，给企业的高层管理者带来了一个新的课题：在战略管理中，企业内部的新旧文化必须相互适应，相互协调，扬长避短，为企业战略的成功提供保证。

6.战略实施僵化，缺乏动态调整

纵观世界万物，无不处于变化之中；矛盾的双方，无不处于相互变化之中。变化是永恒的，一切科学都在研究变化，企业要做好战略管理，也要研究变化。企业的发展战略会随着外部环境、自身条件及竞争对手等诸多因素的变化而发生变化，战略的实施也要根据变化而变化，万万不能"以不变应万变"，否则会走向形而上学的误区。从某种角度而言，战略的实施比战略的规划和制定更具有难度，因为战略的制定是静态的，而战略的实施受到很多不确定因素的影响和制约。

第二节 企业战略危机的成因

一、战略性隐患存在的客观必然性

企业外环境的不稳定性、内部管理冲突及企业各种发展战略潜伏的危机，决定了各种战略隐患的滋生、发展具有某种客观必然性。

（一）外部环境的不稳定性

从企业外部环境看，存在着经济周期性波动、产业结构调整、宏观政策环境变化、消费者需求的不确定性以及企业竞争的加剧等常见的情况，这表明企业的外部环境存在很多不稳定因素。就以2019年末暴发的新冠疫情为例，疫情突如其来，且迅速发展成为全球性的公共卫生安全重大事件，完全改变了人们原有的生活状态，小到跨区域的旅游出行，大到国际性的交流合作，都受到了巨大的影响。无论是被迫停产停工，还是所需资源供应链的意外断裂，都是不以一家企业的意志为转移的。中国在2016年提出了供给侧结构性改革，要淘汰过剩产能。对于国有企业而言，这项改革可能会致使大批员工下岗，如何妥善安排这些员工，实现企业有效转型与优化重组是国有企业面临的重大挑战；对中小企业而言，如何有效降低生产成本、提升产品附加值与市场竞争力是关键。当今的技术日新月异，某项技术性的突破可能是新兴企业发展的关键，也可能是故步自封的旧企业走向衰落的开端。只要影响国际、国内政治、经济稳定的矛盾存在，只要技术进步还在推动市场竞争走向深化，来自企业外部的威胁和隐患造成的战略危机就始终存在。

（二）企业内部冲突与决策失误

企业内部冲突是影响企业战略安全的重要因素。作为社会经济组织，企业是由各种不同价值观、利益取向的群体组成的，这决定了企业内部矛盾、冲突在很大程度上是不可避免的。特别是企业股东之间、股东与管理层之间、管理层与企业职工之间、管理层高层人员之间的矛盾，对企业的战略安全和持续发展具有极大的破坏力。企业战略决策的失误是导致企业战略出现危机的又一主要因素。一方面，由于决策能力、信息掌握方面的局限，企业在经营决策中难以做到没有任何疏漏。另一方面，所谓百利而无一害、"万全之策"的说法都是以一定客观条件为前提的，都不是绝对的。即使在一段时间看来完全正确的决策和行为，如果从更长的历史阶段来分析，其后果都会具有两面性。而且在很多情况下，我们不难发现，有利于一段时间的决策（如民营企业创业初期的家族管理）可能对长远有害；有利于局部的行为（如部分地区的高能耗高污染产业发展）可能影响全局的利益。

（三）企业发展战略本身潜伏危机

企业发展战略本身潜伏危机是导致企业战略危机的又一主要因素。企业不管采取何种发展战略，都要承担一定的风险，都有出现战略危机的可能，因为每一个发展战略本身都不是完备的，都存在潜伏危机。

1. 集中生产单一产品或服务的战略存在的风险

该战略的主要风险是企业产品或服务的市场需求下降，企业将会因此面临困境。如顾客偏好变化、行业竞争加剧、技术进步加快或政府政策改变等这些都会对实行集中生产单一产品或服务战略的企业构成威胁。

2. 一体化战略存在的风险

（1）纵向一体化战略的风险

①由于纵向一体化使企业规模变大，想脱离行业就非常困难。另外要明显改善企业效益，就需要对新的经营业务进行大量投资，存在资源链条断裂的风险。

②由于纵向规模发展要求公司掌握多方面技术，管理成本不可避免地就会上升。

③由于前向、后向产品存在相互关联和相互牵制，不利于新技术、新产品的开发。

④可能存在生产过程各个阶段生产能力不平衡问题。因为各个生产阶段

最经济生产批量或生产能力可能大不相同，导致有些阶段能力不足而有些阶段能力过剩，使得整体产能失衡。

（2）水平一体化战略的风险

①管理协调难度大。由于存在历史背景、人员组成、业务风格、企业文化、管理体制等差异，收购过来的子公司和母公司之间的协调工作非常困难，这是水平一体化的主要风险。

②政府法规限制。由于水平一体化容易造成产业内垄断结构，为了使产业生态趋向健康发展，创造优良的市场竞争环境，各国法律法规在这方面都有着不同程度的限制。

3. 多元化战略存在的风险

（1）系统风险

企业进行多元化经营时，不可避免地要面对各类的产品及市场。这些产品在生产工艺、技术开发、营销手段上可能不尽相同。这些市场在开发、开拓、渗透、进入等方面也都可能有明显的区别。企业的管理、技术、营销、生产人员必须重新熟悉新的工作领域和熟悉新的业务知识。另外，由于企业采用多元化经营，规模逐渐扩大，机构逐渐增多，企业内部原有的分工、协作、职责、利益平衡机制可能会打破，管理、协调的难度大大增加，在资源重新配置和保证企业竞争优势方面会遇到较大的挑战。企业若向新领域进军有可能决策失误，并且遭受失败的风险，造成新经营项目的失败。

（2）资产分散化风险

在一定条件下，企业在一定时期内所拥有的资源是有限的。如果企业内生产经营单位过于分散，原有主导产品就无法获得足够的支持资源，最终会导致企业在原有主导产品或主营业务竞争中丧失市场优势。

（3）成本风险

成本风险即代价风险。通过多元化战略来降低经营风险需要付出一定的代价。对于互不相关的多元化或跨行业经营发展方式，人们不能片面夸大"把鸡蛋放在不同篮子里最安全"。因为从更深层次考虑，放鸡蛋的篮子也是有成本的。如果把造篮子或买篮子的成本考虑进去，许多企业还是会选择把鸡蛋放在一个篮子里。因此，企业采用多元化战略要进行综合比较与权衡。

二、企业战略危机诱因

钱德勒认为："企业战略是决定一个企业基本和长期的目标，并为实现那些目标采取一系列必要的行动和资源配置"。[①] 企业战略管理的核心是追求竞争力，企业通过战略管理过程中各个环节的有效运用，可以找出企业发展方向、获取期望的战略竞争力和超额利润的方法。由本章第一节的论述我们已知，战略管理包括战略制定、战略实施和战略评价三个阶段，每个阶段都存在着不同的危机诱因，具有不同的表现形式。因此，企业要实时动态地监测企业内外部的各种事件及其变化趋势，以便及时作出必要的调整。

（一）企业战略制定阶段危机诱因

战略制定包括对于战略的分析、制定、评价和选择，是企业战略管理的起点，也是保证战略成功的基础。在这个阶段需要对外部环境和内部条件进行全面而细致地分析与评价。战略的制定具有一定的复杂性与挑战性，面临着变化莫测的内外部环境，不仅需要制定者极强的宏观把控能力与判断能力，同时还要对未来长期的发展趋势有正确的研判，要有大局观。并且由于不同企业的资源禀赋、组织架构、发展目标、企业文化等方面存在诸多差异，不存在一个通用的战略制定参考模板。由于战略制定的多样性和不确定性，企业必须认真对待战略制定过程。在该阶段可能引发企业危机的诱因涉及企业的目标与任务、外部环境、内部条件、与战略执行环节的脱节、战略选择的随意性等。

1. 缺乏明确的使命、目标和任务

企业使命是对企业的经营范围、市场目标等的概括性描述，是确立企业战略方向的基础，它表明了企业的性质和发展方向，需要企业确定其经营领域和目标客户群体等内容。战略目标是企业使命的具体化，是企业追求的较大的目标，如市场份额、利润率、生产率等。企业使命和战略目标实际上回答了企业是什么、要做什么、怎么做等一系列的问题，为企业指明了前进和发展的方向，以及过程之中具体应该采用何种方法，同时也让企业更加明确自己的优势和劣势，更有针对性地进行机遇的把握与优势的培养，对企业的

---

① ［美］钱德勒．美国企业的管理革命［J］．新远见，2012（9）：64-73.

长期发展具有非常重要的指导性作用。

但部分企业在战略制定方面视野稍显狭隘，认为只要在具体的每一个环节都做好了，那企业战略的成功就能顺理成章地实现。它们实际上已经陷入了一个误区——缺乏企业使命和战略目标的指导，企业的战略是无法发挥其指导性的作用的。其结果就是尽管职能层做得很好，但企业的整体战略还是会失败的。因为公司层和职能层的目标相互脱离，各自为战，无法形成合力，不同部门、个人的努力方向难以与企业的总体方向一致，不但不能有效地执行战略，反而会导致企业内部运营混乱，影响企业的发展乃至生存。

2. 缺少对外部环境的评估或评估错误

企业外部环境，是指存在于企业周围、影响企业经营活动及其发展的各种客观因素与力量的总和。作为社会的个体，企业深受其外部环境的影响。在企业制定其战略之前，必须对其所处的环境做一个全面而细致的分析，了解企业受到哪些方面的挑战与威胁、面临怎样的发展机遇。对宏观环境的分析常用的分析工具是 PEST 分析模型，主要包括四个方面：政治法律环境、经济环境、社会文化环境和技术环境。更为详细的内容将在本章第三节进行论述。

政治法律环境具有一定的强制性。对企业来说，政治法律环境是企业进行宏观环境的分析的重点，因为企业的任何生产经营活动都必须建立在社会规范，尤其是强制性的法律规范之下，这是企业行驶在正确轨道上的前提，并且违反的代价将会是巨大的。上证报资讯数据显示，2020 年以来已有超 50 家 A 股公司披露，受到生态环境部门、自然资源部门、市场监督管理局、药品监管局、应急管理局等非银部门处罚。其中，环境污染问题依然突出，有 21 家公司被生态环境部门出具"环保罚单"；处罚力度最大的则是资源破坏类处罚，违法成本高达上亿元，其中近 20 家公司单次罚没金额在百万元以上。①

经济环境是指企业所面临的各种经济条件、经济特征、经济联系等客观

---

① 因破坏资源或污染环境 去年以来超 50 家 A 股公司被罚 [EB/OL]. 上海证券报·中国证券网，2021-05-08.

因素。主要关注的方面是国家经济处于经济周期的何种发展阶段、国家的人均购买能力、人口数量、价格变动（通货膨胀）等因素。

社会文化环境包括社会文化和整体价值观，以及建立在此基础上的社会成员行为态度。企业都是存在于一定的社会文化环境中的，企业的员工也是社会成员的一分子，如果企业缺乏对这个环节的分析，不仅在外部可能会遭遇阻力，在企业内部还有可能遭到抵制。

技术环境同经济环境一样，对企业的生产和销售有着直接而重大的影响。技术往往成为决定企业生存的关键性因素。尤其是一些破坏性技术的出现，常常对一些大型的企业（产业）形成巨大的威胁，甚至导致某一产业的衰亡。例如，晶体管的发明和应用严重危害了真空管行业；数码相机问世二十年就开始让柯达显出了疲态，不到四十年的时间就让曾经盛极一时的柯达宣告破产。

3. 缺乏对产业环境和竞争对手的分析

产业环境分析主要包括两方面：一是产业基本情况分析，包括产业生命周期分析、产业能力分析、产业进入和退出障碍、产业内战略群体分析等内容。二是产业竞争结构分析，常用的是 Porter 的五力竞争模型，即供应商的讨价还价能力、购买者的讨价还价能力、潜在进入者的威胁、替代品的威胁、产业内现有竞争者威胁等五个方面。更为详尽的内容将在本章第三节进行论述。

竞争对手分析重点集中在与企业直接竞争的企业，这种分析对企业来说尤为重要，也更具有实际价值。否则，企业将无法了解竞争对手，特别是关键竞争对手的实力和发展战略，也无法为企业其他的战略环节提供有价值的信息。对竞争对手分析的常用工具是 Porter 的竞争对手分析模型，包含四个方面的主要内容：竞争对手的未来目标、现行战略、自我假设和潜在能力。

产业环境分析能给企业提供了一个更加清晰的竞争图景。企业只有在详细分析的基础上对产业的发展前景、发展能力、战略转移的难易、竞争对手的多寡强弱等情况有了全面的了解后，战略制定才不会是空中楼阁，无源之水。

4. 欠缺对内部条件的分析

在战略管理重要的工具 SWOT 分析中，内部条件分析目标是寻找企业的优势与劣势。这是企业生存和发展的基础，是战略定位的关键起点。企业若想在激烈的市场竞争中占据一席之地，首先必须了解自己，确立自己的战略优势和发展方向。对企业内部条件的分析主要包括三个方面的内容：企业资源分析，包括人力资源、财务资源、物质资源、组织资源、技术资源、信誉等分析；企业能力分析，包括财务能力分析（用收益性指标、安全性指标、流动性指标等来判断）、营销能力分析（产品竞争能力、销售活动能力、市场决策能力等）、组织效能分析、企业文化分析、企业业绩分析、企业现存问题分析等；企业核心能力分析。

企业资源分析的战略意义在于保证企业在现有的条件下获得最大的利润，确立企业的成长及未来发展方向；企业能力则用来评价企业运营资源的能力；企业核心能力是将企业能力中的关键部分挑选出来并进行重新组合，进而形成独具企业特色的、能为企业取得持续竞争优势的企业能力。模仿和盲目随大流全是许多企业在战略制定过程中的一种常见错误。当看到其他企业战略获得成功时，便盲目仿效，尤其是企业在进入新产业的问题上，缺乏独立判断，盲目随大流，致使许多企业的发展同质化，缺乏特色，进而缺乏独特的竞争优势，而且还有可能形成恶性竞争；另外，模仿还表现在企业仿效自己过去的经营战略，而不是根据已经变化的环境重新调整战略。国内企业还有一种倾向即企业越大越好，所跨行业和地区越多越好，而不考虑自身的能力匹配问题，没有意识到企业规模只有与企业所拥有的资源及运用资源的能力相适应时，才能发挥规模效应，"大"而"不强"带来的只是暂时的繁荣，危机的发生只是迟早的事情。

5. 战略选择的随意性

采用科学的方法进行战略的分析和选择极其重要。但是国内的许多企业往往忽视该环节，或者将决定权完全交给领导层，以少数人意志为战略选择依据，从而使企业战略制定脱离企业的实际环境。当战略决策权垄断在企业的个别领导者手中之时，极有可能出现领导者为了谋取私利，巩固自己的地位而不听取他人意见的情况。这往往导致战略的制定缺少理性分析的支持，缺少对企业自身和外部环境进行缜密分析与预测，导致战略的盲目性，也往往导致战略失去稳定性，变动过于频繁，最终结果是企业并没有建立起真正符合企业发展需要的、科学的战略。

6. 用计划工作代替战略制定

战略与计划工作存在本质的区别。计划的制定是在预测的基础上进行的，它假定在实施计划的时候外部世界按照预测的路线发展变化。现实情况表明，尽管某些重复的、稳定的类型是可以预测的，但是对不连续的事件，如技术创新、价格等的预测却难以实现。既然现实发展很难按照预测的进行，固定不变的计划就很难适应未来的情况。

不仅如此，用战略计划工作代替战略工作也很难形成创新性的战略。尝试在创新战略形成中起到了很大的促进作用。用计划的方法制定战略过于公式化，不利于创新。战略应付的是不确定性，需要的是创新的解决办法。公式化系统虽然有助于处理更多的信息，但是一个新想法的产生可能需要人们长时间的冥思苦想、直觉、尝试和顿悟等。一些企业将战略制定完全交由计划部门来完成，这很难产生创新的战略，能做的仅是对历史发展趋势进行外推，难以承担起发现和利用机会、避免风险、提高竞争能力的要求。

7. 缺乏全球化意识

全球化已经是一种趋势，一股不可阻挡的潮流。入世后，中国企业直接面临着来自国内和国外企业的双重压力，同时也是双重机遇。它要求企业在制定战略时必须同时考虑国内国外两种环境，包括其中的产业环境和竞争对手的能力。从近几年的实际情况来看，这已经成为许多中国企业所面临的重要挑战之一，特别是在市场准入、行业标准、反倾销限制等方面给中国企业形成了极大的压力。虽然其中有偏见和冷战思维的影响，但更多的是与中国企业一贯采用的粗放式经营方式密切相关。

（二）企业战略执行阶段危机诱因

战略制定为企业描绘了一幅发展蓝图，战略实施就是如何将该幅蓝图变为现实。与战略制定过程相比较，战略实施阶段更具有重要性。不论公司规模大小，都可能会由于战略实施（执行）的失误而无法取得成功。在企业战略实施的环节，常见的危机诱因主要有以下几种：

1. 缺乏内部沟通

企业战略的有效执行是全体员工共同努力的结果，只有将企业战略目标量化地分解到每一名员工身上，形成其工作准则与方向，同时把战略行动明确、具体地划分到每一个部门，才能保证企业在战略执行时形成合力。在这一过程中，企业内部沟通起着至关重要的作用。一旦企业内部缺乏及时、有效的沟通，就会导致部门间目标错位，各自为战，甚至出现恶意竞争的事件，形成内耗的局面，不但会严重妨碍战略的执行，降低企业的效率，更有可能会危及企业的生存与发展。

2. 执行文化的缺乏

战略实施需要将战略构想转化成为整个组织的实际行动，是一套系统化的流程，包括对方法的严密讨论、质问、坚持不懈地跟进以及责任的落实；还包括对企业所面临的商业环境做出假设、对组织的能力进行评估、将战略与运营及实施战略的相关人员及其所在的部门进行协调，以及奖励与产出的结合等。需要将企业的核心流程：人员流程、战略流程和运营流程进行有机、紧密结合。然而，企业的领导者往往把大部分精力投入所谓的高层战略之中，把关注点放在了很多智力化甚至是哲学化的问题上，而没有脚踏实地地去执行与落实。他们往往认为实施（执行）是属于战术层次的问题，没有对具体的实施给予足够的关注。他们往往只是同意执行一项计划，但随后没有采取任何具有实质意义的行动，从而导致目标与结果之间成为"缺失的一环"。

3. 忽视战略实施的动态调整

企业战略的制定总是基于一定的环境条件假设，而内外部环境处于不断变化之中，企业战略的执行也应随着环境变化而进行调整。不仅如此，还应该对可能发生的特定变化及其对企业战略实施的影响，以及应采取的应变方案都要有充分的了解和准备。僵化地执行战略会导致企业故步自封，逐步被市场淘汰。

4. 战略执行缺乏匹配组织

组织结构是战略得以执行的重要工具。如果一个好的组织战略缺乏与之相适应的组织结构，那么会导致企业无法发挥组织协同效用，妨害企业战略的执行。在战略执行过程中，企业高层管理者对于组织结构的要求、战略的类型、企业自身的条件的认识决定了企业采取何种组织结构。但是组织结构并不是一成不变的，企业战略管理者要根据战略的需求适时地改进组织结构，使之与企业战略相匹配，这样才能使组织整体效益最大化。

5. 缺乏资源支持

在战略分析和制定环节对企业资源的要求还只是停留在设想与计划的状态，但在战略实施阶段，资源支持就真正成了成功实施企业战略的关键因素。缺少资源支持的企业战略只能是纸上谈兵，没有实际意义。从企业战略的角度来说，企业资源包括两类：有形资源，如人员、资金、设备；无形资源，如企业文化、组织结构、管理模式、协作意愿等。由于战略具有全局性的指导意义，具体的操作与实施是建立在战略的基础之上的，因此无形的软件资源对企业战略的成功实施具有更大的作用。企业在分析战略所需的资源支持，以及企业具备哪些战略资源时，应该全面评估企业的资源和能力，充分发挥优势资源的作用，同时尽量补足劣势资源的短板，据此采取可行的战略实施方式。脱离企业实际资源状况的战略构想不仅不能帮助企业获得成功，反而由于过分的随大流可能把企业已有的资源消耗殆尽，在企业缺少新资源供应的情况下放弃战略，走向灭亡。

6. 战略实施缺乏连续性

企业战略是一个分层次（公司层战略、经营单位层和职能层战略）和分阶段（长、中、短期）的过程，那么在具体的战略实施阶段，企业的行动也要分层次和阶段。无论部门如何分工、计划如何制定，最终的目的应该是一致的，那就是服务于企业总体战略目标。这就要求企业在实施其战略时，必须注意不同层次、不同部门、不同阶段战略的衔接，避免因频繁的调整使企业的战略失去连续性，导致战略阶段脱节，最终影响企业战略的实现。

7. 战略没有得到彻底执行

虽然许多企业在综合地评估了企业内外部环境并结合自身资源制定出了完美的战略，但却仍旧无法达到预期的效果，这令很多企业高层管理者百思不得其解，其实问题就出在战略执行欠缺坚决度，没有得到彻底的执行，表现在企业在既定战略的实施过程中没有及时感知到偏差以及变化，或者战略管理者因短暂的曲折直接放弃战略，甚至因短期的利益而改变战略。当然，彻底的执行并不意味着执行的僵化，在企业内外部环境、企业资源变化时，企业要灵活地对战略进行修改，但必须以追求既定战略目标为根本出发点，围绕着战略目标执行战略行动。

（三）企业战略评价阶段

无论企业战略的制定多么全面，由于市场环境瞬时性的变化，决策者会普遍感到"变化大于计划"，因此适时、客观、高效地评估战略实施情况，并采取相应的行动，无疑是企业实现目标的必要条件。战略危机评估不仅是在年底或存在重大问题的时候进行，而且必须在管理过程中持续进行。当环境越来越复杂，市场转移越来越快时，评估频率也必须相应提高。如果发生这种情况，它可以及时校准方向，防止事故发生，市场环境瞬息万变，要想成功实现企业战略，就必须适时地、客观地、高效地对实施的战略进行评价，并据此采取相应的反馈调整行动。用静止的眼光看待战略会致使战略失去与环境的同步，最终导致企业战略的失败。

1.企业缺乏有效的战略评价机制

战略服务于企业的最终目标，在实现企业目标的过程中难免会有偏差。当偏差出现时，企业可以采取的措施不外乎两种：修正战略或者调整战略实施行为。要想实现战略，企业必须从制度上对战略采取评价和反馈调整，以保证战略不会偏离既定的方向，否则很容易导致企业战略实施的结果偏离预定的战略目标或战略管理的理想状态。

2.评价指标不科学，评价手段落后

对企业战略的评价不是随意的，而是科学性和实用性的结合，特别是在评价指标的选取和确定上。比较常见的误区是评价指标过于笼统，没有区分公司层和职能层的不同要求，指标缺乏可操作性。另外，企业在进行战略评价时，容易片面强调短期的财务指标，如投资收益率、销售增长率、市场份额等的重要性。这些指标固然重要，但绝大多数财务指标都是为年度目标而非为长期目标制定的。战略的实施是一个漫长的过程，其实施结果可能在数年后方能显示。因此，过分关注短期指标不仅难以对战略做出公正、客观、准确的评价，反而在客观上"弱化"了战略目标，极易对企业的战略实施产生误导。多数企业的战略评价，或者是"集中式的专家研讨"，或者是"零散的内部报告"，活动形式多是"静态"的，并未将评价活动作为一个动态过程来管理，也未形成相对稳定的评价机制和"动态"的评价体系。最常见的就是远离数字化的落后的评价手段在企业中的广泛应用。

3.进行事后评价，缺乏事前和事中评价

在对企业战略进行评价时，还要注意时机问题，既要有事后评价，也要有事前和事中评价，从而形成一个完整的评价体系，严格把控好战略管理的各个环节。但不少企业习惯于到年末，甚至是只有到发生重大问题时才考虑进行战略评价。其实企业战略出现危机并非一朝一夕的事，往往都有一段"潜伏期"。在"潜伏期"的早期阶段，企业经营者也大都有所察觉，但由于尚未出现严重偏差，不易引起重视。由于未能及时进行战略评价，找出问题所在并采取相应的纠正措施，当企业外部或内部出现某种"诱因"时，战略危机的爆发就已经在所难免，留给企业发挥主观能动性的空间已经很小了。

企业战略危机诱因分类总结如表1-2所示。

表1-2　企业战略危机诱因分类总结

战略阶段	常见危机诱因
战略制定	涉及企业使命、外部环境、产业环境、竞争对手、内部条件等，战略选择随意性，计划代替战略缺乏全球化意识
战略实施	战略沟通、执行文化、资源条件、战略实施连续性等的缺乏，组织结构与战略的不匹配，战略实施的权变及动态调整等
战略评价	缺乏有效的战略评价机制；评价指标与评价手段落后；往往采用事后评价，缺乏事前和事中评价

三、战略危机的发生机理

战略层面的危机并非独立存在的，作为企业经营的指导性工具，它与企业的外部环境与内部运营情况同样密不可分。任何战略危机的发生都有各自的诱因。当一定内外因素使潜在战略隐患转变为现实威胁（如外部出现强大竞争对手、相关产业政策环境发生剧烈变化、内部领导层矛盾激化等），而企业又不具备消除和化解威胁的意识和能力时，就具备了战略性危机爆发的诱因。这个时候，企业内外某一异常事件都可能直接导致战略性危机的爆发。企业战略危机的发生机理如下图1-4所示。

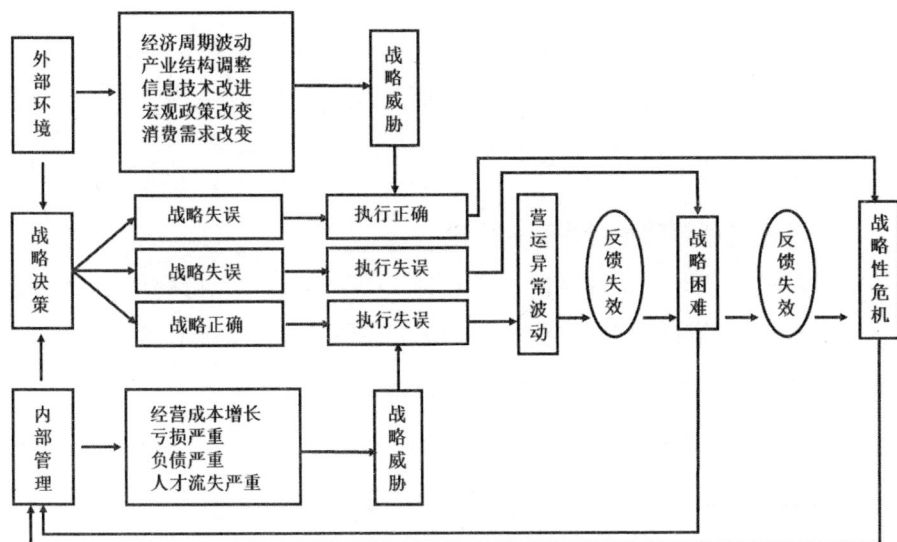

图1-4 战略危机的发生机理

1. 由于企业存在战略缺陷和面临战略威胁的不同，企业的战略危机诱因也不同，从而导致企业的战略性危机发生的形式也会有所不同。由企业内部因素引发的战略性危机一般从营运异常波动开始，到陷入经营困境，再到全面危机，过程发展相对缓慢，有时甚至会持续几年的时间，特别是危机初期不易被察觉。而由外部环境剧烈变化引起的战略性危机，由于外部因素的不可控性，战略性危机的发生往往表现出一种爆发性，有时营运异常波动的阶段很短，企业很快会陷入经营困境甚至破产倒闭。

2. 无论发展形势是突发性的还是渐进性的，战略危机一旦爆发，一般不会在短时间内得到消除或缓解。同时，随着危机的深化，战略要素的失衡会进一步加剧，加之反馈失效导致企业运营更加紊乱并形成恶性循环，最终会使企业走向崩溃。

3. 在危机的发生过程中，决策过程和执行过程具有同等重要的意义。从图1-4可以看出，即使企业战略决策正确，而在执行过程中出现问题，企业很可能发生危机，如果企业战略决策失误，无论后面的执行正确与否企业都会被战略性危机击垮。

第三节　企业战略危机预警及防范

一、战略危机预警指标体系的构建

企业战略危机是一个综合性、多角度、复杂的问题，且具有一定的突发性，因此企业必须建立切实可行的战略危机预警系统。系统的建立具体包括预警指标体系的选择、评价以及模型的建立。

（一）预警指标体系的构建原则

1. 重要性原则

根据辩证法抓事物主要矛盾的基本原理，我们在选取企业战略危机预警指标时首要坚持的是重要性原则，即根据战略危机诱因的多样性，在全面分析企业战略危机诱因的同时，有重点地选取预警指标，使得指标能反映企业战略危机的主要方面。

2. 独立性原则

对企业战略危机进行评价时，需要监控企业战略管理过程的各个阶段，每一阶段都应当恰当地设计和选取反映该阶段的指标，这些指标构成了企业战略危机预警指标体系。在选取指标时，每一个指标都需要监测该阶段的一个或一类诱因，不同类诱因需要的指标个数也不尽相同。因此，指标间必须保持独立性，不能存在逻辑上的因果关系，不能具有相关性。整个预警指标体系就是由这些独立的指标构成。

3. 定性原则

本书的研究对象是企业战略危机，在分析企业战略危机诱因时采取的方法是定性法和案例法。因此在构建企业战略危机预警系统时，选取的均是定性指标，并使用特尔菲法和层次分析法等定性分析常用方法进行预警系统的构建工作。

4.简约性原则

企业战略危机是企业危机的一个分类，涉及企业所有流程，包含的内容特别繁杂。但是在指标选取时不可能事无巨细地描绘出所有表面现象，必须概括并提炼出本质问题。本节的后续部分正是这样一个抽象提炼的过程。因此，根据这些主要的诱因所选取的指标必然是简约的。

（二）预警指标体系的构成

通过前述对企业战略危机诱因的分析，我们已经探究了诱发企业战略危机最基本、最主要的成因，因此我们将根据这些诱因来建立战略危机预警的指标。在战略层面有3个一级指标，即战略制定、战略执行和战略评价；10个二级指标，即战略明确度、战略科学性、战略认知度、战略柔性、战略与组织结构的匹配度、战略与资源的匹配度、战略执行的连续性、战略执行坚决度、战略评价科学性以及战略评价的效果。如表1-3所示。

表1-3 企业战略危机预警指标体系的建立

	阶段	诱因	评价指标
战略危机 A1	战略制定 B1	无明确的企业使命、目标和任务	战略明确度 C1
		缺少对外部环境的评估	战略科学性 C2
		缺少对产业环境和竞争对手的分析	
		缺少对内部条件的分析	
		缺乏全球化意识	
		用计划工作代替战略执行	
		战略选择的随意性	
	战略实施 B2	缺乏战略沟通，无法达成共识	战略认知度 C3
		缺乏执行文化	
		战略实施忽视动态调整	战略柔性 C4
		组织结构与战略不匹配	战略与组织匹配度 C5
		战略缺乏资源支持	战略与资源匹配度 C6
		战略实施缺乏连续性	战略执行连续性 C7
		战略没有得到彻底执行	战略执行坚决度 C8
	战略评价 B3	缺乏有效的战略评价机制	评价科学性 C9
		评价手段落后	
		评价指标不科学	评价效果 C10

将上述的主要危机成因转化为指标后，我们便得到了一个衡量企业战略危机的指标集，它们构成了企业战略危机预警评价系统的指标体系。表1-4对这些指标进行了详细的说明。

表1-4 战略危机预警评价指标详细说明

	指标名称	符号	指标基本含义	指标预警作用
战略制定 B1	战略明确度	C1	指企业高层对如何发展企业所具有的一种明确的观念和系统的思考	这个指标可识别在企业战略理念形成初期可能存在的，因为企业高层对战略认识不够明确，从而导致企业战略定位失误引发的危机
	战略制定科学性	C2	指企业在制定战略的时候，遵循普遍性的客观规律，通过对企业内外部环境进行正确、细致的研究后再制定战略计划	企业高层对企业进行了正确的定位，形成了战略理念之后，则进入战略制定阶段。这个指标可以识别战略制定阶段可能存在的由战略制定的随意性、非系统性而引发的危机
战略执行 B2	战略认知度	C3	指企业的全体员工，尤其是中基层员工对企业战略的认识和了解	这个指标用于预警员工对企业的战略认识模糊，在执行战略要求的时候出现偏差而可能诱发的危机
	战略柔性	C4	指企业调整整体管理和价值观的能力和实施这些调整的速度	在信息时代，企业面临的外部环境变化大且快，企业既定的战略能够随着环境的变化而进行动态调整。该指标可以反映企业在战略管理动态演变方面存在的危机诱因及可能由此引发的危机
	战略与组织结构的匹配度	C5	指组织内部各个部门之间相互关系的框架或模型。它通常根据组织的任务目标、工作流程、权责分工以及信息沟通的具体情况来确定	组织结构是实施战略的一项重要工具。一个好的企业战略需要通过与其相适应的组织结构去完成才能起作用。该指标用于预警因组织结构与企业战略不匹配而可能产生的危机
	战略与资源的匹配度	C6	企业资源是指两类：硬件资源，人员、资金和设备；软件资源，企业文化、组织结构、管理模式与协作意愿等	在战略实施阶段，资源支持是企业实施成功战略的关键因素，缺少资源支持的企业战略只能是纸上谈兵，没有实际意义。该指标用于预警企业资源出现与企业战略不相匹配时可能发生的危机。
	战略执行的连续性	C7	指企业在实施战略的时候，企业不同层次，不同部门、不同阶段的衔接性、一致性	该指标用于预警一个企业的战略执行变动过于频繁时，企业的战略失去连续性，导致战略实施出现阶段性脱节而可能发生的危机
	战略执行坚决度	C8	指企业战略是否被贯彻执行以及有无内外部因素使执行中断	该指标用于预警企业战略管理者在执行过程中改变或中断既定战略，导致逐渐偏离企业战略目标可能引发的危机

	指标名称	符号	指标基本含义	指标预警作用
战略评价 B3	评价科学性	C9	评价指标是指用于对企业的战略执行情况进行评价的一系列指标，以分析实施情况与预定目标的差异	在战略实施的时候，要对实施的情况进行评价。战略实施的结果往往与预期有偏差。该指标用于预警战略实施偏差可能造成的危机
	评价效果	C10	指企业对战略进行评价后总结归纳的能力，以及对战略调整与改进的指导意义大小	只进行评价而不对评价结果进行反思和总结，难以实现战略评价的真正目的。该指标用于预警企业未能从评价结果中得出指导性内容，仅停留于评价本身而带来的危机

二、战略危机预警指标的评价与模型建立

（一）预警指标的评价方法

根据选取指标时的定性原则，我们采取特尔菲法对指标进行评价。特尔菲法又称专家意见法，是依据系统的程序采用匿名发表意见的方式，即团队成员之间不得互相讨论，不发生横向联系，只能与调查人员发生关系，以反复地填写问卷，以集结问卷填写人的共识及搜集各方意见，是一种用来构造团队沟通流程，应对复杂任务难题的管理技术。特尔菲法作为一种主观、确定性的方法，不仅可以用于预测领域，而且可以广泛应用于各种评价指标体系的建立和具体指标的确定过程。由于指标均为定性指标，因此我们可以采用特尔菲法对每个指标进行评分。"1"表示最小的危机状态，"5"表示中等的危机状态，"9"表示最大的危机状态，如表1-5所示。为了将定性的指标构建出模型，我们采用的是层次分析法。所谓层次分析法，是指将一个复杂的多目标决策问题作为一个系统，将目标分解为多个目标或准则，进而分解为多指标或准则、约束的若干层次。通过定性指标模糊量化方法算出层次单排序权数和总排序，以作为目标多指标、多方案优化决策的系统方法。

表1-5 指标的评分办法

指数值	1	2	3	4	5	6	7	8	9
等级描述	很好	好	较好	稍好	一般	稍差	较差	差	很差

专家对某个定性指标打分的时候必然会出现多种结果，为了科学合理地确定该指标的分值，我们使用下面的方法来确定指标的分值：

若有 i 个专家参与打分，打分的指标是 smin，令打分的结果为 F_j，待确定的指标值为 F_s，则 smin 的全部得分值为：

$(F_1, F_2, F_3 \wedge F_j)$

去掉打分中的最高值和最低值，然后计算 F_s：

$$F_e = \frac{F_1 + F_2 + \cdots + F_j}{j-2}$$ （所得结果四舍五入为整数）

（二）确定各项指标权重

首先根据特尔菲法对同一层的指标按重要性进行排序，其次建立同一层指标的比较矩阵，再次计算得出权重并进行一致性检验。专家对同一层指标排序的步骤是：

（1）专家独立进行第一轮排序。

（2）汇总并进行分析。

（3）反馈专家结果并进行讨论。

（4）专家独立进行第二轮排序。

（5）汇总并进行分析。

（6）反馈专家结果并进行讨论。

（7）形成统一的指标重要性排序。

经上述两轮讨论，专家会对各级指标的排序有认可的结果。在我们的范例中具体数据如下：

二级指标：B2>B1>B3

B1下属指标：C2>C1

B2下属指标：C6>C4>C5>C3>C7>C8

B3下属指标：C9>C10

根据排序结果由专家对同一层指标进行重要性比较打分："1"表示两个指标具有相同的重要性；"3"表示两个指标相比，前者比后者稍重要；"5"表示两个指标相比，前者比后者明显重要；"7"表示两个指标相比，前者比后者强烈重要；"9"表示两个指标相比，前者比后者极端重要。"2""4""6""8"则表示上述相邻判断的中间值。在专家的打分结果出来后，去掉最高分和最低分，所剩得分进行加权平均计算得出平均值，进而建立比较矩阵表。表1-6至表1-9展示了二级指标与B1、B2、B3下属指标的比较矩阵与权重计算结果。

表1-6　A1比较矩阵

A1	B1	B2	B3
B1	1	1/2	4
B2	2	1	6
B3	1/4	1/6	1

表1-7　B1比较矩阵

B1	C1	C2
C1	1	1/3
C2	3	1

表1-8　B2比较矩阵

B2	C3	C4	C5	C6	C7	C8
C3	1	1/3	1/2	1/7	2	3
C4	3	1	2	1/2	5	6
C5	2	1/2	1	1/3	5	6
C6	7	2	3	1	6	7
C7	1/2	1/5	1/5	1/6	1	2
C8	1/3	1/6	1/6	1/7	1/2	1

表1-9　B3比较矩阵

B3	C9	C10
C9	1	2
C10	1/2	1

运用 MATLAB 工具对判断矩阵进行一致性检验并计算指标相对权重。按照矩阵理论，对于矩阵 $A=(a_{in})_{m\times n}$，设矩阵的最大特征值为 λ_{max}，若 λ_{max} 越接近 n（矩阵阶数），矩阵 A 一致性越好，反之越差。同时引入一致性比率 CR，若 CR<0.1，则判断矩阵具有满意一致性，否则就需要对判断矩阵进行调整，使之具有满意一致性。计算结果如表1-10至表1-13所示。

表1-10　A1权重计算结果

	B1	B2	B3	λ_{max}	CR
权重	0.32	0.59	0.09	3.0093	0.0047

表1-11　B1权重计算结果

	C1	C2	λ_{max}	CR
权重	0.25	0.75	2	0

表1-12　B2权重计算结果

	C3	C4	C5	C6	C7	C8	λ_{max}	CR
权重	0.08	0.24	0.18	0.14	0.05	0.04	6.2582	0.0416

表1-13　B3权重计算结果

	C9	C10	λ_{max}	CR
权重	0.67	0.33	2	0

（三）模型建立

根据上述权重计算结果，可以得到企业战略危机的评价模型：

A1（企业战略危机）=0.32B1+0.59B2+0.09B3

B1=0.25C1+0.75C2

B2=0.08C3+0.24C4+0.18C5+0.41C6+0.05C7+0.04C8

B3=0.67C9+0.33C10

根据评价模型，可以将A1值划分为三个区间，不同区间代表不同的战略危机预警级别，如表1-14所示。

表1-14　战略危机预警级别等级

A1值	$1 \leqslant S < 3$	$3 \leqslant S < 5$	$5 \leqslant S < 7$	$7 \leqslant S \leqslant 9$
级别	优秀	良好	及格	不及格

三、战略危机的防范

（一）建立企业高水平战略危机认知

企业高层缺乏战略危机认知，往往导致组织缺乏有效的战略危机应急预案，内部与外部的沟通不够。因此一旦战略危机爆发，企业往往会陷入被动响应的境地，无法主动发起攻击。在企业中，各级高层领导必须对可能存在的隐藏状态下的战略危机做好准备，加强全体员工的战略危机意识，构建企业战略危机管理体系。

（二）构建企业危机文化

目前，我国大多数企业已经能够从战略层面认真审视自己的管理指导问题，但往往是局限在惯常的市场企业体系之下的，会参照行业内的成熟企业，而对随机的战略危机缺乏兴趣，因此很少有企业能够真正实现战略危机管理。企业领导人在制定战略时缺乏危机认知，企业往往缺乏有效的战略危机计划，这给企业带来了很大的损失。在企业中，整个员工战略危机文化体系的建立对于迅速有效地应对危机起着非常重要的作用。在战略危机管理过程中，企业的自信水平、责任感和同情心在帮助企业度过危机中起着非常重要的作用。处于危机中的企业倾向于做出一些令人满意的承诺。但从长远来看，企业的自信水平是其最重要的财富。同时，企业可以在战略和战术方面运用丰富的共鸣活动，使其制度化，从而真正将企业的危机文化自上而下地贯彻。

（三）建立企业战略危机管理小组

为了有效预防战略危机的发生，企业必须组建战略危机管理小组。战略危机管理小组可以是独立的机构，也可以作为危机管理小组的一个分支。战略危机管理小组应当由企业决策层负责人及其他各部门，如市场部、人力资源部、财务部、公关部等部门主管组成。此外，还可以聘请专门的危机管理咨询人员作为战略危机管理小组的补充。战略危机管理小组的主要任务就是监测和应对战略危机，其任务主要分为三个阶段：第一阶段是在战略制定期做好战略制定所需相关信息的收集工作，同时对企业内部资源分配进行合理的控制；第二阶段是在战略执行期监督企业内部资源的使用情况和战略目标的完成进度，同时做好战略危机应对工作；第三阶段是在战略评价期收集并整理战略执行反馈信息，并运用科学的战略评价手段对战略完成情况进行总结。鉴于企业战略的制定和执行分别由高层和中低层人员完成，企业战略危机管理小组必须充当企业内部的协调和沟通角色，及时地把战略制定、执行和反馈信息由上到下、再由下到上地进行传达，使企业围绕着战略进行经营和发展，确保战略目标的顺利实现。

（四）建立企业战略危机应急预案

企业应当全面地分析战略危机诱因，并根据分析结果建立针对每一个战略危机诱因的应急预案。战略危机应急预案应明确战略危机的应对目标和流程，具体包括战略危机处理目标、战略危机小组行动方案、资源配置计划、危机公关人员及负责人的确定等。同时应按发生的可能性对战略危机诱因进行排序，有重点地进行处理。企业战略危机应急预案在制定时要充分考虑到战略管理各个阶段所可能发生的危机，不能僵化地进行分析，要保持一定的灵活性，这样就可以有条不紊地应对突发状况的发生。此外，企业战略危机管理小组人员要经常性地组织进行战略危机应急预案的演练，加强战略危机方面的知识培训，使相关人员不至于在危机出现时措手不及。

（五）善于运用科学的分析工具

1.运用 PEST 模型分析宏观环境

企业运用 PEST 模型从政治与法律、经济、技术、社会等四个方面对企业所面临的宏观环境进行分析，如图1-5所示。

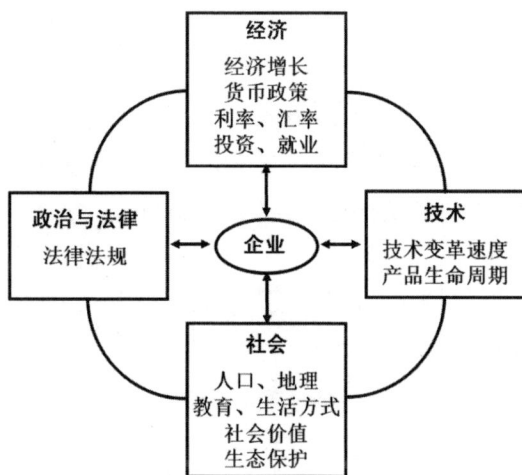

图1-5 PEST 模型

影响企业战略制定的政治与法律因素具体包括：政治方面的政治制度与政治性团体、政府采购规模与采购政策、企业与政府的关系、政府预算与财政支出、财政与货币政策、进出口政策、国家方针政策；法律方面的专利法和税法、环境保护法、劳动保护法、公司法及合同法、地方性法规、企业的法律意识。

影响企业战略制定的经济因素具体包括：社会经济结构方面的产业结构、分配结构和消费结构；经济发展水平方面的国内生产总值变化趋势、政府预算赤字、劳动生产率水平和居民消费水平；经济体制方面的经济转型、贷款难易程度和就业状况；市场环境方面的居民消费倾向、居民储蓄习惯、价格变动、通货膨胀率和股票市场行情、经济政策方面的金融货币政策、对外贸易政策、财政政策和税收政策。

影响企业战略制定的技术因素具体包括：社会技术水平方面的研究成果的数量和先进程度以及科技成果的推广；技术变革方面的互联网的普及程度、技术贸易壁垒和生物技术应用的广泛程度。

影响企业战略制定的社会因素具体包括：人口方面的人口数量、地理分布和地区差异；道德价值观方面的公众道德观念、社会文化传统和教育水平；

习惯和理念方面的生活方式、购买习惯、职业观念和商业观念；环境保护方面的自然环境状况和生态保护意识。

2. 运用五力模型分析行业竞争结构

企业行业环境分析通常使用的是波特的五种竞争力量模型，目的是找出产业环境中的竞争力量、机会与威胁，如图1-6所示。

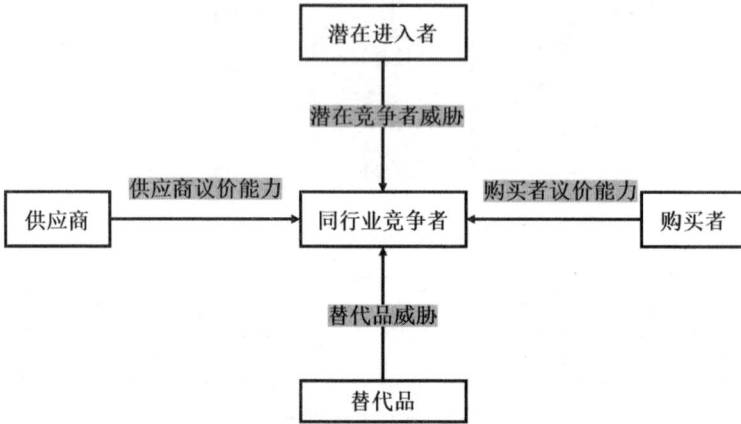

图1-6　五力竞争模型

（1）同行业内现有的竞争者

影响企业战略制定的行业现有竞争者威胁具体包括：产业竞争结构、需求状况和退出壁垒的代价。

任何行业都存在着竞争，但在竞争强度上有所区别。同一行业的竞争在不同时期、不同国家或地区是不同的。一般来讲，当行业中存在几个规模和实力相当的竞争对手时，它们的竞争性行为会加剧该行业的竞争强度。例如，美国三大汽车公司之间的竞争，使汽车的更新换代速度越来越快，价格则相对降低。这给其他处于同一行业的企业都带来了压力。

市场发展速度也会影响行业的竞争强度。当某一行业处于迅速发展阶段，竞争性不强，或当市场发展较慢或处于饱和状态时，行业竞争强度便增强。产业基础结构决定着竞争的激烈程度和实现合作的难易程度。竞争的企业越多，它们的力量相对来说就越接近，产品标准化程度就越高，固定成本和其他条件也越高，这就使得企业要力争生产能力达到饱和。我国目前所出现的重复建设，产业结构雷同，生产能力饱和，甚至过剩，是市场竞争激烈化的主要原因。

行业中生产一般产品的企业比生产专用产品的企业面临更大的竞争，因为生产一般产品的企业其用户比较容易转移。为了充分了解竞争对手的情况，企业需要建立一个强有力的情报系统。

退出障碍较高的企业竞争性强，即退出竞争要比继续参与竞争代价更高。例如，使用高价值的专用性设备或产品成本中固定成本比重较大、其投资收益率较低的企业，都会形成较大的退出阻力，使企业不得不留滞其中难以脱身。

（2）潜在进入者威胁

影响企业战略制定的供应商威胁具体包括：供应商所在行业的集中化程度、销量对供应商的重要性、供应商产品的替代品数量、供应商顾客的数量和本行业对于供应商的重要性。

除了处于迅速发展阶段的行业之外，任何新企业的进入都会对原有企业造成威胁，特别是在其他产业中已建立一定地位的公司的进入，对产业结构有着明显的影响。一个企业之所以进入某个产业，是因为他们觉察到了增长机会和超出进入成本的获利机会，以及包含法规变化、产品创新空间等的未来增长暗示。从总体上看，潜在进入者威胁的大小取决于进入该行业时的障碍大小及现有竞争者的反应程度。如果进入行业障碍大，现有竞争者的戒备森严，反抗强烈，则新加入者对现有企业的威胁就小。

一般来讲，能够对新企业形成阻力的方法有以下五种：

一是扩大经济规模。扩大经济规模可以使单位成本降低，取得规模效益，而新进入的企业生产规模短时间内很难达到相应水平，也就缺乏与现有企业竞争的能力。

二是提高初始投资量。提高初始投资量是指提高行业的资本密集程度和基本生产规模。在初始投资量较大的行业，除了少数实力很强的大型企业外，一般企业更不容易进入。

三是控制配售渠道。现有企业如能控制配售渠道，迫使新进入企业不得不重新建立自己的销售渠道，增加了它们的初始投资量，无疑是阻止新企业进入的一个有效方法。这也是为什么许多外国投资商不得不争取合资经营方式的原因。

四是增加学习效应的作用。根据学习效应，随着生产经验的积累，劳动生产率会逐步提高，生产效率也就相应提高。一般来讲，技术水平越高，生产中对知识的依赖程度越大，学习效应也就越大。因此，提高生产对知识和技术的要求，也是阻止新企业进入的方法。

五是致力于实现产品差异化。这是指企业将自己的产品定位于一个小型的差别市场上，赋予产品某些特殊的性能，从而避免与其他企业进行直接竞争。由于差别化的产品更适合于一部分特定的消费者，因此更有可能形成消费者对企业产品的忠诚度。

（3）替代品威胁

影响企业战略制定的替代者威胁具体包括：替代品的价格、转换成本和购买者使用替代品的习惯。

替代品是指那些与本企业产品具有相同功能或类似功能的产品。在质量相等的情况下，生产者制作替代品的价格会比被替代品的价格更具有竞争力。替代产品投入市场后，会使企业原有产品的价格处在较低的水平，压缩了企业的利润空间。替代产品的价格越具有吸引力，价格限制的作用就越大，对企业构成的威胁也就越大。为了抵制替代品对行业的威胁，行业中各企业往往采取集体行动，进行持续的广告宣传，改进产品质量，提高产品利用率，改善市场营销等活动。不过，有些替代品是新技术的产物，符合社会需求。如，电脑打印排版的出现，替代了人工排版印刷，这是科学技术进步的产物，是社会发展的必然。如果原有行业中的企业强硬地坚持旧有技术，最终会被社会淘汰。因此，企业在研究与替代品的竞争关系时，一定要考虑双方产品的寿命周期阶段与总的发展方向，不能盲目地竞争。

（4）购买者讨价还价能力

对于行业中的企业来讲，购买者是一个重要的竞争力量。购买者在价格、质量、服务等方面提出有利于购买者利益的条件，从而造成作为供应者的企业之间相互竞争的能力就是购买者的讨价还价能力，或者叫买方砍价能力。购买者可以通过压低价格、要求高质量的产品、提供附加服务、加剧供应者之间的相互竞争等手段提高自己在交易中的地位。当具备下列条件时，购买者就会有很高的讨价还价的能力：

第一，购买者的购买能力集中，或购买者所购买的产品比较固定，则购买者的重要性就高。

第二，购买者的交易费用占全部购买费用的比重大，购买者在价格和挑选余地上就会有优势。

第三，购买者购买的是标准产品或产品的差异性较小，在这种情况下，购买者就可以挑选供应者，并造成供应者之间的相互竞争，从而得利。

第四，购买者的转换成本不高，购买者不必固定于某个供应者，砍价能力就会提高。

第五，购买者的盈利水平较高，购买者的注意力就不会只局限在价格上造成威胁，对价格不会太敏感。

第六，购买者采用后向一体化，就会在交易中取得优势地位，对供应商形成威胁。

第七，购买者充分掌握了有关市场需求、市场价格、供应者制造成本等详尽的信息资料，就会具有较强的讨价还价能力。

（5）供应商讨价还价能力

供应者通过扬言要抬高产品和劳务的价格或降低出售的质量，对作为购买者的企业进行威胁，以发挥他们讨价还价的能力。前面所述的那些可以使购买者具有强大竞争能力的条件，基本上也适用于供应者。一般来讲，供应商加强自己竞争能力的方式有：

第一，少数几家公司控制供应者集团。在将产品销售给较为零散的购买者时，供应者通常能够在价格、质量和条件上对购买者施加相当大的影响。

第二，替代品不能与供应者所销售的产品相竞争。如果替代品加入市场竞争，供应者即使再强大有力，其竞争能力也会受到替代品的牵制。

第三，作为购买者的企业不是供应者的重要主顾。在一些行业里，市场上所销售的产品或劳务对供应者来说不占其产品或劳务很大比重时，供应者便具有较强的竞争能力。反之，如果某行业中的企业是供应者的重要主顾，供应者的命运与该行业息息相关。在这种情况下，供应者为了自己的发展，会采用公道的定价、研究开发新产品和劳务、疏通销售渠道等活动来保护购买者行业。

第四，供应者的产品是购买者从事生产经营的一项重要投入。由于这种投入对于购买者的制造过程或产品质量有着重要的影响，从而提高了供应者讨价还价能力。

第五，供应者集团的产品存在着差别化。购买其产品的企业便不会设想去打供应者的牌，而承认供应者的竞争能力。

第六，供应者集团实行向前一体化。供应者具有较强的竞争能力，实行向前一体化，因此购买者很难在购买条件上与之进行讨价还价。

3.科学评估企业竞争资源

竞争资源分析可以从自然资源、资本资源、技术资源和人力资源四个方面对企业现有资源进行分析，进而找出企业核心竞争力，确保企业战略的正确制定与实施，如图1-7所示。

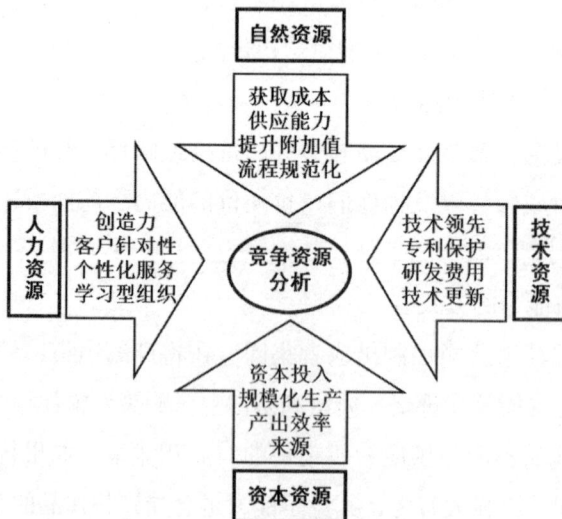

图1-7 企业竞争资源分析框架

4.价值链分析

企业的所有功能都可以在价值链中有所体现，企业可以通过对价值链的分析来确定企业的竞争优势和需求，价值链模型如图1-8所示。

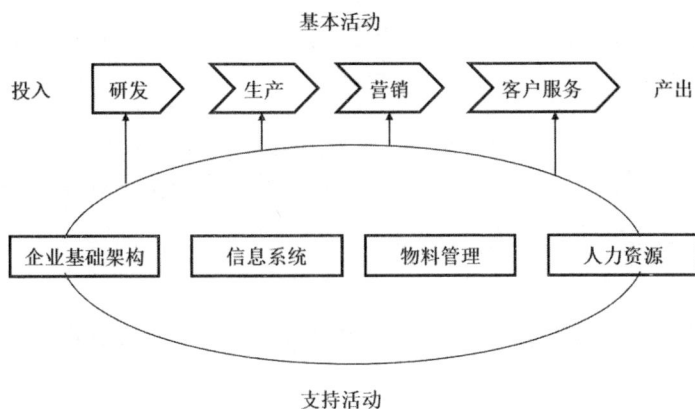

图1-8 价值链分析模型

价值链是由多个项目构成的，可具体分为八类，每一类项目对价值链的作用如下：

（1）研发

研发是产品和生产过程的设计，通过卓越的产品设计、研发改善产品的性能，增加产品价值，从而提高对顾客的吸引力。研发还有助于提高生产效率，降低生产成本。

（2）生产

生产出高品质和低成本的产品是企业追求的目标，生产还可以创造出产品的差异化。

（3）营销

通过品牌定位和广告等营销活动提高企业产品在顾客心目中的价值，在营销过程中发现顾客需求，将信息反馈给研发部门，设计出更好的产品满足需求。

（4）客户服务

通过在购买后对顾客解决问题进行帮助和支持这一功能，可以在顾客心目中创造一种卓越的价值。

（5）物料管理

提高物料从投入加工、出产、销售过程的效率可以极大地降低成本，创造更大的价值。

（6）人力资源

人力资源系统的运作使员工的生产力提高、客户服务的质量得到改善，从而为企业创造更高的价值。

（7）信息系统

同互联网的沟通功能相结合，信息系统将显著提高企业管理的效率。

（8）企业基础架构

通过强有力的领导，最高管理层可以改造企业的基础架构，进而影响所有其他价值创造活动的绩效。

第四节　企业战略危机的管理

一、企业战略危机管理内涵

（一）企业战略危机管理的基本问题

当战略危机发生时，企业可能面临的状况是：客户与人才的迅速流失、短期内巨大的亏损、组织混乱无序且人心动荡、大量企业负面评价的涌现等。所有这些情况，如果企业不能及时有效地处理，都将会给企业带来巨大的负面影响，甚至使企业一蹶不振。

危机管理中的一个主要问题，就是选择合适的危机响应策略，尤其是当信息不明、时间紧迫、某些物资或人员处于危机之中的时候。为此，管理者在战略危机的管理过程中要不断思考三个方面的问题，这些思考能够促使企业战略制定者与危机管理者将注意力集中到他们的义务和责任上，并保持冷静，帮助危机管理者更好地决策和行动。

（1）如何获得更多的时间

时间是危机管理中最重要的因素之一。战略危机的管理就是要在有限的时间内，充分分析和解决战略层面的问题。因此，管理者就要在从接到战略危机发生信号到危机产生明显冲击之前的一段时间中挖掘出更多的时间。具体的方法包括制定计划和战略危机演习训练，更好地部署，尽快分析出涉及战略危机的关键环节与人员等。

（2）如何获得更多的信息

获取更详细更具体的信息可以提高对战略危机的预见力和处理能力。如果对战略危机目前情况一无所知，或者了解不够全面，那么进行危机决策、选择行动方案就无从谈起，只会造成时间白白流失。因此，危机管理者需要加强获取信息和进行战略危机评估的策略准备。具体策略包括利用尽可能多的信息源、保证获得详细的信息和加快信息的传递速度。

（3）如何降低损失

保护、节约和合理配置资源是危机管理者需要集中思考的第三个问题。财产破坏和资源紧缺是危机处理的显著特点，在战略危机上也同样适用。因此要尽量使关键物资、人员等少受危机的影响，同时保护好用于支援或消除危机影响的物资，合理配置物资以解决危机。危机管理者需要确定那些通过集中提供资源可以弥补危机带来破坏性的地方，将战场设立在阻力的中心地带，将其作为战略危机处理的重点和突破点，这往往是取得胜利的关键。

（二）企业战略危机管理的具体策略

战略危机管理策略是对危机管理的整体性思考。选择适当的战略危机管理策略，有助于企业管理者理清思路，改善危机处理的效果，减少危机的危害程度，甚至可以促进危机转变为机遇。企业战略危机管理策略可以分为以下三种：

1.战略危机中止策略

战略危机中止策略针对的是战略危机的诱因，战略危机的诱因分析在危机尚未曝光或者负面影响尚不严重之前尤其重要。如果战略危机的根源在于缺乏动态调整，忽视了内外部环境的变化，那么企业管理者就应该迅速识别环境中的关键变动因素，如经济政策的调整、消费新导向的出现等，对现有的战略进行调整与重新布局，及时将战略危机的发生扼制在摇篮中。

2. 战略危机隔离策略

由于战略对企业具有全局性的指导作用，一旦出现危机，将会具有极大的"涟漪效应"，如果不加以控制，其影响的范围将不断扩大，严重者甚至从底层开始崩塌。因此有必要采取相应的隔离策略，将危机的负面影响隔离在最小的范围内，避免造成更大的损失，破坏企业的发展全局以及造成社会负面影响的扩散。如当战略危机威胁还停留在经营层面，只是给企业造成了财务方面的损失，而还没有威胁到人力资源时，应当迅速发挥战略危机管理小组的作用，稳定企业内部人员，尤其是关键领域的人才，避免危机影响进一步渗透入核心人员之中。

3. 战略危机利用策略

"危机"即包含"危险"的因素，同时也可能是一种"机遇"。越是在危急时刻，越能反映出一个优秀企业的整体素质、综合实力和博大胸襟。企业在战略危机中如果处理得当，深入剖析危机的成因，不故步自封而是积极主动地探索变革方式，往往有可能转战略"危机"为战略"机遇"。以通用公司为例，通过调查，丰田发现美国的汽车市场并非铁板一块。随着经济的发展和国民生活水平的提高，美国人的消费观念、消费方式正在发生变化，那种把汽车视为地位象征的传统观念在逐渐削弱，汽车作为一种交通工具更重视其实用性、舒适性、经济性、便利性；符合大众利益要求，较低购置费用、耗油少、耐用和维修方便；随着交通拥挤日趋恶化，要求提供停靠方便，转弯灵活的小车型。美国一些大公司却无视这些信号，继续大批量生产大型豪华车，完全忽视顾客的需求。因此，丰田可以充分利用上面提到的美国汽车公司生产体积大、耗油多的豪华汽车，以及美国家庭规模变小和美国人购买汽车转向实用化带来的市场机会，制造符合顾客需求的丰田轿车，将原本是汽车企业外部环境变化诱发的战略危机转化为了一直占领市场先机的机遇。

以上三种战略危机管理策略并非彼此割裂的。在企业战略危机处理过程中，往往综合运用不同的危机管理策略，以达到相辅相成的效果。在战略危机的不同阶段抓住不同的管理重点，制定出更适合企业自身的管理措施。

（三）企业战略危机管理的具体做法

1. 尽快确认

为了以最快的速度控制并有针对性地解决企业的战略危机，首先必须在第一时间对已发生的战略危机进行确认，这就要求战略危机管理者拥有大局意识观且嗅觉敏锐，才能准确识别战略危机的根源所在以及可能产生的影响大小。在战略危机管理的失败案例中，不少企业没有认识到问题的严重性，并不觉得战略危机已经发生，对战略危机的管理已经迫在眉睫，以致贻误了最佳的危机处理时机。造成战略危机确认延误的原因包括：

（1）企业战略危机预警系统出现障碍，没有及时发出危机警报。

（2）企业组织结构不合理，造成信息传递迟缓，有关战略危机的信息迟迟未能到达企业高层管理者。

（3）基层的员工及主管洞察力弱，且惧怕承担责任，对战略危机出现的征兆隐瞒不报。

（4）企业高层管理者战略危机管理意识淡薄，缺乏必要的警惕性，对于收到的有关危机信息不以为意，没有引起足够的重视。

2. 迅速反应

迅速反应是指企业要想将战略危机冲击降到最低，就必须在最短的时间内采取适宜的危机应对措施。在信息技术高速发展的今天，人类正进入一个前所未有的信息化社会，互联网可以即时在全球范围广泛传播信息。一旦有公司的负面新闻出现，公司就应迅速做出正确的判断并采取紧急的措施立即反应，及早阻止新闻媒体以及社会公众在不知道真相的情况下随意猜测。如果公司不能及时反应，网络舆论的力量将会迅速发酵以至于难以控制，致使战略危机的处理难度加大，效果也减弱，可能使企业陷入不可挽回的境地。

3. 把公众的利益放在首位

一个组织处理战略危机的态度、行动，远比战略危机本身更能决定最后损失的程度。当今，企业的社会责任越来越被强调，利益相关者在企业中扮演的角色也越来越重要。企业除了要让顾客、员工、股东满意，还要让社会满意。面对战略危机时，企业应该把公众的利益放在第一位，勇于承担责任，敢于剖析企业存在的问题，以真诚的态度面对公众，积极地处理战略危机。

4. 冷静决策

面对突如其来的战略危机，公司管理者首要的反应是保持镇静，既不要武断决策，也不要过于畏缩不前，而是要在镇静之中积极寻求处理或避免危机的最佳方法，以期降低损失和解决危机。尤其是面对企业有深层次、全方位影响的战略阶段危机时，企业危机管理者切不可因此惊慌失措，失去判断力，而应镇定自若，保持清醒的头脑，一方面沉着面对现实，迅速组织人员查清战略危机诱因，确定战略危机的性质、趋势及发展后果，找到解决战略危机的切入点；另一方面要系统地而不是孤立地看待战略危机，将战略危机事件处理与企业的长远发展紧密结合在一起。尤其要注意关注目标客户与社会公众的心态，通过有效的沟通和切实的措施，平息和稳定消费者、公众的情绪，这样不仅有利于处理好战略危机，甚至可能利用此次危机中的机会。

5. 积极运用外部专家

战略危机的处理需要宏观层面的把握，也需要极强的综合能力，仅凭企业内部管理团队往往难以应付，以至于错过了最佳的管理时机，进一步扩大了负面影响。忽视对外部专家的利用，往往造成企业因能力、经验的不足，决策缓慢，沟通不畅，执行不力，而产生较多的失误。在企业战略危机处理的过程中，外部专家的介入，具有以下好处：第一，弥补企业在战略领域某些方面知识、能力和经验的不足；第二，在与公众进行沟通的过程中，外部专家由于其特殊的身份，具有很强的权威性和公正性，更容易取得公众的信任；第三，由于外部专家的利益与企业无关，分析和处理问题往往更为客观冷静，尤其是战略危机这种涉及面广、诱因众多的危机类型，更加需要跳脱出企业自身的框架限制，借助外部专家进行更深入透彻的分析。

6. 有重点地采取行动

由于战略危机发生后反应的时间和资源有限，平均地使用力量，将不利于抓住危机中的主要矛盾，导致重大的损失。因此，在战略危机反应行动中应有主次之分，首先解决危害性较大、时间要求紧迫的问题，再着手解决其他问题。一般而言，及时对企业产生战略危机的环节进行纠错，及时对受冲击最强烈的部门进行管理，切断战略危机蔓延的途径，尽快地表明立场和澄清事实等是最紧迫的事情，这些都要求企业有重点、有层次地进行处理，而不是"眉毛胡子一把抓"，不分主次。

7.强化与媒体沟通

媒体管理是进行危机管理的基本要素，媒体在企业战略危机管理过程中同样是一支重要的力量。随着传媒技术的发展，新闻媒体的力量前所未有地高涨，他们甚至会比企业更关心战略危机发生与处理的进程。新闻媒体具有独特的舆论导向功能，他们对于企业的评判往往会左右着社会舆论。然而不幸的是，大部分企业管理者漠视甚至否定和敌视新闻记者及其报道的作用。这使得很多企业存在着尽量避免接触媒体的误区。在战略危机管理过程中，与媒体沟通要掌握一个度，不能反应过缓也不能反应过度。经常出现的状况是，战略危机发生后企业对蜂拥而至的媒体手足无措、反应迟钝、相互推诿，迟迟不能提供一个统一的、权威性的、有说服力的说法。

8.重视政府部门和社会中介组织的作用

政府部门的权威是任何其他机构或个人所难以比拟的。在战略危机发生之后，不仅企业内部迫切地想要知道根本的原因，公众也希望了解事实真相，尤其是在公众对企业抱有疑虑的时候，政府部门公正的声音、权威的论断能够为企业澄清事实，使公众对企业形成正确的认识。不少企业在战略危机发生以后，没有意识到政府部门的特殊作用，不主动寻求政府的帮助，使企业的战略危机管理处于十分被动的境地。更有甚者，一些企业在战略危机发生以后，不注意配合政府部门开展工作，给企业形象及企业的可持续发展造成极为不利的影响。在战略危机处理过程中，充分利用社会中介组织的力量，也可以有效地帮助企业扭转不利的舆论环境，重塑企业良好的形象。

二、企业战略危机管理的主要工作

企业战略危机管理主要包括战略危机决策、战略危机管理计划、战略危机控制和战略危机评价等工作。

（一）战略危机决策

1. 战略危机决策的概念

战略危机决策就是指在有限的时间、资源等约束条件下，企业管理者为了不失良机而打破常规，省去决策中的某些"繁文缛节"制定应对战略危机的具体措施，以最快的速度做出应急决策。

2. 战略危机决策的特点

战略危机决策与常规危机决策相比，在决策情境的不确定性、决策资源的约束性、决策程序的应变性等方面有很大的不同。战略危机首先具有全面覆盖的特征，由于战略在企业经营中的指导地位，战略层面危机的出现往往会波及企业生产经营的每一个环节。同时，战略危机决策情境的不确定性是企业所处环境变动急剧，且企业管理者精力有限，无法完全掌握信息所导致的。高度不确定性的存在使得战略危机决策者难以对事物发展状态进行精确估量。战略危机决策的资源约束性表现为时间、信息、物资、人力资源等处于非常紧缺的状态。

（二）战略危机管理计划

1. 战略危机管理计划内容

战略危机管理计划包括战略危机管理小组的成立、战略危机管理所需要的资源储备、沟通政策、媒体管理和形象管理等内容。

2. 制定和执行战略危机管理计划要注意的问题

（1）系统地收集制定战略危机管理计划所需要的信息

系统地收集信息是制定战略危机管理计划的基础。企业如果没有系统地收集制定战略危机管理计划所需要的信息，战略危机管理计划就不可能考虑到战略危机中的各种情况，也就难以在战略危机管理计划中采取相应的对策，导致战略危机管理工作的疏漏，这样的战略危机管理计划是不完全的。信息收集不全的原因很多，如对战略危机影响的评估不够充分、对企业自身的信息反映不充分、企业环境的变化难以预测或没有对其进行预测等。

（2）使战略危机管理计划执行者了解并切实理解计划的内容

战略危机管理计划执行者只有了解并理解了战略危机管理计划的内容，

损失大小；

（2）基于已经取得的战略危机相关信息，判断战略危机进一步恶化或扩散的概率；

（3）确认战略危机给企业带来的后续影响，以及化解影响所需要的时间；

（4）确定利益相关者可能对企业做出何种反应以及反应的变数；

（5）确认企业战略危机处理的运行情况与绩效水平。

战略危机评价能反映出企业高层管理者和战略危机管理小组的判断和决断水平。为了提高评估的准确性，企业有必要从外部引入有关专家加入战略危机评价工作。在完成战略危机评价的基础上，出台调查报告，对战略危机及其处理情况做出明确的基本判断。

2.战略危机评价的方法

（1）企业目标法

企业目标法是指以企业最终要实现的战略目标和结果来衡量战略危机处理者的绩效。企业最终完成的目标至少包括企业的核心产品与技术竞争力布局、市场占有率、获利能力、企业的持续经营和社会责任等。战略危机管理者在建立控制标准和控制体系时，就要以实现企业的终极目标为准则，而不能用"近视"的目光，局限在短期和战术的层次来考虑各项战略危机应对活动。

（2）系统方法

企业是一个获得输入、从事转换过程、产生输出的实体系统，系统方法所评价的管理控制标准主要应该包括：企业市场份额的变化、战略规划的稳定性、用于研发费用的增长情况、战略与组织结构的匹配程度以及内部信息交流的通畅程度等。特别是从长期来看，有些因素对企业战略的有效性有着重要的影响，例如组织内部信息的交流，若交流不畅，高层的意见无法传达到基层员工，而最基础的问题又不能及时向高层反馈，就会使企业战略难以真正落实并发挥其指导作用。

（3）战略伙伴方法

战略伙伴方法是假定一个有效的企业战略能够满足各种利益相关者群体的各种要求，并获得他们的支持，从而使得企业战略得以持续发挥作用。作为一种评价企业战略的方法，该方法出发点是，企业战略管理活动的绩效取决于它识别出关键性或战略性伙伴的能力，以及满足他们对企业所提的要求的能力。

战略危机管理者的管理绩效就体现在对受到损害的利益相关者的权益保障水平和实际弥补结果方面。在战略危机处理活动中，管理者要依据企业使命中对相关利益者的承诺，对于战略危机中的利益受害者，采取积极主动的措施进行经济补偿和心理安慰，并争取获得利益相关者的认同和支持。要做到一切战略危机管理活动的最终目的是保证利益相关者的权益，因此战略危机应对的控制措施与手段都必须遵循这一根本要求。

第二章

企业公关危机管理

第一节　企业公关危机概述

一、企业公关危机的概念

所谓公关，即公共关系，我国的公关事业虽然仅仅经过了20年的发展，但已经渐渐羽翼丰满，有了较为全面的总结。现如今，公共关系已逐渐融入各行各业的诸多领域，在企业宣传、品牌推广、城市建设、国家安定等各方面都发挥着积极作用；在文化申遗、盛会申办、抗震救灾等重大事件中也彰显出了公共关系无可替代的特殊价值。在社会主义核心价值观的带领下，我国政府对外的公共关系逐步稳定，国民关系也日渐稳定；而在企业发展中，从某种程度上来说，公关甚至决定一个企业的命脉，好的公关可以将企业拯救于水火之中，而差的公关同样也会令企业雪上加霜。

（一）公共关系的定义

公共关系的概念最早载于1807年美国《韦氏新九版大学辞典》。还有一种译法为"公众关系"。现在，"公共关系"已经成为世界性的概念，人们对公关的认识也随着现代社会的发展而不断深入。公共关系理论现阶段仍在持续发展中，因此对于"公共"概念的解读也呈现出多样化的特点，国内外的公关学者已给出了几百甚至上千种不尽相同的解读，但尽管人们对公关的概念有着各式各样的说法，他们对公共关系下定义的思维角度却大体只有两种：一种是从公关的职能出发进行描述；另一种则是从公关的属性角度进行解读。我们认为，公关的职能虽然能够详尽地表达出公关的作用和功能，但并不能够从本质上点出其与相近概念的差别，而公关属性角度则可以，因此我们倾向于第二种的表达方式，即公共关系首先是一种包含各种各样活动形式的社交方式，它能够调节社会群体之间的相互关系。

（二）企业公关的概念

从公共关系的定义出发，企业公关的概念即企业中个人或者组织为了能够在最短时间范围内达到目的，在法律允许范围内对公众做出的各种行为的总和。在这个定义中，企业处于主动地位，而受众是指企业公关的目标人群或目标事件。"各种行为"则是一个宽泛的概念，包含单纯传达企业领导者的意愿，或为达到企业目的所采取的手段。现代企业公共关系是企业为了塑造形象，建立信誉，通过传播沟通等手段，来协调、影响社会组织与社会组织之间、社会组织与社会公众之间关系的一门社会科学与艺术。由此可见，企业公共关系包含两层意思：首先，它是一种政策概念，是企业领导者为获得事业的成功而确立的一系列战略策略思想，即公共关系思想；其次，它是一种职业功能，是公共关系工作者为贯彻本企业的公共关系政策而采取的一系列有计划的行动，即公共关系工作。

（三）企业公关危机的概念

所谓"危机"，《现代汉语词典》中的解释为："潜伏的祸害或危险"；"严重困难的关头，例如经济危机"。在西方历史中，"危机"的概念最初只用于医学领域，形容一种至关重要的、需要立即做出相应决断的状态。后随着工业化的推进，"危机"一词逐渐被引入企业管理中。后来渐渐用于政治领域及其他学科。古今中外的很多学者都对"危机"一词发表了自己的看法，但在众多学者对危机的诸多定义中，都是从不同的视角强调了危机构成的要素特征，例如：不确定性、紧迫性、资源匮乏性、威胁性、潜在损害等。这些描述性要素大体能够呈现出危机的概念框架。

企业公关危机是指企业在生产经营过程中，由公共关系处理不当而引发的危机事件，对企业造成不可估量的消极影响，导致企业的生产经营活动受到阻碍，并对企业形象、生存发展等造成重大损失。因此，企业必须由公关部门迅速做出反应，调节与公众的关系，迅速管理公关危机。

二、企业管理公关危机的功能

企业对内外服务过程中，公关活动难免会遭遇突发事件甚至引发公关危机，这就需要企业公关应迅速做出反应，妥善处理公关危机事件，切实维护好企业的社会声誉。因此，企业必须具备应有的管理公关危机的功能。

（一）维护企业形象

企业形象是社会公众群体对企业的全部看法和评价，是个人或群体对一个企业机构的意识表现。这种看法和评价，最直观的表现即为企业知名度和企业的赞美程度。知名度表示社会公众对一个企业的了解占比，赞美程度表示大众对企业的认可程度。知名度与美誉度在现代企业中缺一不可。在现代社会中，良好的社会形象是企业的立足之本，是一项重要的无形资产。当公关危机发生时，公关人员需维护好企业在社会群体中的良好形象，在社会公众中信誉卓著、形象美好，是企业能够战胜公关危机的基础。企业形象决定了一个企业的社会地位，而塑造并维护企业的美好形象正是公关工作的中心所在。

（二）协调传播沟通

在企业陷入公关危机时，传播沟通是消除公众误解的好方式。若发生公关危机事件时，企业故步自封，或是只在企业内部正向引导员工以提高员工积极性，很容易让人觉得是在自娱自乐；而一味地向外灌输有利于企业的一面，也很容易适得其反，引起公众反感。这样的行为极易加剧外界对企业的怀疑，甚至对企业的各方面产生怀疑。正确的做法应该是企业与外部进行双向沟通，包括与政府部门的协调、企业之间的关系协调、与消费者之间的关系协调、周围环境人群的协调等，必要时可以争取其他合作机构来协助解决危机，从而增强企业与外部的相互了解，来改变公众的态度，消除企业与公众之间的误会，进而更好地宣传企业的产品和服务，提高大众口碑，获取双赢。

（三）引导舆情走向

公关危机发生时，通过对社会舆论的引导能够理顺企业与相关公众的关系，从而达到对公关危机的妥善处理。这要求企业公关人员事先了解可能或已经在公众中出现的一些反应，再通过信息发布等形式进行较大范围的舆论宣传，去广泛影响和引导公众，使不正确的、消极的公众反映和社会舆论转化为正确的、积极的公众反应和社会舆论，从而引导公众朝着与企业密切合作的方向发展。

三、公关危机的管理原则

（一）快速反应

事实上，当企业意识到自己发生公关危机时，首先应在消息突发时期和扩散阶段及时遏制，倘若企业最初手忙脚乱、无动于衷，等到危机全面爆发时，处理成本将大大提高，并且此时的管理危机效果也很难得到保障，哪怕危机临时得到了解决，公众心中仍有戒律，依然很难重新建立起对企业的信任。

（二）诚恳真实

一个有发展前途的企业首先应该是一个诚信的企业。对公众说过的话要负责，面对公关危机时也要诚实地面对客户。敢于承认错误是获得原谅的第一步，倘若企业最初遮遮掩掩不愿对公众坦白，公众便会对企业大失所望。

（三）主动负责

哪怕顾客有错，但是从公众心理角度而言，指责客户有错就是企业不负责任、推卸责任的表现。因此对于企业而言，公关事件发生后，首先企业应该要追究自己的责任，对于受害者而言，哪怕其有错，企业也应先不予追究，否则将极易引起公众的反感情绪。对于问题纠缠不清只会使事情越闹越大，最终难以收场，承担责任的最终还是企业本身。

（四）面向权威

对于企业而言，公平公正不是自己给的，而是使公众信服的机构或专家给的。面对公关危机，倘若企业能够得到权威机构或极具权威性的专家的支持，则很容易将舆论往有利于企业的方向转变。因此企业在管理公关危机时，若自身并无错误，则可以利用政府部门或社会其他权威部门与机构来为自己进行辩护，积极面向权威能够加速危机的解决。

总而言之，根据公关危机的差异性，在管理公关危机时还有一些原则与底线，企业应视情况随机应变。

四、企业公关危机的管理程序

造成企业公关危机的原因多种多样，面对危机，企业公关人员必须迅速做出反应，制定有针对性的应对措施，及时处理并化解危机。

（一）积极表态

当公关危机爆发时，企业很难迅速制定出完整的公关方案来解决难题，但倘若能够第一时间积极面向公众，向公众表达企业解决问题的诚意与决心，能够很大程度上缓解公众的烦躁情绪，同时为企业争取到解决问题的时间。这样做的意义在于危机爆发的第一时间，公众、媒体等都还不完全了解事实真相，此时他们的思维很容易被引导，倘若媒体被流言引导了走向，则很容易对企业造成极大的负面影响。

（二）了解并分析情况

为了查清原因、分析情况、确立对策，公关人员必须深入现场、了解事实，这是公关危机处理中最必须的一步，有的危机事件，企业领导者还必须亲自出马。在古代遇到实力悬殊的战役，皇帝御驾亲征总能收获不一样的结果。企业面对危机时，领导者亲赴第一线，不仅能够给人一种敢于负责、有能力、有诚意地去解决危机的形象，同时还能鼓舞士气，给企业工作人员面对困难的勇气和决心。相反，若企业领导者在危机后不以为意，企业公关只会事倍功半。

在查清原因的基础上，应当根据公关危机事件的性质、特点、起因等的不同，迅速制订危机处理方案，包括如何对待投诉公众、如何对待媒体、如何联络有关公众、如何具体行动等。

（三）确立对策

企业要千方百计化解已经发生的公关危机，一般说来可以采取以下应对措施：

1. 成立危机公关小组

公关危机爆发后，企业应立即成立由企业领导者、公关人员和部门负责人组成的危机处理临时机构，或者将平时的危机管理机构作为危机时的危机处理小组，为公关危机事件的有效处理提供强有力的组织保证。

2. 进行企业内部公关

公关危机发生时，企业公关人员首先应迅速对企业内部人员进行公关，具体公关项目主要有以下三个：

（1）统一口径

公关危机发生时，企业管理者与公关部门首先应安抚企业内部员工的情绪，防止媒体对企业的报道消息先入为主，让员工对公司的态度产生怀疑。迅速让公司员工知道真相，同时统一好员工的口径，公司内部对外团结一致的声明很大程度上也能够安抚公众。

（2）频繁更新消息

企业员工与公司是站在一条战线上的，员工有权力知道企业面对危机、解决危机时的每一个好消息与坏消息。甚至有时候随着危机的发展企业必须随时更改与更新对外的口径，这都应该让员工及时了解。

（3）给员工说话的机会

企业发生公关危机时，企业常常为了引导公司内部环境、安抚领导者的情绪而拒绝让普通工作者发表自己的看法；甚至为了隐瞒事实真相而不让员工有任何提出问题、探究问题的机会。事实上，让员工适量地发泄，并及时与员工沟通能够集思广益，并且增强员工对企业的包容度和好感度。

3. 及时收集有关信息

公关危机爆发后的短时间内，公关管理人员必须及时收集事件发生的时间、地点、涉及人员、影响范围、发展情况、危害程度等信息。在危机事件得到控制后，还要迅速进行调查，从事件本身、亲历者、目击者和有关人士那里广泛全面地收集有关信息，详细做好记录，为危机事件的妥善处理提供充分的信息情报。

4. 确定临时处理方案

对于企业来说，公关危机爆发后企业必须拿出行之有效的处理方法才能最大可能地使公众信服，从而降低危机的影响，确立临时处理方案包括安置受害群体、联系媒体、政府等多种手段及实施顺序，迅速生成一套完备的管理系统从而最大限度地降低损失。

（四）安抚公众，缓和关系

在公关危机爆发时，面对受害群体，首先要做的就是安抚公众的情绪，真心诚意地道歉，尽最大可能弥补公众的损失。一般说来，主要有以下具体做法：

1. 协商对话

企业与当事者公众之间进行心平气和地交流。双方在互相倾听对方意见的基础上进行互相疏通，化解矛盾，消除隔阂，统一认识，进而达到新的合作。相互协商能够促使双方以积极的态度处理好已经出现的公关危机事件。

2. 引导舆论

通过对社会舆论的引导能够理顺企业与相关公众的关系，从而达到对公关危机的妥善处理。这种方法要求事先了解可能或已经在公众中出现的一些反应，再通过信息发布等形式进行较大范围的舆论宣传，去广泛影响和引导公众，使不正确的、消极的公众反映和社会舆论转化为正确的、积极的公众反应和社会舆论，从而引导公众朝着与企业密切合作的方向发展。

3. 损失补偿

当企业对公众造成较大损失时，企业必须承担责任，这样的情况下，企业承诺对于公众精神和物质两方面的补偿在一定程度上能够缓和公众的抵触情绪。补偿损失一方面能缓和企业在公众心目中的负面印象，另一方面也能够促使企业反省自身的错误。

4. 权威处理

在某些特殊的公关危机事件处理中，企业与相关公众所持看法不一致，难以调和，这时倘若企业依靠权威来发表意见，并按权威的意见处理事件，则能有效缓和与公众的矛盾。企业必须实事求是地向政府汇报情况，以求得指导和帮助。一般情况下，公众对政府的信任度很高，企业若能获得政府的支持，一起出面解决，那么危机的处理将会顺利得多，负面影响也将小得多。

5. 法律调节

当人的力量不能够解决危机时，企业可以考虑利用法律的手段来处理公关事件。依据事实，按照法律条款、遵守法律程序来处理。同时，法律调节的好处就是能够在维护处理公关危机事件的正常秩序的同时，保护企业和相关公众的合法权益。这种方法更适用于企业因受他人侵权受到损害而形成的公关危机的处理。

（五）联络媒介，主导舆论

公关危机爆发时，公众中一定会产生诸多议论，各种媒体的不同报道也会导致公众无法辨别事实真相，造成社会公众的恐慌。所以，企业应首先确定一名新闻发言人，代表企业向内外公众介绍危机事件真相和企业正在做出的努力，让公众尽快了解事实，杜绝谣传，理智地对事件做出分析判断。在危机过程中，企业的各类人员由于对事件真相的了解程度不一，以至于众说纷纭，影响外部公众。因此，企业领导者必须首先让内部员工了解事实真相，统一对外发布信息的口径。同时，企业应妥善处理与新闻界的关系。一方面，主动告知事件详细背景与最新进展，积极配合传媒有关该事件的报道，争取媒体对企业行为的理解和支持；另一方面，通过了解传媒报道的公众反应等反馈信息来阻止各种错误信息的进一步传播。处理公关危机最重要的门道在于沟通，企业切忌在灾难发生时保持沉默，因为大多数公众听到"无可奉告"之类的话时往往就会认为有问题。而且，沉默往往也会激怒媒体，使问题更趋严重。因此，妥善处理好与新闻界的关系主要要做好以下具体工作：

1. 迅速解答记者疑问，告知已证实的事实真相并保证新闻的及时性。最好在危机管理小组中专派熟悉媒体工作的成员专门负责解答记者的一切疑团，满足并维护记者与公众的知情权。

2. 在公关危机发生的开始由于企业掌握的信息不够全面，可能无法解答记者的提问，此时，企业一方面应尽可能用企业的背景材料及设施情况来填补新闻空白；另一方面，应协助记者对危机原因进行调查与核实，以显示企业与媒体及公众沟通的真诚态度。

3. 针对失实新闻报道，企业应当及时指出并要求记者更正，而决不能恶意警告，甚至谩骂，这种有失风度的行为只会恶化彼此关系；当然，对于一些造谣中伤行为，企业可以邀请公正权威机构来协助企业纠正，并请媒体予以配合。

4.大小记者都必须公平对待，最好让各大媒体都同步获知信息。厚此薄彼的行为可能造成众说纷纭，甚至给恶意者以可乘之机。

5.尽快公布企业在公关危机事件中所采取的一系列对社会负责的行为，以增强社会公众对企业的信任。

与此同时，企业要多方沟通，尽快化解公关危机。企业要主动争取与其他公众、社团、权威机构的合作，尽快管理公关危机，这是增加企业在公众中的信任度的有效策略和技巧。

（六）总结危机，重建形象

公关危机过去后留下的是利益的减少、设施的损坏、损害赔偿的支付、人才的耗损等多方面的损失，即使企业采取积极有效的措施处理危机，一定时期内企业的形象和销售额也很难恢复到危机前的水平。危机对企业形象造成的损害，其不利影响会在今后企业的生产经营中日益显露出来。因此，公关危机得到处理，并不等于危机的完全结束，企业公关还需要进入重建良好形象的运营阶段，而且企业还需要对危机事件进行总结，以提高未来抵御风险的能力。

第二节　企业公关危机的预警

防止公共关系失调，一个重要的前提在于必须确切地了解企业自身的公共关系现状，并能敏锐地发现其失调的预兆和症状。越是复杂的企业，面临的公关危机就越多，企业中存在着的各种问题，甚至可能只是一点点小小的缺陷，都有可能造成一场大的企业事故。对企业危机公关类型的把握是预见公关危机的关键。

在企业实际运行过程中，企业需要根据自身情况建立相应的企业公关危机预警制度，一旦企业达到预警系统的预警要求，预警系统会向企业提前发出预警，通知企业公关危机即将来临，让企业提前做好措施。建立完善有效的企业公关危机预警制度，需要企业可以收集危机的信息，危机可以通过企业经营的信息间接反映出来。"预防是解决危机的最好方法"，这是英国危机管理专家迈克尔·里杰斯特的名言。企业公关危机预警制度的主要功能就是对企业的日常经营进行监测，对一些潜在的公关危机和已经发生的公关危机发出预警，让企业快速启动危机预处理系统，争取把隐患危机消除在萌芽状态，减少危机带来损失的同时为企业的危机管理赢得宝贵时间。由此可见，危机预警系统包括以下四个部分：危机监视系统、危机评估系统、危机警报系统和危机预处理系统。由于危机评估系统涉及内容较多，将在本章第三节具体阐述。

一、危机监视系统

公关危机还得通过公关手段来化解，因此危机监视系统在预警系统中的主要职能是搜集危机信息、监视危机征兆，即收集整理反映危机迹象的各种信息或信号。

（一）危机公关信息的搜集原则

1.目的性原则

目的性原则是现代企业公共关系信息搜集必须坚持的原则。只有目的明确，才能做到有的放矢。现代企业公共关系搜集的主要目的是：了解那些受现代企业执行的政策和行为影响的公众的认识、观点、态度及行为。也就是说，要掌握现代企业的公共关系状态，找出现存的问题，为现代企业公共关系工作指明方向，为制定出有针对性的公共关系的目标和计划奠定基础，并为实现其公共关系目标的最佳途径和方法提供依据。

2.准确性原则

准确性原则对搜集的公共关系信息的要求是：一方面，信息是真实的，能如实地反映现代企业相关公众的意见和要求；另一方面，信息要具有实用性。搜集的信息只有真实、具体实用，才能有利于现代企业公共关系决策。

如果只是泛泛地讲公众对企业不满，是无助于企业做出相应决策的。

3.及时性原则

及时性原则体现在两个方面：一方面，要求搜集的公共关系信息必须迅速及时。如果信息过时，就会失去或减弱信息的使用价值。另一方面，要注意信息内容的新颖性。因为现代企业生产营销活动是处于不断变化的环境中，信息总是不断地随着环境的变化而更新，这就要求现代企业公共关系部门不断地搜集各种新信息，不断地掌握新情况、研究新问题，取得公共关系活动的主动权。

4.系统性原则

现代企业是一个开放的动态的"经济系统"，它在生产经营活动中与社会公众发生千丝万缕的联系，其公共关系信息要受到众多因素的影响和制约。因此，现代企业公共关系部门搜集信息时要坚持系统性原则。系统性原则要求：一是系统搜集现代企业内部所需要的各种信息；二是系统搜集现代企业外部所需要的各种信息。这就需要多方面拓展信源，注意积累，力求信息内容完整。还要注意抓苗头，抓动向，捕捉预测性信息。

5.计划性原则

现代企业公共关系信息的搜集不能盲目进行，必须有计划性。计划性原则要求：搜集信息时，既要满足当前的企业发展需要，更重要的是要考虑未来企业发展的需要；既要广辟信源，增加搜集渠道，又要持之以恒；既要考虑搜集信息的全面性，又要避免不必要的重复。因此，现代企业的公共关系部门必须制定搜集计划，以便有计划、有目的、有秩序地进行信息搜集工作。

6.经济性原则

现代企业公共关系信息的搜集工作要讲求经济效益。在拟定搜集公共关系信息计划时要考虑劳动成本和费用，能通过交换获得的信息资料则不花钱订购，近处能搜集到的不要到远处去搜集。要调动企业内部各类人员搜集公共关系信息的积极性，还可以组织兼职的搜集信息队伍。

这些搜集信息的原则既构成相互关联的整体，又有一定的独立性。在现代企业公共关系信息的搜集过程中，应当围绕搜集的目的，努力使搜集的信息达到准确、及时、系统、经济而且具有一定的预见性。

（二）危机公关的类型

企业在运营过程中的公关活动稍有不慎就可能引发各种危机，主要有以下类型：

1. 信任危机

信任危机是指使企业信誉或企业形象受到严重损害的情况。引起这种类型危机的原因有很多，可能是由于企业的产品、服务质量有问题，也可能是企业没有如约完成答应公众要做到的事情，总而言之是损害了公众的权益，使得企业不再被外界所接受。还有一种情况是企业内部的信任危机，企业工作人员对企业管理者的反抗情绪，或者企业管理者在薪酬或工作环境等不能很好地满足员工，使得员工对企业的信誉水平产生怀疑，也可能造成企业内部小范围的企业危机，极端情况甚至可能影响到整个企业的形象。

2. 市场危机

市场危机是指由于市场环境、消费者需求更迭变换、竞争对手增强增多等原因导致的企业危机。市场危机是由于企业不能及时适应市场变化，用"以不变应万变"的固执心态来面对市场的变化而得到的结果。毫无疑问，人们讨厌一成不变，人们追求高端，企业生产的目的就是实现公众的需求或者创造使公众满意的产品，坚持己见最终只能自食其果。另一方面，企业在自身发展的同时还要对抗来自竞争对手的巨大压力，公平竞争尚且还好，有些企业不惜违法来盗取商业机密或者采取不正当手段来污蔑抹黑、恶意中伤自己的商业对手。来自市场的危机防不胜防，企业必须步步为营加以防范。

3. 管理危机

管理危机是由企业领导者决策失误或是管理不当而引发的企业危机，现在有不少中小型企业面临这样的问题。企业管理者的管理水平很大程度能够反映一个公司的水平，优秀的领导者知人善任、善于经营、懂得投资，能够一步一步将企业带入正轨，增强企业的竞争力，获得更大的经济效益。而相反，若企业管理者浑浑噩噩、不善经营，企业生存和发展步履维艰。若不及时发现并进行根本性的变革，企业最终只会江河日下，走向衰败。

4. 灾变危机

灾变危机是由于暴雨、高温、洪涝灾害等自然灾害或是由于流感、恶性病毒、战争等不可抗拒的社会灾乱而造成的企业危机。这种类型的危机往往不以意志为转移，并且压倒性极强，几乎一招致命。因此，解决起来也颇为棘手，几乎无计可施，这种类型的危机更多的是等待国家、政府的援助。

5. 媒体危机

媒体危机是由于企业负面消息或行为遭到媒体曝光，或是由于媒体报道失实而严重影响企业形象的企业危机事件。众所周知，信息时代中媒体的影响力广泛而深远，几乎引导了社会中绝大部分的舆论所向，甚至能够直接决定公众对企业的印象、影响企业的命运。媒体危机的爆发若不及时采取应对措施，极有可能给企业造成空前的灾难，甚至能够直接导致一个企业的消亡。

以上是企业常见的几种公关危机。除此之外，企业还会发生法律、政策、信贷、外交、素质等各种危机。

二、危机警报系统

（一）危机评估方法

对于企业中可能造成危机发生的不确定因素，企业公关应及时捕捉并对潜在危机发生的种类和危害进行定性或定量的评估，下面列出常用的具有代表性的危机预警方法。

1. 定性评估方法

专家意见法[①]是指通过征询企业内外部有关专家的意见，对潜在危机的类型及其危害程度进行定性的评估。通常，使用头脑风暴法和特尔菲法来进行评估。

头脑风暴法[②]由美国BBDO广告公司的亚历克斯·奥斯本首创，此处是指企业邀请相关的专家进行会商，专家们就潜在危机提出自己的看法，且过程中不对别人的观点提出任何批评，最后再讨论归纳专家意见，形成结论。这

---

① 童林，章春松.“专家意见法”在电力企业审计管理的应用［J］. 中国电力教育，2012（9）：88-89.

② 水志国. 头脑风暴法简介［J］. 学位与研究生教育，2003（1）：44.

种方法可以鼓励与会专家畅所欲言，有助于企业发现容易被忽视的潜在危机。

特尔菲法[①]本质上是一种反馈匿名函询法，就是企业让各位专家根据自己的判断匿名地、独立地提出自己的观点，然后将意见汇总整理后再反馈给每位专家，让他们再次对潜在危机进行评估和预测，如此再征求、再反馈，直至得到专家一致的意见。该方法对企业危机评估的结论可靠性较高。

2.定量评估方法

（1）危机晴雨表

美国学者史蒂文·芬克分别以危机发生概率和危机影响值为横坐标和纵坐标，创建了危机晴雨表，也可称为危机压力表。[②]危机晴雨表将危机的影响和危机发生的可能性两项指标量化后绘制而成的，可以清晰反映出企业的危险程度。

危机影响值是指在不干预的情况下，危机可能产生的损害。用0—10表示危机影响的大小，数值大小与危机危害大小呈正相关。判断危机影响值的大小主要依据以下几个方面的问题：危机对企业正常业务的运行的影响大小；危机对企业的销售收入和利润的影响大小；危机对企业的形象损害的影响大小；危机的影响周期长短；企业受公众关注程度；企业与媒体及相关政府部门的关系如何；企业是否拥有专门的危机管理计划；危机发生之后有无补救的可能性；危机恶化程度及企业的承受能力等。对上述问题调查后进行逐项评分，取算术平均值，可以得到一个潜在危机的影响值。

危机发生的可能性即为危机发生概率。当发生概率为0时，表示危机不可能发生，当危机概率为100%时，表示危机必然发生。对于危机发生的概率要尽可能加以量化，采用数字表示。将引发危机的因素进行分类和细化，客观确定危机发生的潜在概率。

把危机发生概率和危机影响值两个因素叠加起来，危机发生概率为横轴，危机影响值为纵轴，构成坐标系，形成四个象限的危机晴雨表。利用该表可以精确地测算出危机的强度与爆发的可能性。

---

① 杨凤英.特尔菲法的特点与优缺点［J］.内蒙古民族大学学报，2012，18（2）：195-196.

② ［美］史蒂文·芬克.万能手指：经济间谍全球化危机管理［M］.范鹏绪，张黎，译.长沙：湖南文艺出版社，2018.

危机晴雨表如图2-1所示，图中第一、二、三、四象限分别代表为鲜红色区、注意琥珀区、安全绿色区、中间灰色区。红色区域表明危机的发生概率和影响均较高，危险程度很大，需要立即进行危机警报，并采取危机预控措施；灰色区域表明危机的发生概率较大，但影响值较小，危机程度处于中等状态，企业需小心提防，避免引起麻烦；绿色区域表明危机的发生概率和影响值都较小，相对安全；琥珀色区域，表明虽然危机的发生概率较小，但一旦发生却影响较大，需要企业密切注意。

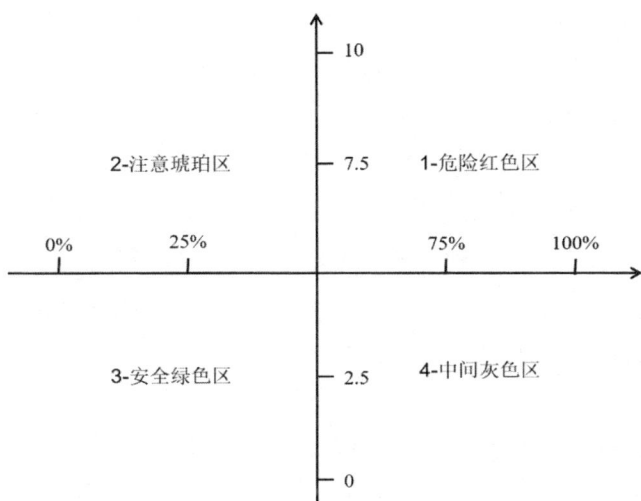

图2-1 危机晴雨表

（2）企业实力测定法

日本的野田武辉[①]认为企业在开展危机预警的过程中，信息要素过多反而可能妨碍有效预警的发布。因此，他从企业的资产负债表和收益表中提炼出四个基本要素，即增长性、收益性、短期流动性和长期安全性，用于判断企业的危机程度。这个要素对应三类指标：企业指标行业平均值、固定长期适合率、行业平均值企业指标。企业危机程度的评判原则为：4—5分为安全，2—4分为警戒，2分以下为危险。依据不同指标对应我国企业危机预警

---

① ［日］野田武辉.日本企业破产的实况［J］.经济界，1999（4）：66-69.

管理研究企业的重要性规定不同的权重，确定企业总体的危机程度。企业根据危害程度对危机进行分级，从而根据不同的等级发出不同警示程度的危机预报。

（二）危机警报系统的建立

预警指标体系的构建是实现企业公关危机预警管理功能的重要一环，预警指标体系构建得是否完备、是否全面、是否科学，直接影响着预警功能的实现。危机监测系统所搜集的信息具有信息量大、信息杂乱的特点，如果直接对其分析，不仅仅耗时耗力，而且很有可能影响危机的判断，耽误危机处理的宝贵时间。预警指标体系的制定，就是让这些信息条理化，有利于危机管理小组进行分析。将这些信息转化成较易识别的指标，在简化异常情况识别过程的同时，为危机的预处理争取了宝贵时间。危机警报系统的主要任务就是判断各种指标因素是否突破了企业危机警戒线，根据判断结果决定企业是否发出预警以及发出何种等级的预警。在实际的预警过程中，企业危机的征兆可以通过危机管理预警指标加以量化来反映。因此，危机警报系统的正常运行应该包括两个内容：一是设立危机的预警指标，二是确定危机预警的等级标准。

1.危机预警指标

利用各要素针对性地建立预警指标，从而反映企业异常经营的情况，比如在产品问题上，如果只去分析产品的销售额、销售数量，很难短时间看出产品销售上是否存在问题，但如果把销售数据转化为销售额增长率、销售数量增长率、市场占有率、顾客满意率等一系列定量化指标，企业危机管理小组只要将这些数据与以往正常数据进行对比，即可发现产品销售上是否有问题。比如产品销售额增长率出现持续下滑的现象，这时企业需要警惕，结合企业其他经营情况分析销售额增长率下降的原因，会发现有可能是产品本身存在问题，有可能是因为竞争对手的原因，也有可能企业正在遭遇某种危机。

杜岩在其《企业公关危机管理体系研究》一书中，给出了一些企业危机预警指标体系，如表2-1所示。

表2-1 企业危机预警指标体系

企业危机预警指标	生产制造	产品合格率、劳动生产率、产品性能价格比
	财务	资产负债率、资金利润率、流动比率、速动比率
	组织管理	组织机构人事合理度、管理费用比重
	市场	产品市场占有率、产品销售增长率、新产品销售率
	产品开发	研究开发费用比例
	企业形象	公益贡献率、公众对企业的信任度、销售合同履约率
	外部环境	上缴利税比率、就业贡献率、总产值增长率

2.危机预警等级标准

建立了危机预警指标体系之后，企业就可以进行危机预警度的预报。首先对每一个评价指标确定阈值。然后，以可接受值为上限，以不可接受值为下限，计算其现实危机程度，并转化为相应的评价值，再将各个指标的评价值加权平均得出企业危机的综合评估值。最后，与企业危机预警度标准相比，即可得出预警度。要提高警报的可信度，关键是各项指标的可接受值、不可接受值及权数要设定得合理和科学。为此，可接受值可采用本行业或企业的最低或最差水平。在确定各指标权数时，要考虑其现实可行性和科学性。

假定各项指标的评分标准为10分制度，则企业危机的预警等级标准如下表2-2所示。

表2-2 企业危机预警等级标准

危机等级	优良	低度危机	中度危机	高度危机
综合评价值	8—10	4—6	2—4	0—2

三、危机预处理系统

企业公共关系预处理系统的主要任务是根据预警分析的结果，对可能出现的公共关系危机进行控制，即制定相应政策预先控制住危机，防止危机的进一步扩大。在企业危机处理的过程中，为了解决问题缓和危机，即抓住有利的时机对公关危机事件做出反应，防止危机事件的恶化和扩散，必须有一个预处理的阶段。企业公关危机预警管理机制最主要的目的并不是发出危机警示，而是在发现危机之后对危机进行有效的预控处理。由此可见，危机预处理系统在危机管理中极其重要。只要企业相关负责人员利用好危机预处理系统这一环节，企业就有很大可能转危为安，花最小的代价解决并化解危机，推动企业的进一步发展。企业危机预处理系统的流程为：在接收到危机预警之后迅速建立危机管理机构，即危机管理小组，然后根据危机事件的评估与定性，对危机事件进行初步处理与现场控制。

（一）危机管理机构的建立

公关危机管理组织机构是公关危机管理中的信息枢纽，所有的指令均从这里发出，在危机管理过程中起到领导和协调的作用。其主要工作就是对危机事态实时监测，定期检查危机问题并随时调整措施。在危机处理过程中，企业不同部门之间有可能配合不好，落实不到具体的责任与工作，或者出现相互推卸责任的情况，都需要危机管理机构来出面解决。因此，要做好企业公关危机预控工作，企业应该抽调相关人员组成公关危机管理组织，并在企业内部强调，公关危机管理组织具有领导特性，可以对企业的不同部门如营销部门、财务部门、生产部门等发号施令。公关危机管理组织的建立是危机顺利解决的保障，其工作内容主要包括：公关危机管理组织人员的确定、公关危机管理机构的设置、公关危机管理制度的制定和公关危机应急队伍的训练。

1.公关危机管理组织人员的确定

企业公关危机管理组织人员主要应包括：公关团队人员、企业高管、营销管理人员、财务管理人员以及平时训练的危机处理专业人员等。同时可以接纳公众或者媒体为管理组织成员，他们对危机的信息较为了解，在危机预控上有可能发挥意想不到的作用。如果企业有分支结构或者子公司的话，则每个分支结构或者子公司都需要向管理组织至少委派一名代表，这是为了让信息的流动更快更方便。在这些人员确定之后还需要定期对公关危机管理人员进行相应的培训，以增强他们危机预防意识和应对危机的处理能力。

2. 公关危机管理机构的设置

特定的危机处理机构都是一次性的，但公关危机预警管理机构是日常性的，需要长期存在的。这是由于现在社会复杂多变，企业经营环境时刻变化，这就使得企业在日常经营活动中，存在着各种各样的公共关系危机，这就决定了公关危机管理不可能是一次性的，必须是日常性的，是需要不断长期进行的。由此可见，设立公关危机日常管理机构的重要性，许多大企业，特别是跨国公司，都有着公共关系危机日常管理机构，如华为、理想汽车、保洁公司等。公共关系危机日常管理机构的设置有两个好处：一是可以向组织内外公众表明企业认真负责的态度，二是可以随时进行危机的日常监测、识别、诊断、控制等工作。它的主要职责包括以下六个方面：

（1）对可能出现的公关危机进行预测。

（2）制定公关危机的防范措施与危机处理步骤。

（3）安排各部门在危机处理过程中需要负责的内容并进行监督。

（4）对危机管理可能产生的开销进行预算。

（5）对企业全体员工进行公关危机教育培训。

（6）指导各部门以及企业员工如何进行危机处理。

3. 公关危机管理制度的制定

俗话说得好，"没有规矩，不成方圆"，制度化管理有利于人才的培养。从根本上说，就是它可以节省交易成本，用比较通俗的话说，就是减少麻烦。企业在公关危机管理过程中，建立健全相应的危机管理制度有利于实现对危机的预警工作，制度的设定有两个好处：一方面可以约束企业员工的公共关系行为，另一方面可以保证危机管理工作的正常进行。如果企业员工和管理人员危机意识不强、危机预警的思想意识淡薄，对危机管理工作的实施不够仔细负责，这个时候就必须建立危机管理制度，增加企业抵御危机的能力。制度的建立就伴随着实施的监督，如果没有进行监督，那么建立的制度则毫无约束力、毫无价值，相应的危机管理也很难进行下去。

4. 公关危机应急队伍的训练

如果危机公关人员有着良好的素质，熟练的技巧以及足够的应变能力，对于危机管理工作来说是事半功倍的。同时，危机管理是一项专业性很强、涉及面很广、对人员要求很高的工作，参与人员需要具备善于处理危机事件所涉及的各种公共关系和媒介关系的才能，而这些都是企业员工在日常工作中所接触不到的。因此，企业需要时刻加强并注意对公关危机队伍的训练，一方面增加危机处理人员的危机处理能力，一方面也可以为企业其他方面的危机管理组织储备人才。公关危机应急队伍的训练可以从以下四个方面入手：

（1）进行公关专项培训，提高公关能力。

（2）进行应对危机事件的培训，增强其应对危机能力和应变能力。

（3）学习危机处理的相关案例，错误的案例可以总结经验教训，成功的案例可以从中学习先进经验。

（4）每隔一段时间进行模拟训练。

（二）对危机事件进行初步处理与现场控制

初步处理与现场控制一般是危机处理的第一步，它的主要目的就是防止危机的进一步扩大和扩散，让危机的规模变小。因此，危机处理人员在制定初步处理措施时一定要谨慎，处理措施可以由一些有经验的危机处理人员来制定，因为一旦措施不得力，反而有可能让危机进一步严重，甚至到失控的地步。

第三节　企业公关危机的评估及转化

一、企业公关危机的评估

企业在进行公关危机预警的过程中，最重要的就是危机的评估，危机的评估是企业高层管理者和危机管理小组判断力和决策水平的反映。危机评估的目的主要包括四点：一是确认危机调查结果的可信度如何，用以检验危机调查的成果，从而确认此刻危机的实际破坏程度；二是基于危机调查的信息，判断危机是否进一步恶化或者向其他方向扩散，如果产生恶化或者扩散，还需进一步采取应对措施；三是判别危机是否可能给企业带来相应的后遗症及其后续影响如何；四是确定利益相关方未来可能对企业做出何种反应，是继续合作还是"相忘于江湖"。为了提高评估的准确性与可信性，企业甚至可以从外部引入相关专家加入危机评估工作。

构建合理科学的企业公关危机风险评估模型有助于企业评估当前的公关危机风险状况，企业公关危机的评估主要包括公关危机的识别、公关危机的分析、公关危机的评价等工作。

（一）公关危机的识别

公关危机的识别就是危机发现、辨认以及被描述的过程，危机识别主要包括对危机发生的原因、危机发生的地点以及危机潜在后果的识别，危机识别过程涉及历史数据、理论分析、专家意见、有见识的意见以及利益相关者的需求。公关危机识别的目的是识别可能会发生什么事件或者可能存在什么情况导致危机的发生，这些因素都会影响到企业战略目标的实现。"可能会发生什么事件"是指可能发生的潜在事件，这一类事件不易被发现，在进行调查排查时一定要细心仔细，"可能存在什么情况"是指与企业公关危机事件有关的各种因素，这些因素会直接或间接导致危机的产生。企业公关危机风险主要体现在员工、股东、顾客、媒介、社区和政府之间，危机的识别也应从这六个方面入手。

1. 员工关系

员工是组织的细胞，是企业稳定发展的基础，也是企业具体工作的实施者。只有实现员工的合理分工与尽职尽责才能实现企业的战略目标，员工公共关系的主要目标有两点：一是培养员工对组织的向心力、凝聚力；二是创造和谐融洽的工作氛围。不难发现，一旦企业和员工身陷危机，主要表现的是员工的工作环境变得恶劣、人事关系不融洽、员工对企业的忠诚度下降，造成企业人才的流失。这种风险主要体现在拖欠员工工资、不合理解聘员工并未给其规定补偿、员工因工作受伤时补偿较少或未进行补偿、员工集体罢工、核心骨干人员成批离职等，这些负面信息一经媒体传开很容易造成负面影响，以至引发危机。

2. 股东关系

股东关系就是企业与投资者的关系，股东关系的基本任务就是为企业的发展提供重要的经济基础，并且稳定已有的股东队伍，吸引潜在的投资者。企业在处理股东关系时，需要尊重股东的主人翁意识，需要鼓励股东参与企业经营活动，同时保证股东应有的经济权益。通常，上市公司均有着数量庞大的股东，如果企业在发展经营理念上造成失误或者股东对公司当前经营措施、发展情况、战略决策等方面存在不满的情况时，就会引起股东的维权或者抛售股票的行为，这样会间接引起第三方机构的猜疑，经媒体报道后很容易引发公关危机。

3. 顾客关系

顾客关系是企业外部公共关系中最重要的一类，换句话说，企业经营战略目标的实现有赖于企业与顾客关系的密不可分，顾客关系中的企业不仅仅局限于生产或推销生活资料的企业，还包括那些生产或推销生产资料和精神产品的企业。"顾客就是上帝"，这句话间接反映了企业处理顾客关系的一般原则。当顾客对购买的产品十分满意时，会对企业产生一定的信任感，同时会引发顾客重复消费行为，甚至顾客会将产品分享给身边的人。但如果产品质量出现问题，产品服务存在不足，会造成顾客的投诉与不满，一旦这样的事件被放大，很容易对企业产生不好的影响，甚至引发危机。

4. 媒介关系

媒介一般指社会上的新闻、传播机构或者工具，其中包括报纸、杂志、书刊、广播、电视等，媒介关系涉及企业的相关信息扩散以及企业在公众舆论中的形象，因此媒介关系在企业外部公共关系事务中占据重要的地位。媒介关系的成功取决于企业的公共关系负责人员是否熟悉、了解新闻以及传播活动的特点和规律，取决于企业能否正确对待新闻媒介关于企业信息的传播。员工关系、顾客关系和股东关系中不好的成分经媒介传播，都会给企业造成一定的负面影响，进而引发危机。当企业与媒介的关系较好时，企业会有一定的处理时间，否则这些负面消息会很快传播。

5. 社区关系

社区就是具有社会功能的一定地理区域，如乡镇、街道和居住小区等，是人们共同拥有的生活空间。企业与生活中具体的社区有着密不可分的关系，如当地社区的主管机构、居民以及其他组织等，与社区关系的好坏，直接影响到企业在各种社区中的生存。在良好的社区关系中，企业应尽量减少或者避免自身的生产经营活动对社区居民产生影响；视社区公众为最基本、最直接的顾客，满足其需求的变化；将内部福利设施向公众开放；积极承担社区内的公益活动。但当企业随意排放污水、引发空气污染、生产设备噪音较大或者企业的经营活动对居民的正常活动造成影响时，就很有可能引发社区公关危机。

6. 政府关系

政府不仅仅是公共关系的主体，同时也是公共关系的对象，政府在公共关系中"主""客"角色互换，其公共行为也做相应调整。在好的政府关系中，企业自觉接受政府的管理和指导，恪守政府有关政策法令；企业及时掌握政府颁发的有关政策，并做出相应调整；企业主动给政府部门提供信息；企业积极向政府部门就其工作和政策提出合理化的建议。但当企业不遵守相关规定，出现如偷税漏税、贪污行贿、诈骗制假以及骗取片区政府补贴等，政府关系将会进一步恶化，引发企业的政府关系危机。

（二）公关危机的分析

公关危机分析就是研判公关危机的特性、确定危机风险等级的过程。分析的目的是通过风险分析过程建立对风险的理解，为风险评价、决策提供参考。风险分析过程的主要内容包括以下三点：

1. 分析潜在事件、危机发生的根源、危机发生的原因

虽然在"危机识别"中已经对可能发生的危机事件、危机发生的根源和危机发生的原因进行了识别，但仍需要对这些因素进行分析。一方面分析危机发生的根源和危机发生的原因源于企业内部或外部的结论是否正确，分析危机发生的根源和危机发生的原因的结论是否正确、是否合理。另一方面，有可能在识别危机事件、危机发生的根源和危机发生的原因时有所遗漏，通过"危机分析"过程对危机事件、危机发生的根源和危机发生的原因进行系统性的分析，进而得出全面性的结论。

2. 分析危机后果

不仅仅要分析危机产生的原因，还需要对危机事件可能造成的后果进行全面分析，具体分析内容包括以下五个方面：一是危机事件后果的性质，对于特定目标，分析危机事件对目标的影响是正面的还是负面的；二是分析哪些是危机事件发生后造成的直接后果，哪些是由直接后果而导致的间接后果；三是分析后果的形态划分是否正确，如有形的、无形的、经济的、文化的等等；四是分析危机产生后果的影响范围，即分析后果可能影响到的利益相关方，包括环境等方面的影响。五是分析危机事件后果的严重程度。

3. 确定危机等级

危机等级是指危机的严重程度，企业可以根据危机等级的高低，来采取相对应的措施。"危机产生的后果"和"危机发生的可能性"是危机的两个最突出特征，危机的等级可以用"危机产生的后果"和"危机发生的可能性"这二者的结合来表示。

（三）公关危机的评价

公关危机的评价就是将危机分析结果与相关准则进行比较，以决定危机或其大小是否可接受或可容忍的过程，评价的目的是协助企业进行相应的决策。当危机等级较小或危机规模较小时，意味着危机扩散的可能性较小，企业可以先将危机进行"隔离"，在不影响企业其他正常经营活动的前提下制定对策；当危机等级较高或危机规模较大时，意味着危机扩散的可能性较大，企业在制定对策的同时还要考虑如何将危机"阻断"，防止其扩散，有必要时，还应暂停企业其他部门的正常活动，公司上下一心去面对和解决危机。

二、企业公关危机的转化

（一）企业公关危机的处理原则

企业在发展过程中难免会发生公关危机，在发生之前企业可以通过预警采取一些规避措施来减小企业公关危机的规模。随着社会的发展，企业外部环境变得越来越复杂，企业公关危机问题出现的频率越来越高。因此，企业要想获得持续发展并日益壮大，在建立健全预警机制的基础上，还应明确相应的应对策略，妥善处理好公关危机。同时，由于公关危机具有突发性强、破坏力大、影响面广的性质，因此公关危机的处理应遵循积极主动、反应迅速、诚实守信、措施有效的原则。

1. 积极主动原则

危机发生后，企业的各项活动都会受到不同程度的影响，积极的态度可以帮助企业赢得宝贵的时间。积极主动原则有两层含义，一是以积极的心态面对企业公关危机，危机影响的破坏力是巨大的，不光会对企业造成一定的财力物力损失，还会给企业人员带来一定的心理伤害，这时应该以积极的态度应对危机，理智地看待客观事实，以负责和乐观的态度去处理问题；二是处理危机问题要主动出击，企业应将公众利益放在首位，否则企业可能陷入被动局面而进一步扩大危机。只有遵循积极主动的原则，企业才能变不利为有利，变被动为主动。

2. 反应迅速原则

由于企业公关危机的发生有着突发性和紧迫性的特点，而且公关危机的破坏力巨大，这就需要企业高层迅速决策，公关人员快速到达危机现场，果断采取措施，与时间赛跑，这样才能防止媒体迅速扩大影响范围，避免企业失去对局势的控制。当然，并不是说企业反应得越快越好，反应迅速不应带有盲动性，而是要求企业要及时发现危机，制定处置危机的对策和方案要及时。

3. 诚实守信原则

公关危机的出现会对企业和公众个人都造成不利的影响，但企业作为公关危机发生的根源，应该在公关危机发生的第一时间内，向公众诚意说明情况，以免公众与企业之间存在误解。诚实守信原则需要企业在危机发生后做好三件事：一是要快速派公关人员赶往现场，了解危机发生的情况；二是要让企业相关负责人员坦诚地回答记者们的问题，不得隐瞒；三是要对公关做出的承诺及时实现，不能说话不算数。在公关危机发生时，只有以诚信对待公众，准确无误地报道现场情况，对公众提出的问题耐心解答，积极履行企业的责任与承诺，才能赢得公众的信任，进而把握舆论的主动权，减少危机事件对企业形象造成的损害。

4.措施有效原则

公关危机事件往往表现得突然且强烈，甚至有可能波及更大范围。因此危机事件处理的首要任务就是迅速决策、控制住局面，防止危机的进一步扩大。在这一过程中，企业决策者的行为必须能解决危机的要害问题，达到立竿见影的效果。所以，有效措施的提出是建立在符合事实与客观规律的基础上的，同时要了解危机的真实发生情况以及原因，才能做出有效决策。

（二）企业公关危机的应对流程

公关危机发生后，企业需要采取相应的策略来化解公关危机，将危机由大变小，由小变无。因此，企业应对公关危机的流程主要包括正视危机、控制危机、危机调查、处理危机和事后工作。

1.正视危机

企业公关危机具有爆发速度快，传播面广、影响力强，破坏性大的特点，当危机发生时，企业需要认真对待危机，公关危机不同于企业一般的危机，因此应付一般危机的方法在公关危机上不一定适用，因此需要寻找比较有效的危机处理方法。正视危机就是要求企业认真对待危机，在识别到公关危机之后危机处理小组需要立刻行动起来，企业各部门之间应该团结一心，一致对外，切勿出现相互推卸责任，落井下石的情况出现。

2.控制危机

控制危机就是防止危机的进一步扩大，危机的负面影响是巨大的，如果不加以控制，危机的规模进一步扩大，很有可能造成失控的后果。控制危机有两层意思：一是在危机发生之后立刻采取措施遏制其进一步的扩大，尽量在第一时间让危机的规模变得越来越小；二是在遏制危机扩大的同时，将危机进行"隔离"，即隔绝危机，防止危机扩散到其他方向，使其不影响企业其他部门，如果没有得到及时妥善处理，企业公关危机很有可能引发企业信任危机、企业营销危机、企业财务危机等。

3.危机调查

由于公关危机的破坏性巨大，在发现企业遭受公关危机时，首先需要做的是控制危机，防止危机的进一步扩大，在灾难得到遏制，危机得到控制后，还需要对危机进行全方面、深入细致的调查。危机调查就是调查人员通过现场勘察法、询问法、观察法及文献分析法等一系列行之有效的调查方法，对危机的成因、危机的危害、危机的预防和处理措施的执行情况、危机后的反馈与危机管理的改进等工作展开调查与分析。企业公关危机调查的内容主要包括：一是危机的经过调查、二是危机的危害调查、三是危机的原因调查、四是危机现状的调查等。

4. 处理危机

企业公关危机的处理主要包括两个方面的工作：一是危机的决策，危机的决策是建立在真实有效的危机调查之上的，只有在危机调查的基础上才能做出正确决策。决策是由公关危机管理小组商议产生，针对每一个决策，仔细分析各方案的优缺点，权衡利弊，选择最优的方案进行决策。二是决策的行动，在决策方案做出之后，企业就要有较强的执行力，迅速地加以实施。

5. 事后工作

在企业公关危机中，如果妥善处理，就有可能从危机中抓住机遇，突破困境，完成逆袭。事后工作主要包括两个方面：一是危机处理工作的善后，公关危机虽然会给企业带来种种伤害，但如果善于利用，处理得当，变危机为良机，也会给企业带来好的影响。二是危机管理工作的经验总结，经验总结就是企业危机管理小组重新梳理危机产生的原因，防微杜渐，防止企业下一次犯同样的错误。

第四节　企业公关危机的沟通策略

沟通广泛存在于人类社会各项活动中，任何组织机构都离不开沟通，尤其在经济活动中，沟通是实现企业预期目标的必要条件。沟通即信息的交流，是指沟通主体将一些信息传递给沟通客体，并获得一定反馈的整个过程。沟通的内容既可以是单纯的信息交流，也可以是思想、情绪、态度的综合交流。

与公众进行及时有效的沟通是企业公关危机处理的重要手段，这样可以使公众了解危机产生的真相、企业处理危机事件的态度以及企业应对危机的策略，增加公众对企业的信任感。为此，企业应该建立健全与公众的沟通机制，企业管理人员应知悉沟通的目的与原则，进而制定相应的有效沟通策略。企业公关危机沟通就是在企业遭遇公关危机时，为达到消除危机事件所带来的影响，进而进行的一系列在媒体和公众之间的有效信息传递活动。

一、沟通策略的原则和特征

经济活动和商业管理中的沟通与其他类型的沟通有所不同，这类沟通不仅仅需要有丰富的沟通内容，还需要在经过与沟通客体（公众）沟通之后，公众表现出企业所期望的反应才能算成功，才能算是达到有效沟通的目的。

（一）有效沟通的原则

有效沟通需要以创造性地解决好人际关系为基础，但实现有效沟通的成功本身又是一项极具挑战性的任务，为了更好地实现管理沟通，达到有效沟通的目的，著名学者彼得·德鲁克提出了有效沟通的四个基本法则。[1]

1. 充分理解沟通对象

在企业应对公关危机中，需要企业认真做好对公众喜好、需求、理解能力的分析，建立以公众为导向的沟通模式，使公众可以很乐意地接受并理解沟通内容。

2. 满足沟通对象的期望

有效沟通应充分了解沟通对象的期望与要求，知道沟通客体希望看到和听到的是什么，根据不同的沟通内容和沟通对象选择合适的沟通渠道，采用他们感兴趣的沟通方式以及喜爱听的沟通语言来实现沟通的目标。企业应在充分了解公众喜欢的基础上选择合适的沟通策略。

3. 能够创造沟通需求

在企业公关危机沟通之前，企业管理者必须花一定的时间和精力去分析公关获得沟通信息是否值得，站在公众的角度去思考公众是否愿意花费时间

---

① DRUCKER P F. The Practice of Management［M］. New York：Harper Business，2006.

来获得沟通的信息。

4. 沟通需要提供有价值的信息

企业在沟通的过程中，不是说信息越多越好，信息过多或者内容不相关都会使沟通达不到预期效果，沟通主体会花费更多的时间去传递信息，沟通客体也花费大量时间在大量信息中寻找有效信息，信息的过多会阻碍沟通的顺利进行。

（二）有效沟通的特征

在进行沟通之前，沟通主体必须掌握了解沟通分析的工具和有效沟通的基本特征。当沟通的内容满足准确、简洁、通俗易懂和生动四个标准时，那么就可以判断出沟通是有效的。

1. 准确

信任是成功沟通的基础，而传递信息的准确是实现信任的前提，只有沟通主体所要传递的信息是准确无误的、不含有欺骗成分的，沟通客体才会相信这次沟通对他们来说是可信的，才会更容易认同沟通的信息，进而建立起沟通主体和沟通客体之间的信任。因此，在企业危机公关的沟通过程中，企业要从实际出发、实事求是，不能因为害怕承担责任而对公众有所隐瞒，更不能编造信息误导公众的判断。

2. 简洁

企业在应对公关危机时，危机的发展非常迅速，这个时候时间就是金钱，时间就是企业生存的希望，企业需要在最短的时间内与公众进行有效沟通来避免更大的损失，此时简洁显得尤为重要。简洁不仅仅存在危机的有效沟通中，企业上下级间的沟通、与客户的沟通等都要力求简洁。

3. 通俗易懂

让企业员工去理解企业管理人员下达的通知很容易，但要让公众立刻懂得企业管理人员沟通的信息并非易事，商务活动中传递的信息和与公众沟通的信息是不一样的，公众喜欢那些通俗易懂的信息。因此，在企业公关危机的沟通过程中，面对形形色色的公众，沟通内容变得通俗易懂会大大增加沟通成功的概率。

4. 生动

沟通客体总是被动接收信息，如果接收的信息枯燥无味，公众很难产生兴趣。生动而又充满活力的信息传递，会让沟通变得更容易。企业在沟通的时候，沟通主体可以使用修辞手法，修辞手法的使用，能够让沟通信息更加形象生动，并且让沟通客体产生继续想听下去的欲望。

二、企业内部沟通策略

企业内部各部门与企业的战略目标保持高度一致是企业顺利度过公关危机的必要条件，只有处理好内部之间的关系，获得内部的广泛支持，才能更好地面对外部困难。企业内部公共关系，就是以公关原理、公关技能和公关艺术做好企业员工的工作。因此，企业内部公关必须坚持"以人为本""以诚为纲"，围绕尊重人、相信人、关心人、理解人、爱护人，不断调动人的积极性这一主题，充分发挥公关的特长与优势，不断地增强企业的凝聚力、向心力。实际上，企业内部各部门，即企业内部公众也是公共关系的一个重要方面。通常，企业公关危机内部沟通内容主要包括部门沟通、员工沟通和股东沟通等。

（一）部门沟通策略

公关危机管理过程的重要保障就是建立健全公众协调沟通机制，而公众协调沟通机制的建立需要拥有有效的协调沟通渠道。因此，需要加强公关危机管理小组和企业各部门之间的沟通以及部门之间的沟通。前者有助于公关危机信息可以很快地传达至相关部门，从而避免公关危机的发生；后者可以防止沟通中产生排斥与推诿责任的现象。部门之间的沟通可以通过正式沟通和非正式沟通两种渠道来进行，正式沟通就是由组织内部明确的规章制度所规定的沟通方式，主要包括正式组织系统发布的命令、指示、文件等；而非正式沟通就是通过组织以外的途径来进行。正式沟通的优点是沟通效果好，比较严肃而且约束力强，易于保密，可以使信息沟通保持权威性；非正式沟通的优点是沟通不拘于形式，简单明了，沟通速度很快，容易及时了解正式沟通难以提供的内幕新闻。两种沟通方式各有千秋，实际沟通过程中可以使用两者结合的方式进行沟通。

（二）员工沟通策略

众多员工是构成完整企业的人员基础，企业的健康发展离不开员工的理解与支持，只有员工的情绪得以稳定，企业才有应对危机的力量与基础。与员工之间的沟通，可以通过以下几个方面来进行：企业管理者出席员工大会、部门的内部沟通应有部门管理者负责领导、企业简报等内容要由公关危机管理组织来撰写发布、在公司内部论坛或者电子邮件上向员工说明公司状况等。员工沟通的主要目的就是在保证员工情绪稳定和公司经营不受影响的基础上向员工说明情况，获取他们的支持和谅解。真实情况的说明有助于防止企业内部出现猜疑和谣言，以稳定内部军心。与企业员工进行有效沟通时，公关危机管理小组应注意以下两点：一是及时收集企业员工的意见和建议以及了解员工对公司经营状况产生的疑惑，同时做好答疑和解释说明工作，要让员工明白企业没有抛弃他们，员工对企业危机的参与也有助于提高企业的向心力和凝聚力；二是危机的出现必定会使部分员工的利益受到损害，企业应全力做好帮扶工作，尽最大可能让员工的损失降到最少，坚定不移地维护员工利益，使员工可以与企业同舟共济，共渡难关。

（三）股东沟通策略

股东是企业最主要的利害关系人，对企业发展有着很大的影响，股东关系到企业的财源，也是企业内部关系的重要内容之一。企业想要正常地运转、顺利地发展，就需要与股东之间保持良好的关系。当企业遭遇危机，股东看到自己利益受损，很有可能会出现撤资的情况，因此，在公关危机发生时，要及时处理好与股东之间的关系。与股东之间的沟通所要达到的主要目的是获得股东的理解与支持，让股东尽量不撤资或者撤资的份额越小越好。股东所投入的资本是企业发展的重要基石，资本的撤出很有可能使公司面临破产的境地。与股东沟通的主要做法有三种：一是及时向股东说明公关危机发生的原因、企业应对危机采取的措施以及现阶段取得的成果，让股东对企业现状有所了解；二是向股东说明此次危机的影响是暂时的，让股东知道企业是有能力安全度过此次危机的，说明企业发展的增长点，树立股东对企业长远发展的信心，确保股东不撤资或者继续投资；三是可以邀请股东来企业进行参观，让他们亲眼看到企业发展状况、看到企业处理危机的决心和广大员工的士气，从而增强他们对企业的信任。

三、企业外部沟通策略

现代企业外部公共关系是指企业以自己的知名度和美誉度，通过有效的传播和沟通，取得外部公众对企业的了解、信任、支持与协作，从而与外部公众建立友好合作关系而进行的公共关系活动。积极开展企业对外公共关系活动，有助于促进企业活动与整个社会活动的有机结合，有助于协调企业利益与社会整体利益，促进企业与社会组织、企业与社会公众之间的相互了解，协调彼此之间的利害关系，消除可能出现的冲突和矛盾，为企业的生存与发展创造一个良好的经营环境。一般说来，外部沟通对象主要包括媒体、顾客、政府机构、主管部门、合作伙伴等。

（一）媒体沟通策略

媒体已经深入到人们生活的各个方面，它可以细致生动地反映人类的各种活动，报刊、广播、电视以及网络都是媒体传播的媒介。与媒体沟通是整个危机管理过程中的重中之重，成功的媒体沟通可以弱化甚至消除公众以及媒体对公关危机中企业出现的失误的消极影响，从而排除企业压力的干扰、抑制消费消退等一系列不利于企业发展的后果。企业应该主动向媒体提供相应的信息，积极配合记者的采访，正确引导媒体的舆论导向。危机管理小组指定专门的发言人与媒体进行沟通，重要的事项通过正式的方式传达给媒体，这样既可以保证媒体向公众传达的信息是可信有效的，又可以避免媒体的不实或不准确的报道。有效的媒体沟通可以帮助企业管理人员传递信息、进行危机预警和危机恢复，改善企业的良好形象，提供危机沟通评估信息等，但无效的媒体沟通可能就是企业危机的制造者，也有可能会加剧危机的恶化，甚至妨碍危机管理的沟通工作。

新闻发布会的组织和接受媒体的采访是公关危机沟通中最重要的手段，

其中新闻发言人制度是企业进行内外部沟通时最重要的制度之一。企业危机管理中的发言人制度是企业应对媒体、动员民众、实现管理目标的一种措施。在企业公关危机处理过程中，可以通过新闻发言人制度在一定时间内就公关危机产生的原因以及企业应对公关危机采取的措施，发布新闻，阐述企业立场，回答记者的提问，解释公众的疑惑，澄清真实信息。

（二）顾客沟通策略

在企业经历公关危机的时候，顾客会遭受一定的财务和人身损失，这样会使得公众或者大多数顾客产生情绪上的不满。企业应使用正确的方法与顾客沟通。企业可以采取很多方法来获得顾客的反馈，如店内调查法、设置顾客意见法、开辟免费电话热线和建立自己的互动网站等，同时与顾客沟通时应遵循主动承认问题、承诺立刻采取行动和沟通时对事不对人的原则。与顾客沟通的方式主要有：可以通过在大众媒体刊登广告或登门拜访等方式向受到伤害的顾客表示诚挚的歉意，对于当事人的财产损失应尽快赔偿，制订损失赔偿方案，包括补偿方法与标准，或者给出赔偿的承诺；通过媒体等媒介及时告知顾客产品存在缺陷，尽快收回有缺陷的产品，同时做好相应补偿工作；仔细收取顾客对此次公关危机的处理意见和愿望，了解部分流失顾客离去的原因；邀请顾客代表参与危机处理过程，这样有助于增强顾客与企业之间的信任，增进顾客对企业的理解与支持；通过新闻发布会或者企业互动网站将公关危机发生的原因、经过、处理过程及处理结果告知顾客。

（三）政府沟通策略

在企业与政府机构的关系中，政府可以利用各项职能，协调各种社会关系，在依法的前提下更好维护企业利益，还可以在全面搜集信息和判断分析的基础上，充分考虑政治经济文化等多方面因素，协助企业进行科学的决策，避免企业因考虑不周而出现决策失误的情况。因此，在公关危机发生时，对于政府机构，企业应尽力争取他们的支持与帮助。与政府部门的沟通应遵循及时准确的原则，即在公关危机发生后，应及时地、实事求是地向政府部门汇报危机发生的原因以及处理危机的措施，对政府部门的沟通不应有隐瞒，不能因为害怕承担社会责任而对政府机构有所隐瞒或者歪曲事实真相报告相关情况。在沟通过程中，企业要始终保持积极配合的态度，主动邀请和配合相关的调查，定期或不定期向政府有关部门报告事态进展和处理进程。

（四）权威部门沟通策略

权威部门一般是指社会上比较有权威性的中介组织，它们的话语具有一定的权威性，公众倾向于相信权威部门所发表的言论，比如食品卫生安全机构就是权威部门。与权威部门沟通的目的是让他们帮助企业澄清事实，这是因为一般在危机发生时，公众很难在第一时间相信企业所作出的承诺，他们会相信权威部门对危机事件的澄清。企业应利用权威部门在公众中产生的信任转化为自身的信任度，从而渡过难关。与权威部门沟通时应注意，要用事实说话，与权威部门交流的信息一定要是真实有效的，否则权威部门很难帮企业澄清事实，或者在澄清不实信息之后损害权威部门的权威性。

（五）合作伙伴沟通策略

企业合作伙伴关系是指企业与企业之间达成的最高层次的合作关系，这是一种建立在相互信任基础上的关系，是实现共同目标的相互信任的关系，企业合作伙伴是企业与外部接触最多的部门，企业的上游合作伙伴有供应商，下游的合作伙伴有代理商、经销商、服务商和分销商。由于他们与企业的关系最为密切，当企业发生公关危机的时候，合作伙伴会受到一定的影响，此时应争取合作伙伴的支持以共渡难关，取得双赢或者多赢的局面。当企业发生公关危机时，企业的生产活动会遭受影响，相应地会减少原材料的需求，如果材料供应商没有得到企业遭遇危机的信息，很容易造成原材料堆积的情况。因此，在企业与供应商沟通时，应在第一时间将企业发生危机的消息通知供应商，将涉及供应商利益的相关信息以书面形式详细通知供应商，并告知他们可能会产生何种影响，最大可能地降低供应商的损失。当涉及利益较大时，企业应派遣相关主管人员主动与供应商沟通，并与他们一起面对危机、解决问题。针对下游合作伙伴的沟通，企业应该也需要及时告知他们可能会产生的不利影响；对于损失较大的下游合作伙伴，企业应派相关主管人员与之沟通，因危机产生的损失以谈判的形式来解决。在公关危机结束之后，企业应对在危机处理过程中给予帮助和理解的合作企业表示感谢，对因公关危机中遭受损失的合作企业表示致歉并做出补偿，同时对下一步的合作计划作出详细的安排。

第三章

企业营销危机管理

第一节 企业营销危机概述

一、营销的交换、物流和便利功能

在研究企业营销危机之前，必须先理解营销的含义，才能对企业营销有更深的理解。在日常的经济生活中，我们不可能生产自己需要的所有产品，大部分所需的产品都需要别人的生产来获得。因此如何在合适的时间、合适的地点以合适的价格买到自己想要的产品，以及企业如何以最大的利润卖出自己的产品，成为了棘手的事情。生产者和消费者之间存在着多种矛盾：空间上的分离，消费者存在世界各地，而生产者集中在个别区域；时间上的分离，比如农作物的生产是季节性的，而消费者的需求是常年都需要；信息上的分离，生产者不能准确无误地知道消费者想要什么样的商品，消费者不了解谁能向自己提供适合自己的商品；产品价值上的分离，生产者和消费者对产品价值的衡量不一致；所有权的分离，生产者拥有产品和服务的所有权，但他们本身不需要这种产品，消费者需要这些产品和服务，但他们并不拥有所有权；产品数量上的分离，生产者往往愿意大批量生产和销售某种产品，而消费者通常是少量零星地购买和消费；产品花色品种上的分离，生产者往往专门生产有限的几种产品，而消费者则需要各种各样的产品。营销的目的就是为了解决这些矛盾和分离。营销在解决供求矛盾，弥合生产与消费的差异和分离方面的基本功能主要就是交换、物流和便利。

营销的交换功能主要是通过销售和购买，将产品最终出售给消费者，使消费者拥有产品所有权；营销的物流功能主要包括商品的运输和储存；便利功能主要是便利交换、便利物流的功能。市场信息的收集、加工与传递，对于生产者、中间商、消费者或用户都是重要的，没有信息的沟通，交换功能、物流功能都难以实现。产品的标准化和分等分级，可以大大简化和加快交换过程，不但方便储存与运输，也方便顾客购买。

二、企业营销的基本思想、特征和战略

（一）企业营销的基本思想

简单地说，企业营销就是企业将自己生产的商品，转移到购买者手中的一种企业经营活动。作为一项基本的经营活动，企业营销是在一定的指导思想下进行的。企业运作需基于一定的指导思想，才能保证企业经营活动的正常进行。其发展过程主要包括以下四个阶段：

1. 生产观念

生产观念是指企业以生产为中心来开展企业的营销活动。这种经营思想出现得最早，持有这种经营思想的企业以改进、增加生产为中心，企业能生产出什么商品，就卖什么商品。当产品供不应求或者产品具有购买者所喜欢的特征（外形、功能、质量等）时，这种营销思想有利于企业发展。但这种营销思想容易受到市场冲击，造成产品的滞销。

2. 产品观念

产品观念是指企业以产品为中心来开展企业的营销活动。相比以生产观念为中心的营销思想，产品观念具有一定的进步性，企业以改进产品质量、降低产品成本为中心，企业有能力生产什么产品，就销售什么产品。不难发现，这种营销思想考虑到购买者对产品质量、性能、特色和价格方面的愿望，以此来提高产品质量，加强消费者的购买意愿。这种营销思想可以相应地减小企业经营带来的危机。

3. 推销观念

推销观念是指企业以推销为中心来开展企业的营销活动，这是产品观念的发展和延伸。企业有能力生产什么产品，就大力推销什么产品。企业通过大力刺激消费者的兴趣，使消费者产生购买产品的欲望，以达到企业获利的目的。推销观念强调把生产出来的产品卖出去，并以抓推销为重点，通过开

拓市场，扩大销售来获利。从生产观念和产品观念发展到推销观念是企业营销活动中经营思想的一大进步，但这种进步仍然没有脱离以生产、产品为中心。除了和产品观念一样过分强调产品本身而忽视了消费者的需求之外，推销观念还夸大了推销的作用，同时忽视了如何通过市场调查和预测产品开发和定价等其他营销功能来满足顾客的需要，结果常常遭遇失败。

4.市场观念

市场观念是指企业以市场为中心来开展企业的营销活动。这种营销思想是在前三种营销思想不能适应企业环境变化和不能指导企业经营活动的情况中逐步形成和发展的。市场营销观念的核心主要表现在三个方面：以消费者为中心、坚持整体营销和谋求长远利益。这是一种"买方市场"的产物，这种营销思想认为：实现企业目的及目标的关键在于正确确定消费者的需求，并且比竞争对手更有效、更有力地提供满足这些需求的产品。因此，持有这种营销思想的企业的任务就是如何正确判断消费者心目中的选择偏好，并以消费者满意的价格提供其所需要的产品，同时获得丰厚的利润。以"买方市场"为导向来进行企业的营销活动，可以大大避免产品出现滞销的问题，大大降低了企业营销中存在的危机。

（二）企业营销的特征

企业营销是在商品生产日益发展壮大，市场范围不断扩大和市场竞争日益激烈的情况下逐渐形成的，因此这就决定了企业营销具有以下特征：

1.内外的统一性和动态平衡性

企业的外部环境是决定企业生存和发展的必要条件，同时企业自己管理水平的好坏决定着企业是否可以长远发展，从这个角度来看，企业的营销策略由外部环境与内部管理同时决定。企业营销成功必定是建立在内外协调的统一基础上。企业所面临的外部环境是时刻发生变化的。为了更好地经营，企业需要不断地调整营销策略以适应外部环境的变化。

2.快速应变性

随着互联网的迅速普及，以及各类互联网产品的推出，社会已经步入信息爆炸时代，消费者所喜欢的产品会因网络的普及迅速改变，这种现象会使得市场需求的变化越来越迅速、越来越复杂。在这种情况下，企业营销需要有快速应变能力，以适应快速复杂变化着的市场需求，否则企业没有及时更新产品适应市场需求，很容易被淘汰。

3. 风险性

只要从事营销，就必然会承担一定的风险。由于企业外部环境的复杂多变，企业在营销决策时稍有不慎就会使企业遭受一定的风险，这就需要企业经营者具备一定的识别风险能力以及抵御风险的能力。

4. 竞争的复杂性

在信息技术时代，各种消息传播得很快，同时随着企业的不断增多，企业与企业之间的界限变得模糊不清，竞争与合作关系可能同时存在两个企业之中。企业在复杂的竞争关系中，需要具有明辨是非的能力，保持企业的独特性与自身优势，否则很容易被其他企业所取代。

（三）企业营销战略

企业在日常经营活动中，为了能在不断变化的市场环境中，把握住市场机会，避开企业环境危机，实现企业发展和营销活动的成功，需要为营销活动制定一个长期的战略。为了面对复杂的市场环境，企业需要掌握制定合理有效的营销战略的方法。

1. 营销战略的概念

营销战略是指企业确定在未来某个时间内所要达到的营销目的以及为实现这一营销目的所制定的营销活动方案。

企业在日常的营销活动中，主要工作就是将自己生产的商品（产品或服务）送到设定目标客户手中，同时从企业供应商手中获取可以用于再生产的生产资料。但这个过程易受营销外部环境的变化，这个变化会影响预定目标客户是否愿意与企业进行交换。为了实现自己的营销目的，企业必须依据自己的生产情况和目标客户的需求合理地调整自己的营销活动策略，即企业营销商需要在商品进入市场之前，确定自己的销售目标客户，明确通过自己的努力可以完成的营销任务。在目标和任务的规定下合理有效地使用自己已有资源，最终达到交换的目的。企业为营销活动确定一个长期的、合理的企业任务和目标。这是营销战略的第一层次的含义。

为了完成营销活动设定的任务和目标，对于企业来说，可以实现的方法往往不止一种，但为了企业利益的最大化，需要找到一种相比较而言最好的方法。因此，企业在确定长期营销活动任务和目标时，还需要在众多种实现目标的方案中，结合企业现有条件和资源，选定一个最好的方案，以实现企业利益最大化。也就是需要为达到预定的营销活动目标确定一个使企业的资源能被充分合理的利用，能使目标顾客在一定时期内的需求被充分满足的行动方案。这就是营销战略的第二层次的含义。

2. 企业营销战略的意义

总体上来说，制定营销战略，是为了对企业的市场营销活动进行规划、指导和约束。对企业营销来说，制定营销战略有诸多意义。

（1）使企业的营销活动得到整体的规划和统一的安排。即营销战略的制定可以使企业各部门、各个营销环节有机地统一在一起，为企业营销活动的有效性提供相应保证。

（2）提高企业资源利用率。营销战略计划本身就是从众多可以实现营销目标和任务的方案中选用一个最优的，这种选择可以保证企业的资源得到最有效的配置和最充分地利用。

（3）增强营销活动的稳定性。由于营销外部环境的不断变化，企业的营销活动也需不断地相应变化或调整。只有在营销战略计划的规定下，企业营销才能够主动地、有预见地、方向明确地按营销环境的变化来调整自己的营销战术，才能减少被动性、盲目性，使企业始终能够在多变的营销环境中按既定的目标稳步前进。

（4）提高管理工作的有效性。营销战略计划规定了企业营销活动的任务和目标以及实现的要求和方法，一方面为企业管理者对营销活动的管理提供了纲领及为日常的管理活动提供了依据，同时，也使被管理者清楚地知道各项工作的重要性，以及如何去做。

（5）是企业参与市场竞争的有力武器。企业在外部营销活动中存在着各种竞争，如何顺利地达到自己的营销任务和目标，首先必须有正确的、高人一筹的战略谋划。制定正确的并得到有效贯彻的战略计划，可使营销企业在竞争中取得成功。

（6）是企业职工参与管理的重要途径。在战略计划的制定过程中，吸引广大职工参与，不仅可以体现管理的民主性，也便于集思广益，吸收群众的智慧，使得计划的制定更为科学。使企业员工能够明白企业发展的远景和奋斗目标，有助于增强企业员工的凝聚力。

3. 营销战略的制定过程

营销战略的制定主要分为四个步骤，如图3-1所示。

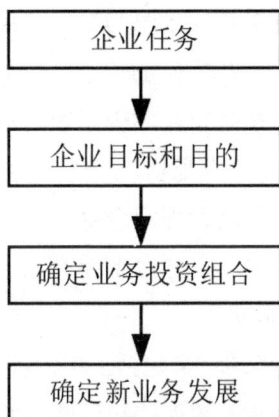

```
┌─────────────────────┐
│      企业任务        │
└─────────────────────┘
          ↓
┌─────────────────────┐
│    企业目标和目的    │
└─────────────────────┘
          ↓
┌─────────────────────┐
│   确定业务投资组合   │
└─────────────────────┘
          ↓
┌─────────────────────┐
│   确定新业务发展     │
└─────────────────────┘
```

图3-1　企业战略制定流程图

企业的任务具体表现为企业的业务经营范围和领域，是企业寻求和识别战略机会的活动空间和依据。制定营销战略任务，就是规定企业在一个比较长的时间内所要取得的发展结果。任务的确定，有利于企业应对不断变化的营销环境。一般通过企业的发展历史、现有主要管理决策成员的当前偏好、环节因素和企业的资源等四个方面来合理地确定企业营销战略任务。企业的战略任务就是一个大的方向，为了更好地实现企业战略任务，需要将其分解为相应的目标。企业所确定的战略目标应突出重点、可以测量并且时间明确，同时目标之间应具有一致性和可行性。企业在明确了营销战略任务并根据战略任务的规定确定战略目标以后，就需要对企业现在所经营的业务进行投资分配。在对企业现有的经营业务做了投资组合分析并拟订了投资策略之后，就可以对企业的现有业务在本战略周期内的业务收入和预期利润做出估计。

如果企业现有的经营业务预期的收入和利润量达不到战略任务和目标的规定，或者企业现有的经营业务不能充分利用已出现或由企业所发现的新的市场营销机会，就需要开拓新的业务，扩大现有的经营领域。因此，在制定战略过程中，需对新的业务发展拟定战略。

三、企业营销危机的概念

企业经营活动的发生总是伴随着企业与外部世界的交流以及内部员工与股东间利益的调整行为。由于各种组织与组织之间、个体与个体之间、组织与个体之间的利益取向不同，从而不可避免地导致它们之间的各种利益冲突。当这些冲突发展到一定程度并对企业声誉、经营活动和内部管理造成强大压力和负面影响时，就演变成了企业危机。

企业营销危机是因企业营销管理观念落后，市场开发策略和营销策略失误，缺乏市场调研和预测等原因，导致企业产品市场占有率下降，公司利润不足以弥补其成本而导致的危机。

一般说来，企业营销危机的定义包括三项内容：

第一是指由于企业外部相关政策法规变化、营销环境恶化等原因或是企业内部自身经营观念落后、市场发展战略和营销策略失误、市场调查和预测不充分等原因，导致企业产品的销售状况急剧恶化，远远偏离正常水平；第二是指由于营销不善，成本过高，导致企业营销产生的利润不足以弥补成本；第三是指由于产品的质量出现了重大问题，对消费者的人身或心理造成了极大的伤害。无论出现了哪一种情况，营销危机都会给企业造成极大的伤害，严重地危及企业的生存。

一方面，企业营销危机是由于企业的市场力量不足以维持正常业务运作所造成的危机。企业要生存和发展，必须创造更多的市场机遇，扩大市场份额，创造新的市场需求。但是，如果在竞争中失利，亏损越来越大，企业将面临营销危机。随着市场竞争力下降，不能满足市场需求而引发的危机，对企业而言是一种致命的障碍。只有提高市场竞争力，开发更多的产品，以满足市场需求，击败竞争对手，夺回市场竞争优势，才能克服企业营销危机。

另一方面，企业营销失败是指企业营销所产生的利润不足以弥补其生产成本，并使投入大于产出，从而使企业亏损。此时，企业应设法进行挽救，倘若无效，则只能转入清算。

四、企业营销危机的特性

从企业营销危机的概述，可以分析、推断出企业营销危机具有以下特征：

（一）客观性

营销危机由客观的自然因素和社会因素所造成的，这也就决定了营销危机的客观存在性，这种营销危机不以人们的意识而转移。火灾、洪水、地震、商品变质等都是由于自然界的客观规律所引起，这些都是独立于人们的意识之外存在的。人们只能发现、认识和利用这些规律，无法改变规律。同样，媒体的失实报道、欺骗、管理失误等也是受社会发展规律支配的，人们同样无法改变。因此，营销危机是客观存在的，营销危机的客观存在性取决于形成营销危机原因的客观存在性，我们无法消除它，只能通过研究其成因、机理、规律等来预防营销危机的产生和减少营销危机的损害。

（二）危害性

危害带来的后果是很严重的，企业营销危机一方面会使企业生产活动停滞、利润下跌、影响营销目标的实现，另外一方面会使企业的信誉、消费者与企业之间的信任感遭到损害。严重的企业营销危机还有可能引发企业其他类型的危机，甚至会致使企业破产。因此，如何发现营销危机并化解已经成为企业在不断变化的市场环境中生存而必须攻克的难关。

（三）突发性

突发性是指营销危机往往都是在某个具体时空点突然爆发，这种突发特性会严重影响企业的正常经营甚至迫使企业经营维持不下去。爆发这种严重影响的根源在于突发性的营销危机会造成企业资源的突然紧缺，进而加快营销危机的蔓延进程，如果处置不当，会引发更大的危机。

（四）紧迫性

危机的破坏力是巨大的，而且当危机发生之后，如果没有立即得到处理，营销危机很容易扩散到企业很多部门，如营销危机导致企业收入骤降、利润大大降低，容易接着引发财务危机；如果营销危机没有得到妥善处理，公众的利益受到损失，容易引发公众和企业之间的信任危机。因此，企业必须尽快化解营销危机，避免造成更大的损失。

（五）潜伏性

营销危机从开始产生到出现在公众视野中并不是无端生成的，通常来说，危机在爆发之前都有一段潜伏时间。在潜伏期里，危机会出现直接或者间接的征兆。根据危机的这一特征，就可以建立营销危机的预警机制，搜集企业运行的相关信息，在不影响企业正常运行的前提下，通过分析搜集到的信息，判断企业是否面临危机，以达到预警和预防的效果，将营销危机扼杀在摇篮之中，减少危机对企业的损害。

（六）舆论关注性

舆论关注性是指一旦营销危机爆发，企业往往会成为各个媒体的关注焦点，尤其是企业的营销危机事件关系到企业的生存和消费者生命财产安全时。而且当今社会信息传播非常迅速，在经媒体曝光之后会很快引起关注，同时一个国家内发生的营销危机事件，经过国际媒体报道，有可能会在国际上产生负面影响。

（七）可变性

可变性是指人们可以通过对危机的研究，掌握危机产生的规律、机理等，进而可以一定程度地预测危机和处理危机以减少危机的危害，改变危机原有的发展过程，使其逐渐变小甚至消失。

第二节　企业营销危机的成因及分析

企业营销危机的类型多种多样，每一种危机的形成都是由多种不利因素造成的，当作用达到一定程度时，某一件事的发生就会从中起到主导作用进而导致营销危机的发生。为了更加系统地研究企业营销危机的发展过程以及成因，成功地应对企业营销危机，对企业营销危机进行分类就显得至关重要。

为了更加深入地研究了解企业营销危机的成因以及形成这些危机的背后因素，可以将企业营销危机分为营销环境危机、营销策略危机和营销组织管理危机三种类型。

一、营销环境危机及分析

企业营销环境是指企业在营销活动中面临的经济环境、人口环境、社会文化环境等不可忽略的环境。在企业的日常营销活动中，只有适应了营销环境，企业营销才能获得成功。但同时这些营销环境并不是企业可以改变的，企业只能适当地调整自己的营销策略、合理地配置各种外部营销资源，使企业适应到不可控的营销环境中。根据营销环境危机对于企业来说是否为外加的、强制性的，可将营销环境危机分为宏观营销环境危机和微观环境危机。

（一）宏观营销环境危机及分析

宏观营销环境危机是由宏观环境的变化给企业带来的影响，这是一种不可控制的影响因素，而且对于企业来说具有一定的强制性，即企业无法规避这些危险，只能采取减轻或者转移的策略。对企业营销产生危机的宏观营销环境主要有人口因素、经济环境、自然环境、政治环境和社会文化环境。

1. 人口因素危机

人根据自己的喜好购买消费品。人口的数量、结构、质量影响着市场的特性，进而影响着企业的营销。人口环境既是企业生产经营必要的人力资源条件，又是企业产品的市场条件，也是企业生产经营最重要、最基础的外部环境。人口因素对企业营销的影响主要包括人口数量危机、人口结构危机和人口质量危机等三个方面。

（1）人口数量危机

人口数量危机是指企业所在的市场人口数量过少或者过多给企业造成的风险。人口数量过少会导致市场规模很小，从而使得企业较难实现营销目的。

企业盈利少，则难以收回生产成本，更容易造成企业亏损。人口数量过多会导致市场规模扩大，企业的生产满足不了消费者的需求，从而出现供不应求的现象。这种现象易导致竞争者的加入，损失企业经营的利润以及存在被竞争者占领自己原有市场的可能。

（2）人口结构危机

人口的结构特性是指人口的年龄结构、性别结构、家庭结构、社会结构和民族结构等。比如一些国家人口出生率低，新生儿减少，就会给生产经营儿童相关产品的企业带来一定的风险；性别比例的失衡会对经营服饰、美容美妆、烟草等具有性别色彩产品的企业产生一定影响；在我国，"四代同堂"现象已不多见，"三位一体"的小家庭则很普遍，家庭结构呈现小型化、特殊化趋势，大型家用电器、大户型商品房、大包装食品等一些适用于传统家庭结构的商品不再流行于市场，企业需要根据这样的现象做出改变，否则容易出现相应的危机。

（3）人口质量危机

由于生活环境和教育水平的不同，不同市场或者地区的人综合素质会有所差别，接受教育水平高的地区，消费者一般很乐意，而且更容易接受一些新的科技产品，相反教育水平低的地区消费者会因为较难理解这些产品而出现排斥现象。此外，教育水平低的市场，市场调查开展较为困难，产品促销方式也与教育水平高的市场不一样，因此企业在针对不同市场进行营销活动时需要采用不同的营销策略。

2. 经济环境危机

经济环境是企业营销活动的外部社会经济条件，包括消费者的收入水平、消费模式、消费者储蓄和信贷、价格水平、城市化程度等多种因素。经济环境决定着购买力，同时购买力影响着市场大小，当经济环境好时，消费者购买力强，企业卖出的产品变多，营销获得的利润增大；当经济环境差时，消费者购买力弱，企业卖出的产品变少，营销获得的利润减少，企业营销出现危机的可能性变大。一般说来，经济环境的好坏主要与经济发展水平、经济波动以及金融波动有关。

（1）经济发展水平的影响

经济发展水平对企业营销的危机主要体现在产品所标定的售价与目标市场的购买力相差太大，消费者无力购买产品，这样会导致企业收益下降，产生亏损，进而引发相应的危机。

（2）经济波动风险的影响

经济的发展具有周期波动的性质，当经济发展处于高潮期时，消费者购买力上升，购买欲望增大，这种情况下产品销售较为容易，企业可以通过销售大量产品获得巨大利润。当经济发展处于低潮期时，消费者的购买力下降，购买欲望减小，这种情况下产品很难卖出去，产品出现滞销的情况，企业不能获得相应的利润，难以维持企业的正常活动，容易产生危机。

（3）金融风险的影响

金融对企业营销的影响主要体现在通货变动危机和外汇危机。通货变动是指通货膨胀和通货紧缩。通货膨胀会使得货币贬值，虽然一定程度上会刺激消费，但企业所赚取的利润不足以购买同样的生产材料。这种情况下，企业只能选择停产或者提高售价，消费者的购买欲望降低，企业销售业绩受到影响，可能会造成营销危机。外汇危机主要是针对从事国际营销业务的企业，外汇受到限制与外汇汇率上升都可能导致企业产生营销危机。

3. 自然环境危机

自然资源的短缺、地理环境的变化、自然灾害等自然环境的发展和变化会对企业的正常经营活动产生一定的影响，如果企业应对不当，容易引发营销危机。

（1）自然资源短缺危机

自然资源是商品生产的基础，商品生产的原材料均来自自然。自然资源的发展变化会给企业造成一定的"环境威胁"，一方面，自然资源的分布具有不平衡性和随机性，企业生产离不开某些自然资源，如水、石油、煤炭等。如果这些资源可以在生产地轻松获得，那么企业就可以节省一大笔生产运输成本，如果远离生产地，就会使得生产运输成本增加，此时企业要想获利，必须给商品涨价，但这样会带来一定的营销困难。另外一方面，企业生产所需的自然资源属于不可再生资源，比如石油、煤炭，随着企业生产的进行，这些资源会变得越来越少，生产资源的变少会使得原材料价格变高，导致生产成本增加，使得相关企业生产原材料价格上升，商品价格上涨，顾客因价格上涨会减少购买的欲望，最终会造成一定的营销危机。

（2）地理环境危机

任何国家或者地区的地形、地貌和气候是企业开展市场营销所必须考虑的地理环境因素。地理环境的变化都会影响着产品和设备的性能和使用。我国幅员辽阔，南北差异较大，南方地区运转良好的设备到了北方寒冷气候下可能发生产品性能的变化，影响使用。例如，新能源汽车在南方可以正常使用，但是一旦到了北方，北方冬天寒冷的气候条件会使得新能源汽车电池容量减少，新能源汽车最大续航里程会减少。因此，企业开展营销活动，必须考虑到当地的地理环境因素，以降低企业营销风险。

（3）自然灾害危机

自然灾害是指给人类生存带来危害或损害人类生活环境的自然现象，包括干旱、洪涝、山洪、台风、高温、霾、大风等。自然灾害可能随时爆发，也可能缓慢发作，会对社会生活以及经济活动产生重大影响。地震、大风等影响会使得工厂遭到破坏，影响产品生产，企业不能按时交货，产生相应的危机。因此，企业的生产环境要充分考虑到自然灾害的影响，工厂的建立要考虑到地震、大风的影响。

4. 政治法律危机

政治法律环境是企业生存和发展的有力保障，国家政治、政策、方针和法律的实施会对企业的营销产生一定的影响。随着与企业相关法律的颁布与实施，一方面完善了市场经营环境，为企业营销提供保证，另外一方面也给企业营销带来了一定的制约，规定企业哪些可以做，哪些不可以做。企业在进行营销活动时如果忽视或者不遵守这些政治法律，那么将会面临严重的营销危机。虽然有些盗版产品有着更优惠的价格，但其违反了知识产权法等相关法律，国家工商管理部门是不允许销售的。企业无论是在国内还是国外，必须明确认识目标市场的法律制度，根据当地的法律制度去调整企业的营销战略。

5.社会文化环境危机

任何企业都处于一定的社会文化环境中，企业的日常营销活动受到这些社会文化环境的影响和制约。社会文化环境是在某一社会形态下已经形成的道德规范、价值信仰、生活方式、文化传统、风俗习惯等各种行为规范。社会文化环境会潜移默化地影响市场需求、消费心理、消费方式等一系列与企业营销有关的内容。因此企业在进行营销活动时，必须考虑到社会文化环境对市场的影响。如果忽略了这一点，很容易引发企业的营销危机。例如，在颜色的选择上，绿色在许多国家象征着吉祥和希望，但日本人却认为绿色是个不吉祥的颜色；红色不讨泰国人喜欢，但中国却很喜欢红色。蓝色在比利时人眼里是不吉利的标志。如果企业缺乏对国内外市场、不同地区市场文化差异的准确把握，就很容易造成营销危机。

（二）微观营销环境危机及分析

微观营销环境危机是由企业自身的市场营销活动所引起的各种危机，这些危机与企业的日常活动密切相关，并对企业的营销活动产生一定的影响。

1.竞争对手对企业营销的影响

竞争存在于市场经济中，无时不在、无时不有。从竞争者角度来看，竞争对手危机可以分为竞争者危机、新加入竞争者危机、替代产品生产者危机以及其他危机。

竞争者风险的竞争程度受行业增长率、竞争者的集中度、差异度、超额能力和转换障碍影响。当一个产品可以获得的利润很大时，会吸引新企业加入，新企业的竞争程度取决于该行业的竞争难度，其中，规模经济、进入分销渠道和关系网的难易度以及法律障碍决定了加入该行业的难度大小。被替代产品生产者的威胁程度取决于参与竞争的产品或服务的相对价格和效用，以及消费者使用替代品的主观意愿。其他危机包括价格危机和非价格竞争危机，其中非价格竞争危机包括产品危机、质量危机、技术危机等。

2.供应商对企业营销的影响

供应商给企业生产提供原材料，供应商危机来源于供应者给企业带来的各种风险，这是由于市场经济运动的复杂性、不规则性造成的。供应商危机不仅仅来源于供货困难，还与供货渠道是否安全有关。供应商危机主要包括市场危机、信用风险危机和运输危机等。

3. 消费者对企业营销的影响

消费者是企业一切活动的出发点和归宿点，赢得了消费者，就赢得了市场，达到营销目的。由此可见，消费者是企业营销外部环境中不可忽略的因素，因此存在相应的消费者危机，消费者危机主要包括营销产品组合危机、行销危机、合同危机、收款危机和丢失顾客危机等。

4. 第三方对企业营销的影响

第三方是指对企业营销活动有实际或潜在利害关系的一类人或群体，第三方对企业和产品的态度好坏，会影响着企业营销活动的成败，第三方主要指金融融资机构、媒介、政府、社会公众和社区组织等。第三方危机主要有形象危机、综合环境危机和信誉危机等。

二、营销策略危机及分析

企业的营销活动通过各种营销策略有序进行，营销策略制定不合理或者营销策略在实施过程中遇到突发情况都有可能造成营销危机。营销策略主要有产品策略、价格策略、营销渠道策略和促销策略。

（一）产品策略危机及分析

产品是指经过企业生产加工，提供给市场，被人们使用和消费的物品，它是企业获得利润的源泉，连接着消费者和企业。因此，在企业诸多营销策略中，产品策略处于重要位置。只有制定出合适的产品策略，企业才能成功。产品策略主要包括新产品开发策略、产品品牌策略、产品寿命周期策略等。

企业为了使自己不被淘汰，提高自身竞争力，同时避免因产品老化而产生的风险，需要开发新产品。新产品开发是一项高风险活动，稍有不慎，就会血本无归。产品品牌策略就是企业为获得最大利润，打造产品品牌进行营销。企业产品会经历不同的寿命周期，每个寿命周期具有各自的特点，企业需要根据产品寿命周期的特点设计营销策略。

1. 新产品开发危机

新产品是指企业或者制造商生产从未生产过的产品。这种产品拥有更多的优点、更丰富的功能，企业以此来刺激消费者购买，达到盈利的目的。但如果新产品开发失败或者开发出来后不受消费者喜欢，就会成为公司盈利的阻碍，严重时会产生危机。产生新产品开发危机的原因主要有两个：一个是技术因素，技术可行性存在问题或者在新产品研制过程中出现问题都会导致新产品开发失败；二是营销管理因素，新产品开发出来后，市场分析不恰当、投放时间不合适、促销做得不到位均有可能使新开发的产品销售不出去。因此，在新产品开发时需要重视和改善新产品开发的规则，建立周密的新产品开发流程，避免出现新产品开发危机。

2. 产品品牌危机

产品品牌是为了便于消费者选购、提高消费者购物效率。但在不断变化的市场环境中，企业有可能遭受产品品牌危机。消费者对产品的信赖度降低，产品营销量随之降低，引发营销危机。产品品牌危机产生的原因主要有：产品质量越来越差、假冒产品的出现、企业品牌延伸不当等。

3. 产品寿命周期危机

企业生产的任何一种产品都有生命周期。产品的生命周期一般分为导入期、成长期、成熟期和衰退期。产品在每个生长周期均有各自的特点，导入期新产品进入市场，顾客对新产品不够了解，消费者购买少，产品利润低，产品容易被迫停产；成长期的产品销售量会有所提高，但容易因营销不当和管理不善而使产品提前进入衰退期；产品成熟时期企业容易过分保守，错失创新时机。企业只有正确地把握产品生命周期的特点和每个生产周期可能出现的风险，做到防患于未然，才能顺利地实现营销战略。

（二）价格策略危机及分析

作为直接影响企业营收的因素之一，价格的高低直接影响到市场需求量的多少以及企业盈利的高低。当产品价格定得太高时，会降低消费者的购买欲，产品销售量下降，企业利润降低，难以维持再生产，容易造成破产。当产品价格定得太低时，产品销售量虽然会有一定的上升，但利润率低，也会使得企业难以回收生产成本。因此，在产品定价时，需要考虑到生产成本、消费者的可接受度以及竞争对手的价格、经济周期、通货膨胀等多方面因素。

一般而言，引起产品价格波动的原因主要包括供给和需求两个方面。同时，企业在定价时也需要考虑到相应的风险因素。

1. 引起价格波动的原因

企业产品生产技术水平、企业生产产品的市场垄断力以及企业生产者对未来的预期会影响到产品的供给。当供大于求时，产品价格下降，反之则上升。当产品供给不变时，价格与需求的变化呈正向关系，需求越高，商品价格越高，反之则越低。当产品出现价格变动时，如果应付不当，会使企业陷入危机局面。降价可能会引发恶性价格战，提价会使消费者转而购买竞争对手的产品。

2. 定价风险

定价风险是指企业为产品所制定的价格不合适时，企业达不到营销目的而导致市场不稳的一种情形。定价风险主要包括低价风险和高价风险。低价风险是指将产品价格定得很低，一方面消费者会怀疑产品质量，另一方面会降低产品的利润率，企业最终难以盈利。高价风险是指企业将产品价格定得很高，虽然说产品的利润率会有所提升，但增加了销售难度，如果达不到相应的销售额，一样会加速企业的亏损，同时高价还会损害顾客利益。

（三）营销渠道危机及分析

营销渠道危机是指生产、分销、促销、物流等各分销渠道成员不能履行各自的分销责任和分销目标而产生的一种危机，具有双面性、不可避免性和不确定性的特点。一般说来，营销渠道危机主要有渠道设计危机、渠道运营和管理危机两种。

1. 渠道设计危机

渠道设计危机是指营销渠道设计存在不足的情况。当各个渠道得到相应的分销责任和分销目标与实际分销效果相差太大，企业营销会产生一定的不良效果。渠道设计的合理性从渠道长度和渠道宽度两个方面体现。渠道长度是指产品从生产出厂到消费者手中所历经中间商的个数。渠道设计过长会使得渠道费用变高，降低产品的竞争力，渠道设计太短会使中间商参与程度低，影响产品销售；渠道宽度是指每个营销渠道上同等级别的中间商个数，渠道宽度的选择需要根据企业需要经销商的数量来确定。

2. 渠道运营和管理危机

渠道运营和管理危机是指由于渠道员工工作不认真、企业对渠道管理不善，导致分销效果不能达到目标预期而产生的危机。中间商危机是渠道运营和管理危机中最主要的一种危机，它是指企业选取中间商不当或者中间商态度不配合而使企业面临的营销危机。例如中间商销售管理不规范、效率低；中间商的经营区域与产品的预计销售区域不一致；中间商市场知识匮乏；中间商所选择的地理位置不利于产品销售等。

（四）促销危机及分析

促销危机是指企业在开展促销活动时，由于促销行为不当或者干扰促销活动的不利因素出现，导致企业促销活动受阻或者失败，而企业采取措施不当引发的危机。一般而言，促销的传统组合方式主要有广告、人员推销和营业推广等。因此，促销危机主要有广告危机、人员推销危机和营业推广危机等。

1. 广告危机

广告危机是指企业借助广告进行推销，为达到预期的推销效果，投放广告花费过高，投入广告后的实际收益与预期收益出现相差较大的情况，导致公司财务受损而产生的危机。新时代的广告投放重点从传统媒体向新媒体、社交媒体转移，广告投放渠道不适当、广告投放对象不明确都有可能使企业的广告推销达不到预期的效果。

2. 人员推销危机

人员推销危机是由于推销人员的主观原因导致推销产品失败而引发的危机，这与推销人员自身的心理素质、知识技能以及推销技巧有关。如果推销人员选择适当，可以灵活有效地根据顾客的喜好以及购买动机进行针对性促销，这样会大大增加推销成功的概率。如果推销人员对产品不熟悉同时又缺乏推销经验，难以抓住顾客的喜好，这样会使得产品销售困难。如果企业给销售人员的薪酬设置不合理，难以调动推销人员的积极性，致使推销人员工作态度怠慢，一样会造成营销危机。

3. 营业推广危机

营业推广是指除广告和人员推销之外的一种促销形式。这种推广模式促销效果显著，适合在一些短期性的促销活动中使用。但营业推广模式具有很强的主观性，在时机、地点、对象、内容等方面有着很强的灵活性与随机性。如果决策者判断不准，决策失误，则很容易造成营销失败，给企业带来损失。同时如果营业推广次数很多，很容易使顾客以为产品急于出售，从而造成顾客对产品的质量、价格产生怀疑，造成信任危机。

三、营销组织管理危机及分析

企业内部条件的好坏影响着企业营销的好坏，营销组织危机是决定企业营销成败的主要因素。分析企业营销组织危机的目的在于掌握企业的内部条件，发现影响企业营销成败的关键因素，为降低企业营销风险创造良好的条件。企业营销组织管理危机按照其表现形式可以分为企业营销组织管理结构危机、企业营销组织运行危机和企业营销组织行为人危机等三大类。

（一）企业营销组织管理结构危机及分析

企业营销组织管理结构危机又包括营销组织战略危机、营销组织结构危机、营销组织功能危机、营销组织制度危机和营销组织队伍危机等内容。

营销组织战略危机是指企业在制定或者实施战略过程中出现偏差所带来的风险，比如营销目标的制定不准确、产品方向的制定不明确、营销策略的制定不具体等。常见的营销组织结构可以划分为职能型、地理区域型、产品－品牌型、市场－顾客型和产品－市场型等几种类型。营销组织结构危机是指企业营销组织结构模式判断不准确。营销组织的功能可划分为提供当前成果的日常营销管理功能、开辟未来市场的创新管理功能和纵观营销全局的战略管理功能，企业营销组织的各部分功能状态会直接影响企业营销目标的实现。企业营销组织制度的合理性和规范性影响着企业营销工作的正常进行，制度制定的不合理、不规范会产生相应的企业营销制度危机。

（二）企业营销组织运行危机及分析

企业营销组织运行危机包括营销组织运行秩序危机和信息沟通状态危机。营销组织运行秩序是指各营销组织管理行为要素之间存在相互制约的关系，约束的目的在于引导企业各部门朝着营销目的这个方向而努力。当企业营销组织信息沟通困难，即内部与内部之间沟通不畅，外部与内部之间沟通困难，就会造成信息沟通状态危机。

（三）企业营销组织行为人危机及分析

企业营销行为人危机包括营销组织管理行为危机和营销人员状态危机两种。营销组织管理行为危机是指担任营销管理职能的管理者决策出现失误，影响企业营销组织整体功能的发挥。营销人员状态实际上是指营销人员对营销事务看法的具体表现，当营销人员不能正确地贯彻执行营销战略时，就会出现营销人员状态危机。

第三节　企业营销危机管理流程

一、企业营销危机管理的意义

大多数企业生存在一个充满危机并随时会发生变化的市场环境中，国家的政策、国际经济形势、自然环境等的变化随时会使市场发生翻天覆地的变化，企业在这种多变的市场环境下稍有不慎就会遭遇相应的危机。三鹿集团生产的奶粉因含有违禁化学物质三聚氰胺而使企业陷入严重的危机，最终使企业破产；华为公司因被美国制裁，相关芯片公司被限制向其出售芯片，手机业务遭到腰斩，本来要如期发行的新手机也不得不延期；巨人公司在汉卡领域风生水起之时，转而开始开发保健品脑黄金，同时在脑黄金获得成功之时又进军房地产行业，公司多条战线同时进行，后因产品线太多而难以管理，最终拖垮了整个公司。由此可见，当危机来临时，如果企业没能好好应对危机，将对企业带来严重的后果，轻则营收急剧减少、人员流失，重则企业面临破产或者被收购。

随着企业对营销危机的深入研究与理解，针对不同类型的营销危机，提出了不同的应对策略。如果企业仅仅掌握了应对营销危机的方法，虽然在营销危机出现之后将其合理化解，但终归对企业的长远发展是不利的。因为企业在应对营销危机时，会花费一定的财力和人力，也就是说，从危机的发生到解决，企业不仅相关生产线停止，还要花费额外的精力处置危机。如果在危机出现之前，企业能将危机的规模减小，或者可以将危机扼杀在萌芽状态，这样面临的损失就会大大减小，额外花费的精力也会少之又少。企业可将省下的损失投入再生产，从而带来巨大的财富。因此，提前发现危机，降低或消除危机所带来的威胁和损失，这就是危机管理的目的。从公司长远战略发展上来说，进行企业营销危机管理，有助于防微杜渐。趁早发现企业弊端和危险因素，在危机发生之前减小危机发生的规模，以及在危机发生之后利用科学决策化解危机。由此可见，企业管理好营销危机，对于企业的发展具有重大意义。

二、企业营销危机管理的原则

为了更科学地进行营销危机管理，企业必须遵循预防为主原则、反应迅速原则、主动性原则、诚意沟通原则、公众利益至上原则、成本—收益原则和人道主义原则。

1. 预防为主原则

凡事预则立，不预则废。同样，营销危机管理需要遵循预防为主的原则，危机预防在危机管理中具有非常重要的作用。危机管理是对危机事件全过程的管理，而危机的事前管理是危机管理中不可忽视的环节。企业的管理者要始终坚持危机意识和防范意识，加强事前营销危机的监测，积极进行危机的识别以及预警系统的建立，争取降低危机发生的概率以及危机危害的破坏程度，减少因危机而引发的损失。

2. 反应迅速原则

由于营销危机的发生具有突发性和紧迫性的特点，且营销危机破坏力巨大，企业管理者需要在有限的时间内快速决策，才能抑制危机的进一步扩大，降低营销危机对企业的损失。企业反应的快慢，直接影响着危机管理工作的成败。因此，营销危机管理应具有反应迅速的特点。从诸多案例来看，企业营销危机处理被拖得越久，企业遭受的损失就越大，同时还要付出更多的财力、物力和人力去解决所产生的危机，即危机得不到立刻处理，企业所花费的代价越大。因此，在营销危机管理中企业必须遵循反应迅速的原则，当机立断，不可拖延不处置，快速反应原则的目的就是要花费最小的代价解决企业所遭受的危机。

3. 主动性原则

主动性原则就是要求企业将公众利益放在首位，积极主动地化解营销危机。一旦发生营销危机，公众首先要看到企业的态度。无论危机的性质如何，规模大小，产生危机的责任在谁，在公众利益受到损害时，企业都应当站出来，及时了解危机事件的真相并及时公布，勇于承担自身的过失，不逃避责任，尽力弥补公众的损失，主动出击用以在公众面前获得好的口碑。企业积极主动解决问题，有利于在营销危机处理过程中由被动变为主动，把不利因素变为有利因素。

4. 诚意沟通原则

公众和企业都不希望发生营销危机，这对其中任意一方都是不利的，但企业作为危机发生的主体，在营销危机发生的第一时间内，企业领导就应向公众诚意说明情况，以免公众对企业产生误解。企业秉持诚心诚意与公众沟通的原则，积极与公众沟通，可能会获得公众的同情与理解，有助于缓和企业与公众之间的矛盾。因此，企业面对营销危机在处理企业自身问题的同时，要站在公众的角度上，诚心诚意与公众交流，疏通公众心理、情感方面的问题，顺利地化解营销危机。

5. 公众利益至上原则

企业遭遇营销危机，会牵扯到诸如企业、消费者、供应商、中间商、社区、政府、公众等多方面的利益。因此，在危机爆发后，企业不应只着眼于眼前利益，而应遵循公众利益至上的原则，将公众利益放在第一位。公众会与企业产生冲突，最重要的一点就是在营销危机面前公众感觉利益受到威胁，他们要站出来捍卫自己的合法权益。在危机事件中，若企业管理者以公众代言人的身份出现时，就可能获得公众的理解和支持，这样就可以为危机处理打下很好的基础。因此，只有企业将公众的利益放在第一位，这样才能缓解企业和公众之间的矛盾，为危机处理赢得宝贵的时间，减少危机带来的损失。

6. 成本—收益原则

在危机事件中，企业不可避免地会遭受损失。一般情况下，企业进行危机处理时，需要投入一定的人力、物力和财力，当应对危机成本所花费的代价越高时，危机带来的影响和损失就越小；当应对危机成本所花费的代价越小时，危机带来的损失就越大。营销危机对企业造成的损失和进行危机处理所耗费的人力、物力和财力可以统称为企业为危机付出的总代价。企业在危机处理过程中所要做的就是千方百计让二者之和变得最小，因此企业在危机处理过程中需要遵循成本—收益原则，使企业在应对营销危机过程中付出的总代价最小，这样企业才能节省资源，用以危机过后的再生产或者将资源投资到其他产品线上。

7. 人道主义原则

危机对企业和消费者的伤害是巨大的，营销危机有时会对人身财产安全造成一定的威胁。因此，在危机处理过程中，企业要本着人道主义的原则，对造成的伤害尽快弥补，对造成的损失给予相应的补偿，提供各种扶助措施，帮助受害者尽快从损害的阴影中走出来，企业不要为了眼前利益而不作为。有着人道主义光环的企业在公众面前就有良好的口碑，有着良好口碑的企业就有助于后续的飞速发展。

三、企业营销危机管理的流程

企业营销危机管理是一个过程，不是一个单独处理的事件。一般说来，危机管理包含危机爆发前的观测与预警和危机爆发后的应急管理及善后处置两部分。但根据危机内在的机理特征，危机管理可以分为危机事前管理、危机事中管理和危机事后管理三个方面。危机事前管理主要是指营销危机的预警和预测，这是危机管理的第一阶段。任何危机的发生都是有前兆的，危机事前管理的主要工作就是搜集企业运营相关资料数据，然后利用科学的手段判别企业是否会遇到危机，为企业危机管理起到预警的作用。危机事中管理的本质上就是危机的处理，此时危机已经完全显现出来，企业要针对具体发生的危机，迅速采取措施，降低危机的破坏力，尽快化解危机。危机事后管理就是危机的善后管理。在危机解除之后，危机管理的工作并没有结束，还应做好危机的善后管理工作，对人身和心理遭受伤害的消费者进行人道主义援助，尽快恢复企业的正常经营和管理活动，同时修复好企业和公众之间的信任关系，提高企业的信誉和口碑。由此可见，企业营销危机管理流程主要由营销危机的预警及预测、危机处理和事后管理三部分组成。

（一）营销危机的预警及预测

企业在营销活动中，只有建立完善完备的危机预警系统，掌握危机的预警与预防，才能在危机来临之时从容应对，使企业营销立于不败之地。

1.构建营销危机预警管理系统的基本做法

营销危机预警系统是以"准确预警、成功预测"为目标而构建的。一个良好的营销危机预警系统，不仅可以准确预测出企业潜在的危机，而且可以提升企业抵御营销风险的能力，使企业在处理危机时占据主动地位。一般说来，企业在构建营销预警系统时，常常采取以下基本做法：

（1）路径依赖

"路径依赖"是指人类社会中的技术演进或者制度变迁与物理学中的惯性类似，即一旦进入某一路径，对这一路径熟悉之后，就有可能对这个路径产生依赖。正是由于自我强化惯性的存在，人们一旦做出了选择，这种惯性的力量会一直强化这个选择，使做出选择的人坚信要一直走下去。这种做法应用到企业营销上也是成立的。无论企业选择何种营销模式和营销策略，营销风险的来源都可以在企业的营销链或者链上分支找到，通过这一做法，可以增加发现营销风险的概率。

（2）诱发联动

企业是一个整体，包含着不同的部门，各个部门之间相互协调、作用和影响，每个部门的变化都会牵一发而动全身地影响着整个企业的稳定运行。

由于企业营销活动牵扯部门较多，当遭遇营销危机时，极易波及其他部门，可能引发财务危机、公关危机和信用危机等。因此，营销危机的预警管理，需要采用"诱发联动"的做法，在进行危机管理时充分考虑到营销危机带来的联动效应，进而降低营销危机对企业其他部门的影响。

（3）动态完善

相对来说，企业营销危机预警管理理论形成的时间并不长，理论原理并不是特别完善。因此在预警模型构建时，要运用动态完善的做法，结合外部市场环境的变化以及企业内部的改变，逐步修改完善企业营销危机预警管理模型，使得预警管理模型在危机预警和管理上发挥更大的作用。

2.营销危机预警管理的过程

企业营销危机预警管理程序一般有四个步骤，分别是营销危机信息的搜集、营销危机信息的加工处理、营销危机的决策和营销危机的预警，如图3-2所示。

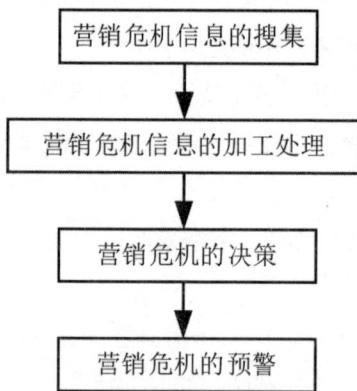

图3-2　企业营销危机预警管理程序

（1）营销危机信息的搜集

营销危机信息是危机预测的依据。预测危机的准确度很大程度上与营销危机信息搜集的准确度有关，信息搜集的广度越宽，深度越深，随之进行的危机预测越准确；反之，若搜集信息的广度和深度都不够，那么预测的准确度就会大大降低。搜集信息的方法是由信息的性质、来源和传播渠道决定的，通常有问卷调查法、访谈法和观察法等。

信息搜集的主要目的就是充分了解危机风险源和危机征兆，为了保证信息搜集的全面性与准确性，信息搜集要涵盖诸多可能产生营销危机的环节，如供应商、竞争对手、顾客、价格等。在信息搜集的过程中也需要注意搜集的信息的准确性，一方面信息在人与人之间传递时，会因传递者自身的处境以及爱好对信息进行"加工"，即对信息进行增加、删除甚至篡改，另一方面系统本身的缺陷也会影响信息的准确性。

营销危机信息搜集的途径主要有大众传媒、互联网、利益相关者的态度、企业的财务数据等。①大众媒体。大众媒体包括报纸、电视、杂志和广播等，这些都是危机信息搜集的渠道。②互联网。随着技术和经济的发展，使用互联网上网人数越来越多。通过互联网搜集信息，不仅可以强化企业有效信息的获取手段，还可以降低信息搜寻的难度和信息搜寻的费用。③利益相关者的态度。与企业利益相关的对象主要有顾客、股东、供应商、竞争者、员工、经销商、政府部门以及相关社会团体等，他们的抱怨与建议以及批评与警告，都可以作为进行营销危机预警的信息。④企业财务数据。对企业各项财务数据进行计算和分析可以发现企业许多潜藏的问题，从而起到对企业危机进行有效的监测的作用。

（2）营销危机信息的加工处理

营销危机信息的加工处理是指对信息进行分析或者转化为指标体系。作为预警管理的两大支柱之一，评价指标体系是进行营销危机识别、衡量和预控的前提。企业营销危机评价指标可以分为客观定量指标和主观定性指标。其中，定量指标是可以准确数量定义、精确衡量并能设定绩效目标的考核指标，其主要分为绝对量指标和相对量指标两种，绝对量指标可以是产能、收入、时间以及其他数量，企业活动中的绝对量有销售收入、销售额等；相对量指标可以表示为任何同单位数量的比值，企业活动中的相对量有销售增长率、销售利润率、市场占有率等。主观定性指标是指不能直接量化而需通过其他途径实现量化的评估指标，通常需要通过模糊评价来进行量化，主观定性指标的考核往往是凭考核者的主观印象来进行，所以在考核中容易出现考核偏差的情况，因此在实际应用中需要注意这个问题。

表3-1包含了营销人员危机、营销组织管理危机、营销策略危机、产品

危机、竞争对手危机、供应商危机、顾客危机等常见的营销危机，但实际的营销危机预警指标体系远不止这些。由于环境不断变化和企业性质不同，指标的选取具有动态变化的特性，在实际的评价工作中需要根据实际情况来建立相对应的指标体系。

表3-1　营销危机预警指标体系

危机种类	客观指标	主观指标
营销人员危机	个人目标完成率 营销人员流失率 顾客投诉率	管理人员综合能力 管理人员素质 对上级分派工作的执行率
营销组织管理危机	—	管理幅度合理性 管理层次合理度 管理制度执行度 营销人员构成比例合理性 营销组织冲突频率与强度 信息渠道畅通性
营销策略危机	市场价格比 促销有效率 宣传费用率 分销商分销任务完成率 分销商信用度 新供应商比率 存货周转率 存量周转交货比	售后服务水平
产品危机	销售额实质增长率 产品销售率 销售利润率 市场占有率 销售费用比率	顾客忠诚度 产品认知度 价格敏感度
竞争对手危机	销售利润率 相对市场占有率 市场占有率变化度 价格竞争力 新增企业数量	竞争集中度 行业进入难易度 主要竞争对手压力 用户讨价还价能力 产品替代压力 技术差异度

续表

危机种类	客观指标	主观指标
供应商危机	供货合同履约率 采购合格率 价格增长率 结算风险率	计划误导率 供应竞争度
顾客危机	合同履约率 顾客投诉率 赊销率 应收账款周转率 新顾客增长率	价格敏感度 顾客忠诚度

　　确定营销危机预警指标体系后，可以通过主观经验法、专家调查加权法、德尔菲加权法和层次分析法等方法来确定营销危机预警指标权重。前三种分析方法原理相对简单，实现难度不大，但受主观影响较大，精度不高，在进行危机预警时容易因评估人员的主观原因而导致营销危机评估失准。为准确进行危机预警管理，降低企业因营销危机而造成的损失，可采用层次分析法来确定营销危机预警指标权重。

　　层次分析法适用于复杂的多目标系统，把复杂问题分为若干层次，即将目标分解为多个目标或准则，进而分解为多指标（或准则、约束）的若干层次。首先对低层次的目标两两进行比较，得到每个因素的权重，然后由低到高进行层层分析，最后通过计算得到最优的权重方案。这是一种通过定性指标模糊量化方法算出层次单排序（权数）和总排序，以作为目标（多指标）、多方案优化决策的系统方法。运用层次分析法，可以得到各种指标对营销危机影响的重要程度，企业管理者可以根据这一结果来判断哪些风险因素对营销危机产生的影响最大，进而对其采用相应的措施，避免更大危机的产生，以此来实现营销危机预警和预控的目的。

　　（3）营销危机的决策

　　在利用层次分析法对营销危机预警指标体系确定权重后，可以将神经网络模型引入到营销危机预警评价系统中。神经网络模型的输入为指标体系经过处理后的归一化数据，输出为营销危机的预警等级，预警等级分为五种状态，每种状态的输出所代表的含义如表3-2所示。

表3-2 营销危机预警等级

神经网络模型输出	警级	危机状态
10000	Ⅰ级	正常状态
01000	Ⅱ级	警戒状态
00100	Ⅲ级	轻微危机
00010	Ⅳ级	较重危机
00001	Ⅴ级	严重危机

营销危机的决策就是根据营销危机信息的加工处理结果来判断危机警报的级别以及是否发出危机警报，并通过神经网络模型进行决策分析。决策结果有五种情况：Ⅰ级（正常状态）、Ⅱ级（警戒状态）、Ⅲ级（轻微危机）、Ⅳ级（较重危机）、Ⅴ级（严重危机）。在进行决策时为了提高决策准确度，一方面要提高神经网络模型的训练次数和训练数据的数量，另外一方面可以使用 BP 神经网络或者引入其他算法来提高模型决策精度，比如使用 BP 神经网络和遗传算法结合的模型，在缓解神经网络模型不收敛的同时提高模型输出精度。

（4）营销危机的预警

营销危机的预警就是要向企业危机管理小组和危机潜在受害者发出明确无误的警报，并建议他们采取相应的应对措施。

如果神经网络模型的输出为10000，那么就是说预警状态为Ⅰ级，若此时企业营销活动进行正常，没有异常的风险迹象，则原来的营销策略可以继续，不需要做出改变。此时可以寻求进一步的发展，注意因营销环境改变而带来的不确定性风险。如果神经网络模型的输出为01000，此时的预警状态为Ⅱ级，企业营销危机状态为警戒状态，此时代表着企业营销活动出现了一些小问题，应通知企业危机管理小组对企业营销状况进行排查，找出企业营销活动中的异常现象以恢复营销活动的正常运行，将危机扼杀在摇篮之中。如果神经网络模型的输出为00100，此时的预警状态为Ⅲ级，企业营销危机状态为轻微危机，则此时企业的营销活动已经出现了一些异常情况，应通知企业危机管理小组去解决这些情况，处理问题要迅速果断，防止异常情况的扩大，演变成更大的危机。如果神经网络模型的输出为00010，此时的预警状态为Ⅳ级，企业营销危机状态为较重危机，此时危机会给营销活动带来一定的损失。不过这些并不对企业生存构成致命的威胁，应该对危机管理小组和危机潜在受害者发出四级警报，明确危机产生的原因，根据具体问题"对症下药"。通过加强控制以消除引发危机的风险因素，降低风险对企业造成的损失。如果神经网络模型的输出为00001，此时的预警状态为Ⅴ级，企业营销危机状态为严重危机，这种危机具有致命性，所带来的后果也比较严重，会威胁到企业的生存，而且这种情况的危机可能会引发其他企业危机，如财务危机、信誉危机等。此时企业上下应全力解决危机，防止因危机导致企业破产。

（二）危机处理

在企业营销危机的处理阶段，危机已经显现出来。为了避免危机造成更多的损失，企业应该迅速出击，立刻着手危机的处理工作，从复杂的信息中找到关键信息，果断做出决策。在危机处理的过程中尽可能不停下企业的日常经营活动，这样可以减少企业损失，也可以利用契机，使危机的发展或者外部环境的变化转化为机遇。总的来说，危机处理就是要缩减危机的破坏力，控制危机事态的进一步恶化，在最短的时间内解决危机。具体来说，危机处理要做好以下两个方面的工作：

1. 危机信息的顺畅传播是解决危机的重要保证

做好危机信息的顺畅传播需要做到两点，一是危机信息搜集、判断的准确性，二是做好危机沟通管理。这就需要企业掌握足够的信息和资料，此时企业应把报告的主动权掌握在自己手中，不能由其他媒体率先报道出企业的第一手消息，否则会使企业在危机处理中陷入被动局面。企业组织的危机处理小组要第一时间将企业应对危机的措施以及企业将要进行的活动告知公众。在化解危机的沟通过程中要本着主动沟通原则、全部沟通原则和尽快沟通原则，在沟通时要真诚坦率，注意情感沟通。危机管理小组在确定专门的发言人的同时，要保持上下统一口径，这样可以给公众一种信任感。当发现传播信息有误时，危机管理小组应该通过发言人及时指出并改正，以免造成更大的损失。

2. 建立和健全危机管理机制，做好危机管理工作

当企业遭受营销危机时，应迅速调动企业的人力和物力资源，以最快的时间组建应对此次危机的危机管理小组。所有危机的处理工作应由危机管理小组来统筹规划，当危机预警达到Ⅳ级或者Ⅴ级时，危机管理小组的组长可以是企业的总经理或者董事长。企业在查明危机发生的原因之后，可以邀请一些权威性的机构来帮助解决危机。在整个危机管理中要本着对社会公众负责任的原则，在查明危机根源后，根据预设解决方案来布置各项措施，既要体现科学性，又要体现人性化。在危机管理的过程中，危机管理小组应针对企业所面临环境的变化随时调整应对策略，同时考虑到最坏的可能，以免出现不可控的场景。

（三）事后管理

企业营销危机在经历预测、预警、处理之后，危机管理并没有到此结束，在危机得到处理解决之后，需要进行危机管理的最后一个环节，就是危机的事后管理。一般说来，危机的事后管理应做好以下几方面的工作：

1. 做好赔偿和抚恤工作

危机在造成企业损失的同时也会给消费者带来一定的伤害，这些伤害不仅仅是经济上的，还有可能是心理和人身上的伤害。如果对消费者造成这样的不好影响，企业应当要对这样的消费者做好赔偿工作，采取人道主义措施进行抚恤和安慰。这样做可以修复企业与消费者之间的信任关系，使消费者重新获得对企业的好感。进行人道主义援助这样的措施还可以提高企业信誉与知名度，使企业和其生产的产品在公众中的良好形象得以提升，有助于企业营销活动的恢复。

2. 尽快恢复企业正常经营

当企业遭受的营销危机比较严重时，企业的正常经营会被停滞，此时企业集中一切可以利用的资源去应付危机，各种资源的使用会进一步消耗企业的原有资本。因此，在营销危机解决之后，企业应尽快恢复正常经营，此时的企业需要用营收填补处理危机时的消耗。尽快恢复企业正常经营一方面可以弥补企业因营销危机产生的损失，另外一方面可以检验企业在遭受危机之

后是否可以进行再生产、再经营，如果可以很快恢复正常经营，说明企业具有可以东山再起的能力，如果不能很快恢复正常经营，说明此次危机对企业影响较大，企业需要寻找无法恢复正常经营的原因并及时采取措施。

3. 总结经验

危机管理的最后，企业应该对危机管理的教训以及经验进行全面总结，不断完善和健全危机管理系统，提高企业危机处理能力。企业应该召集全体员工召开一次总结会议，强调企业员工以及企业管理者在以后的工作中要增强领导者危机意识，要能够发现并提出企业营销活动中的异常现象，防患于未然。企业需总结此次危机处理过程中没有做好的地方，对其仔细分析，提出改进意见和措施，完善现有的危机应对措施或者提出一些新的应对方法，争取下次遇到这样的问题，用最快的方式解决掉。会议上要广泛听取多方意见集思广益，寻找危机管理漏洞，不断提高危机预警系统的预测能力，从源头上预防和防止企业营销危机的再次发生。

第四节　企业营销危机管理策略

一般说来，企业应对营销危机的管理策略主要有内部营销策略、媒介策略、诚信策略、缩减性策略、转移性策略和创新策略等六种。

一、内部营销策略

俗话说，"攘外必先安内"，这同样适用于企业营销危机中。当企业发生营销危机时，企业内部出现慌乱和逃离是难免的，这种现象如同催化剂，会加剧企业营销危机的恶化。因此，企业只有先厘清内部关系，通过内部整肃使企业上下团结一致上下一心，才有可能战胜所面临的危机。如果企业内部管理混乱、思想不统一，那么无论多大的企业都很难战胜所面临的危机。

（一）内部营销的概念

内部营销是指通过充分满足雇员需求的分批生产来吸引、发展、刺激、保留能够胜任工作的员工。内部营销是把雇员当成消费者，是一种取悦雇员的哲学。从发展渊源上来看，内部营销由关系营销发展而来，是关系营销的一个分支。所谓关系营销，是把营销活动看成一个企业与消费者、供应商、分销商、竞争者、政府机构及其他公众发生互动作用的过程，其核心是建立和发展与这些公众的良好关系。对一个企业而言，同时存在内部营销和外部营销，内部营销存在于企业与员工之间、企业与内部各职能部门之间、企业与股东之间等；外部营销则存在于企业与顾客之间、企业与供应商之间、企业与竞争者之间等。

（二）内部营销与外部营销的关系

企业内部营销是的外部营销成功的前提。外部营销的主要功能是向外界提出承诺，表明企业要向目标顾客以某种价格或服务提供相应的产品。这些承诺需要靠企业内部员工来实现，因此不难发现内部营销需要在外部营销之前进行。企业中存在的大量"业余营销者"，他们对"顾客导向意识的建立"必须通过内部营销的方式来进行。企业在开展外部营销活动之前，必须理顺内部关系，使企业的员工真正做好思想上和行动上的准备。在实施外部营销计划前，需要将其应用到内部市场中，接受内部顾客的检验，让内部顾客在推向市场之前提出一些修改意见，以提高其成功的可能性，这是因为如果企业内部员工对企业生产的新产品都不满意，很难保证在推向市场后获得消费者的青睐。

（三）内部营销的作用

一般说来，内部营销在企业生产经营活动中有着以下作用：

1. 可以消除企业各部门之间的冲突，建立顺畅的沟通机制

每一个产品的生产，都需要企业中各个部门的配合和协调生产，缺少任何一个部门的参与，都有可能导致生产失败。企业中的每一个部门都为其他部门提供服务，同时他们又是部门产品的使用者。通过内部营销可以使企业各个部门认清这种关系，从而加深各个部门的团结合作，各个部门之间的误解变少了，冲突自然变少。通过内部营销还可以培养企业员工以及各个部门的顾客导向意识的建立，从而生产出让顾客更满意的产品。这为危机情况下，

组织建立"危机处理小组"打下良好的基础。

2. 促进组织积极变革

内部营销手段相对较为温和，它不是通过强制命令让员工被动接受的方式，相反，这是一种让员工主动接受的方式。当根据市场反应需要改变产品的某一生产过程，营销部门不能强制生产部门改变方案，只能晓之以理，阐明利害，说服对方。所以，内部营销方式的实施过程，对企业的运作方式、组织结构产生了一定的积极变革。

3. 培养市场导向型企业文化

市场导向型企业文化不是一蹴而就的，而是通过内部营销使员工产生顾客导向意识而慢慢形成的。在产品生产过程中，各个部门相互配合，相互交换生产信息，每个部门既是生产者，又是消费者，通过内部营销的手段，可以逐渐使全体员工以及所有部门慢慢树立起"顾客服务意识"，潜移默化地培养市场导向型的企业文化。

（四）内部营销的手段

在企业营销过程中，内部营销可以通过培训和训练、增加管理支持和内部相互沟通、加强内部大众沟通和信息支持三个方面来开展。培训和训练一方面可以拓展员工技能，另外一方面加强企业员工肩负生产者和营销者双重身份的意识。为了确保内部营销规划的连续性，企业高、中层管理人员的支持也是十分重要，比如管理部门可以通过日常管理活动确保正式训练的连续进行；把积极鼓励下属作为日常管理的任务，同时让下级参与计划与决策，营造一个宽松的内部环境。管理者应需要把新的营销战略以及新的工作方式及时告诉下级，使他们可以理解接受这些新的战略和新的思想方式，这就需要企业内部提出相应的沟通方式，通过这种沟通方式传递信息，指导内部活动。

工欲善其事必先利其器，企业只有真正掌握内部营销的方法和手段，当营销危机发生时，企业才能从容应对。

二、媒介策略

对于企业来讲，在危机时期合理地利用现代媒介的力量，将有利于解决危机的信息迅速传递给消费者，也是成功避免营销危机的必要条件。

（一）主流媒体的利用

1. 主流媒体

主流媒体有着强大的实力与影响力，可以引领社会舆论并产生强大的社会影响力。在国内，主流媒体通常包括新闻宣传主管部门所主管的党报、党刊、广播电视等，如《人民日报》、新华社、中央广播电视总台等。西方国家的主流媒体与国内有所不同，西方各国的主流人群是中产阶级，西方的主流媒体主要针对这一类人，这与国内主流媒体的基本受众是社会各阶层的代表人群有所不同。

2. 企业通过媒介传播的目的

企业需要首先了解通过媒介传播的目的，目的主要包括品牌告知、品牌说服、品牌强化、品牌提醒和品牌形象塑造五个。

品牌告知的目的在于促发初级需求，向市场告知产品的相关情况以及相应的服务，最终就是开拓营销市场。品牌说服适用于开拓市场后的竞争阶段，其主要目的是建立品牌的偏好，改变顾客对产品属性的感觉，进而加强消费者的购买欲。品牌强化应用于品牌成长至品牌成熟这一阶段，其最终目的是构建品牌领导地位，扩大目标消费群体的使用宽度与深度。品牌提醒在品牌的成熟期和衰退期非常重要，目的是保持顾客对该产品的记忆，提醒性的广告可以提醒消费者在最近或将来需要这个产品，也可以促使他们记住这些产品，保持产品的知名度。品牌形象塑造是企业通过与社会、消费者的关系来实现的，突出企业对社会的责任和对消费者的关爱。只有正确地了解企业通过媒介传播的目的，企业才能更好地利用媒介管理营销危机。

（二）主流媒介的利用

企业在出现营销危机时，媒介往往由于公众信息的接受方式与心理的变化而与平常不同，因此企业在制定策略时要能够把握住这些变化，采取相应的行动，使企业度过危机。当公众对危机高度关注时，就会使得关于危机的新闻传播面非常广，电视台的新闻类节目以及报纸的相关版面都会有相当高的到达率。媒体对于公众还有一个特点，就是引导公众，这种引导在一定程度上可以起到将事件与公众的注意力放大的作用。这个时候，与危机相关的信息会受到特别关注，而与危机没有关系的信息则会被媒体自动过滤。

（三）非主流媒体的应用

随着科技的进步以及手机电脑的普及，非主流媒体也开始起着不可忽略的作用，非主流媒体有着巨大的上升潜力，尤其体现在短视频上。非主流媒体有着成本低、复制能力强、到达率高和不可控性的特点，正是具有这些特点，非主流媒体开始受到越来越多企业的重视。因此，企业在营销危机发生时，合理利用非主流媒体的力量不失为一种有效手段。但非主流媒体具有不可控性，因此在使用时必须在法律的范围内进行，同时需要考虑到受众的接受心理，为了获得更好的解除危机的效果，还可以与主流媒体配合使用。

（四）广告投放

在营销危机发生期间，针对消费者密集收视、长时间收视的特点，企业可以通过广告投放来强化消费者对于商品的认知学习和正面态度的培养。当新品牌上市的时候，这种做法就可以迅速在目标消费者人群中打造知名度；对于已发布的品牌，这种做法也可以加深消费者人群对品牌的认知。因此，企业在发生营销危机时，可以通过广告投放策略来消除危机，但在使用这个策略时，需要判断广告活动处于一个什么样的位置以及是否可以开展广告活动，同时又要明确如何开展广告活动。

三、诚信策略

诚实守信，是中华民族的传统美德。诚信是做人的根本，也是我们每个人必须具备的优秀品质，对于企业来说也是一样。人无信则不立，企业无信则危，诚信是企业防范一切危机的必要前提。企业的道德诚信应该包括：一是对企业员工讲诚信，即关心内部员工的需求，不做损害员工利益的事情，做到良好的沟通；二是对消费者负责，消费者是企业产品最终流经地，是企业销售的对象，因此要对消费者负责、维护消费者利益、不虚假宣传产品、做好售后服务工作；三是对社会负责，积极承担社会责任，一个企业的健康发展离不开社会各界的支持与帮助，对社会负责要做到主动承担社会责任，诚信经营、依法纳税，多关注社会上的公益活动，以此来促进社会的发展。因此，企业在发生营销危机时，第一时间要向消费者和社会各方表示诚信，以维持企业信誉；其次要采取适当的行动，一方面向社会表达解决营销危机的决心与诚意，另一方面要维护好消费者的利益，敢于承担因营销危机带来的损失。企业在应对营销危机的过程中，一定要保持清醒的头脑，不要着眼于眼前的利益，要把目标放长远，把顾客利益放在第一位。

四、缩减性策略

缩减性策略是指企业经营者在面临经营不善、市场环境恶劣或者发生营销危机时，缩减产品组合的广度和深度，即去除或者缩减获利较小的产品项目，集中现有力量发展获利较多的产品项目，以此来帮助企业度过危机。

当企业陷入营销危机时，可以通过缩减性策略来规避风险，集中精力对少数可以盈利的产品进行生产销售，从而降低成本，减少不必要的开销，企业通过缩减产品组合，可以保持一定的资本积累，为以后重回市场打下一定的物质基础。企业缩减的产品线应具有以下性质：

1. 消费者对产品需求较低，市场需求疲软。

2. 该产品的经营效果不理想。

3. 产品线关联度小。

4. 产品线生产工艺简单、质量要求较低。

企业实施缩减性策略可以分为"两步走"。第一步，对企业现存的产品线进行分类。一类是具有高投资收益且有发展前途的产品，这类产品在同行中具有营销优势，竞争力大，可替代性小；另一类是没有发展前途、利润低、可替代性大的产品以及预计应停产的产品。第二步是放弃利润低的产品线，重点集中发展具有高收益的产品线，同时做好被砍掉产品线的生产员工的安置工作。

缩减性策略可以使企业集中精力和技术，发展优势产品，提升产品质量的同时提高产品数量。企业力量的集中可以使得优势产品的市场占有率继续提高，产品竞争力更大。这一策略通常是在企业经营不景气或是市场环境不佳时采用。但在使用缩减性策略时仍然要面临不少问题。第一，产品线缩减必然导致大量员工原有的工作丢失，企业需要解决这些员工的安置，以免引发其他问题；第二，缩减性策略实施期间企业产品品种单一，如果市场需求出现变化，企业很容易陷入被动局面，因此企业在这一时期需要准确把握市场变化，做好各种应急预案。

五、转移性策略

用金融术语来说，转移性策略就是银行通过一些合法的交易方式和业务手段，将风险尽可能地转移到别人那里去。例如，银行通过对存款的保险或发放有担保的贷款，将风险转移到保险公司或其他企业身上。当企业遭受营销危机时，同样可以使用转移性策略，可以通过相应的措施来转移企业营销危机，重新塑造企业形象。一般说来，企业应对营销危机的转移性策略主要有产品用途转移策略、市场转移策略和资源转移策略三种。

产品用途转移策略是指在产品销售遇到危机时，通过寻找产品的新用途来扩大市场，增加产品销量。当产品的生命周期进入到衰退期时，一样面临着要么开发产品新的用途继续生产，要么产品线停产。但与产品进入衰退期有所不同的是：当产品销售遇到危机时，如果产品的投资成本还未收回，停止产品生产会使企业遭受亏损，进而会引发财务危机。此时寻找产品的新用途，继续维持产品的生产变得尤为重要。实现产品用途转移可以通过以下途径进行：分析产品以及目标客户的需求，寻求在稍微改变产品性能后是否可以继续赢得目标消费者青睐；分析产品投放市场的变化，寻找新的商机；寻找与产品关联度高的商品，进行产品组合促销，比如一些手机产品会推出运营商限定版，在降低价格的基础上进行捆绑销售。

市场转移策略是指在原有的投放市场不能满足销售需求时，寻找新的安全的市场进行投放。当市场疲软或者面临外部不可抗拒因素而无法正常销售时，容易引发营销危机，此时可以考虑进行市场转移，通过给产品销售"续命"来使企业度过危机。市场转移可以发生在普通市场与特殊市场之间、国内市场与国际市场之间、大众消费者市场和政府市场之间等。华为消费者业务是华为核心三大业务之一，产品全面覆盖手机、移动宽带及家庭终端。在美国的不断经济制裁下，2021年，华为公司消费者业务实现收入2434亿元，相比前一年4829.16亿元的收入下滑近一半，为了更好地发展消费者业务，华为消费者业务改名为华为终端业务，在面向消费者打造消费产品的同时，增加面向政府及企业打造商用产品。[①]

资源转移就是将企业现有的资源转移到其他生产部分，使资源得到合理化最大利用。企业在营销过程中容易遇到产品定位不准确，产品生产出来出现滞销的情况，此时进行资源整合，将企业优势资源用于生产满足消费者需求的热门产品，用以度过危机。

六、创新策略

当企业陷入营销危机时，创新策略不失为一种最佳地使企业度过危机的方式。创新策略是指企业以一种新颖的视角，运用一种创新的方法而采取的一种策略，使企业重新焕发活力，安全度过危机。一般说来，创新策略可以从挖掘产品新卖点和产品功能创新两方面来进行。

所谓"卖点"，一般是指产品自身带有的与其他产品不一样的特点，这些特色或特点可以是产品自身带有的，也可以是人为其添加上去的，顾客可能因为一个卖点而对产品印象深刻，使产品因具有卖点而与众不同，顾客因产品的新卖点而更加青睐这种产品。顾客倾向于价格低、质量好的商品，因此企业可以从价格、质量、稀缺优势和情感需求等方面发掘新卖点。企业也可以根据产品的销售情况，结合顾客的反映，对产品的功能进行改动，优化产品的外观与质量，以获得消费者的喜爱。

---

① 张颖. 华为发布2021年年报：受美国制裁影响 消费者业务下滑显著 创新业务多点开花［EB/OL］. 新浪财经，2022-03-29.

第四章

企业人力资源危机管理

第一节　企业人力资源危机概述

一、企业人力资源危机的含义

企业人力资源的常态是企业能够招聘到合适数目与质量的员工，使合适的员工在相匹配的岗位上以饱满的激情和积极的工作态度完成组织的目标，并忠诚于企业，最终助力企业的成功的过程，是一个兼顾企业、岗位以及员工自身的系统性的概念，而非常态的情况则意味着危机的潜伏与发生。从上述概念来看，也应从系统的观点来看待人力资源危机。可认为人力资源危机是由于组织内外界环境的变化，企业人力资源管理劣化，使人力资源本身不适应企业的战略目标要求、不能充分发挥潜在能力或丧失行为能力，进而使人力资源状况恶化的一系列动态结果。这种结果最终影响企业正常的生产经营，给企业带来了危机。上述的人力资源状况主要是指人力资源数量状况、质量状况、绩效状况、工作满意度状况、流动状况、结构状况等。这一定义概括了现有人力资源危机定义的主要观点，并体现出了人力资源危机的以下特性：

（1）危害性：人力资源危机的出现会影响企业战略目标的实现与客户服务质量等。

（2）不确定性：危机是随着环境的变化和企业经营行为的变化而出现的，是一个随机发展的结果。

（3）潜伏性：危机通常是一种结果，而在结果发生之前，引发危机的风险具备一个长时期和阶段性的潜伏性。

（4）综合性：引发人力资源危机的因素是多方面的，常常需要用综合的视角与处理方法来对待。

（5）主体性：人力资源的特殊性在于它以人为行为主体，而人的行为具有主观能动性和客观的价值辨别性，于是人力资源危机作用的结果是与行为主体密切相关的，危机管理的破局之道也在"人"身上。

（6）过程性：伴随外界环境的变动或人力资源管理的劣化，人会自主地调整其行为，以使自身的利益实现最大化。但人获取、鉴别信息需要一定的过程，且由于个体决策能力的差异，个体调整其行为也需要耗费一定的时间。

因此，可以把人力资源危机视为外界环境、企业内部组织环境、企业人力资源管理、人力资源本身等各个方面综合作用的结果。

二、企业人力资源危机的类型

根据国内外学者对人力资源危机分类的研究，不难发现人力资源危机的表现形式各异，在不同类型的企业中表现的频率和程度也不尽相同，在企业内部微观、中观和宏观层面上都存在着与企业层级有关联的危机情况。因此，可以把企业内部的人力资源危机按照以下三个层次进行分类：

第一是从企业宏观层面考虑，主要是指企业战略发展、创新能力、学习能力等因素低下引发人力资源危机；

第二是从企业中观层面考虑，主要是指企业制度的不完善或管理体制的不合理引发的人力资源危机；

第三是从企业微观层面考虑，主要指由于员工的个人因素及个人期望所引发的人力资源危机，如员工品德、员工素质、员工能力等。

而在风险类别的划分方面，我们常把可以通过努力克服与避免的风险称为非系统性风险，而把由于不可抗力造成的风险称为系统风险。在了解了企业人力资源危机的表现、危机的根源和危机的性质之后，我们从人力资源危机可控性和可预防性的角度出发，对人力资源危机进行归纳，如表4-1所示。

表4-1 人力资源危机的系统性分类

危机类别	危机诱因	危机名称	说明
系统性危机	宏观环境	社会环境危机	社会环境变化而企业人力资源管理未能跟进
		经济环境危机	经济环境变化而企业人才管理未随之变革
		法律法规危机	企业人力资源管理不善而带来了法律纠纷
		知识结构危机	知识经济的发展加速人员流动
	中观环境	业内人才争夺危机	激烈竞争下人才流动、流失率增加
	自然因素	自然生灭危机	核心人才的自然消亡
		意外事故危机	核心人才由于突发事故造成消亡
非系统性危机	宏观层面	组织战略危机	战略调整而人力资源规划未跟进
		组织学习力危机	企业未能与时俱进用新知识武装自身
	中观层面	文化危机	忽视企业文化的建设，缺乏良好文化氛围
		制度危机	员工压力过大、工具化及职务频繁调动
		组织结构危机	沟通不畅，上下级难以统一目标形成合力
	微观层面	个人发展危机	员工缺少发展机遇，得不到认可
		员工素质危机	员工素质水平参差不齐，影响运营效率
		薪酬管理危机	物质回报低，激励方式单一
		人才流失危机	综合因素导致的员工离职
		人才使用危机	员工素质与职位要求不匹配，低位高用
		员工道德危机	员工道德修养低，缺乏良好的品德

三、企业人力资源危机的深层次归因

企业人力资源危机产生的过程会伴随对组织战略目标实现的负面阻抗与成本费用发生等问题，这些都会对企业造成一定程度的负面效应。根据企业人力资源危机的系统性分类，可以帮助我们去探究危机产生的原因，但是我们还需要进一步去探讨这些表征之下最根本的成因，才能帮助我们更有针对性与科学性地制定危机管理对策。下面我们将基于经济学、心理学与企业人

力资源管理实践去探究人力资源危机产生的深层原因。

（一）基于经济学的企业人力资源危机归因

西方经济学理论认为，企业与组织行动背后最大的驱动力是利益。作为理性人，个人会追求高质量生活；作为理性企业，会追求利润最大化。所谓利益就是对行为主体有利的资源，包括有形的物质利益或经济利益形态的狭义利益，还包括各种无形的非物质利益或非经济利益，如发展机遇、生态文明、人文建设、社会认同、政治地位、人身安全等有利于改进生活质量或经营质量的广义利益。

市场经济制度中之所以会存在企业人力资源危机，根本原因就在于市场经济制度安排激励着行为主体普遍和自由地追求合法利益最大化。为了追求尽可能高的个人价值和力求实现组织全方面的最大化发展，每个行为主体都有追求自身利益最大化的内在理性冲动和巨大的行为倾向。人力资源危机行为主体的冲动和行为倾向能否转化为现实的选择行动，则又取决于组织制度的安排，取决于行为主体是否具有自我价值、自行选择、自由流动和自由发展的意识，取决于企业组织战略选择所需要的统一开放和竞争有序的自由市场体系，取决于个体社会成员和个体社会经济细胞，即取决于企业之间是否享有公正平等的和谐关系。

概而言之，必须符合下述几个基本条件才能实现人力资源由主观愿望到客观危机行为的转换：一是具有理性决策能力的人力资源群体和企业组织；二是有一定的组织人力资源管理制度安排；三是企业间以及人力资源个体之间存在现实或潜在的价值期望与获利机会；四是个体悖逆的收益大于成本，组织管理的收益大于管理成本。企业人力资源危机状况变化的过程实质上是企业组织进行资源优化配置过程中的必然产物，可以把这一危机引发过程归纳为：

个体与组织价值最大化行为——不同主体的比较利益差别——人力资源状况变化——人力资源状况的调整——企业持续发展，如图4-1所示。

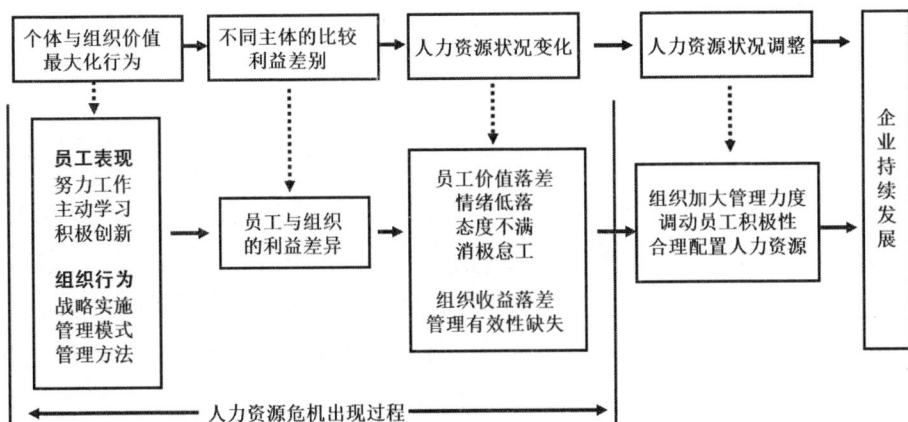

图4-1　基于经济学理论的人力资源危机归因

（二）基于心理契约的企业人力资源危机归因

20世纪60年代初，心理契约这一术语被 Argyis 引入管理领域，而后又被 Levinson 加以界定，用来描述员工和企业双方不成文的、内隐的契约或相互期望，具体体现为双方对相互责任义务的主观约定。[①]心理契约包含员工的心理契约与组织的心理契约两种，且每种契约又包含两个方面：组织对员工的责任与员工对组织的责任。[②]但近来学术领域比较关注对员工心理契约的研究，自 Rousseau 从将心理契约重新界定为"个体所持有的其与交易另一方关于互惠性交换协议的具体条款和条件的信念"。越来越多的研究者趋于认同这一观点，认为在雇佣关系中，心理契约是员工独自拥有的，在员工心理契约的研究中，重点在于探讨组织对员工的责任。

由于心理契约反映了员工和企业在雇佣关系中互动的一种动态平衡，在这种平衡的基础上，员工才能保持积极的心态与企业和谐共处，并在持续为企业创造价值的过程中获得双赢的结果。而当这种平衡遭到破坏的时候，就会动摇员工对于企业的归属感以至最终产生"变心"的意向。由此看来心理

---

① 闫伟，LEVINSON J D，彭凯平 . 文化契约：意向与道德互依的商业交易［C］// 中国心理学会 . 第二十二届全国心理学学术会议摘要集 . 北京：清华大学心理系，2019：1.

② 刘洋 . 企业中的心理契约强度研究［J］. 经济论坛，2005（12）：45-46.

契约的破裂是正式契约破裂的前兆。因此，有必要从心理契约的角度来分析人力资源危机的动因。

1.物质激励维度

即员工是否得到了较好的物质待遇。物质报酬和物质条件是员工工作、生活的基本保障，即交易维度。它主要是指组织明确的或内隐的承诺根据员工所完成的任务提供专门的、一定时期内的货币报酬、工作环境等，它包括的主要内容有薪水、福利、良好的工作条件等。总体来说，物质激励维度的特点是界定相对明确、兑现比较及时、强调当前利益的互换。员工需要获得一份与自己的贡献相匹配的合理公平的报酬，使得自己能够充分分享到参与创造的财富。公平理论作为心理契约的理论基础，认为交换双方很多时候不是追求"绝对"的利益平等，而是追求一种投入产出比的平等。如果发现自己的收益与自己的投入之比与对方两者之比大致相同，则会认为实现了公平分配，心理上比较平衡如表4-2所示。如果发现自己的两者之比低于对方，就会产生不公平感，并会衍生出抱怨或愤怒等消极情绪，并会采取一定的行动去纠正它。

表4-2　公平理论

觉察到的比率比较	员工感知
$\dfrac{A\text{所得}}{A\text{付出}} < \dfrac{B\text{所得}}{B\text{付出}}$	不公平（自己报酬太低）
$\dfrac{A\text{所得}}{A\text{付出}} = \dfrac{B\text{所得}}{B\text{付出}}$	公平
$\dfrac{A\text{所得}}{A\text{付出}} > \dfrac{B\text{所得}}{B\text{付出}}$	不公平（自己报酬太高）

★A代表某员工，B代表参照对象

从心理契约这一视角来看，薪酬是一种满足员工内在需求的手段和要素，从而来激励员工的工作积极性和主动性。此时，公正、公平的薪酬尤为重要。分配的公平性是将中心放在了个体和组织交换时的性质和水平上，若组织所给予的薪酬不能反映员工的贡献或者员工得到不公平的薪酬待遇时，他们的自尊心就会受损，就会产生消极情绪，对组织产生不满，表现出逆反心理，甚至考虑另谋高就。

2.环境支持维度

即核心员工是否得到了较好的环境支持。其主要内容为企业为员工提供广泛的、长期的、强调未来发展和社会情感方面的责任，它包括的主要内容有对个人的关怀和支持等。使员工在工作中拥有一个和谐、友好的人际氛围，个人受到认可、尊重和关怀，使他们对组织产生归属感。这一维度又可以划分为两个维度，一是和谐的人际环境，如营造和谐的上下级关系、团结合作的工作氛围；二是对员工的关怀，如尊重、对员工个人成长和生活的关心、肯定员工对企业的贡献和成绩、增强员工的"主人翁"意识等。

3.发展机会维度

即是否有广阔的发展机会。发展机会维度能够激励员工充分发挥自己的优势和潜能，从工作中感受到乐趣，获得成就感和满足感。这一维度也可以进一步划分为两个亚维度：一是工作性质，如工作的挑战性、成就感；二是发展空间，如事业发展空间、培训和学习机会、有可以发挥潜能和专长的平台等。

上述三个方面的危机原因分析可以归纳为以下过程，如图4-2所示。

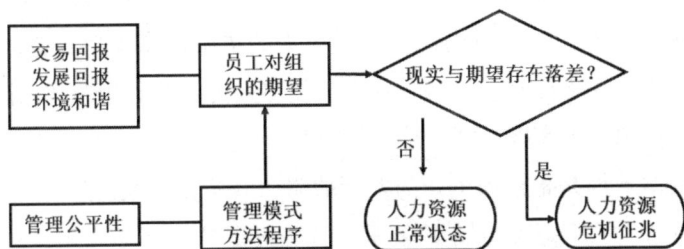

图4-2　基于心理契约的人力资源危机归因

通过以上分析可知，企业人力资源状态的恶化与企业的管理不完善、管理制度不规范等有着很大的关系。如何留住核心员工是企业之间能力的较量，是企业的管理水平、管理制度、人才机制的较量，也是企业能否为员工提供实现其个人价值的实力的较量。

（三）基于人力资源管理实践的企业人力资源危机归因

基于人力资源管理实践的危机归因着眼于企业人力资源活动的施动方——企业人力资源管理的职能部门。根据人力资源管理诊断的理论与实践，我们将人力资源管理实践过程中可能导致的状态偏差及原因归纳为以下几点：

1. 人力资源管理组织职能保障

人力资源管理组织缺位导致人力资源管理的效用不能充分发挥。一个正常运转的企业，其人力资源管理部门的基本职责包括：建立人力资源管理程序；开发／选择人力资源管理方法；监控／评价人力资源管理实践；在涉及人力资源管理的事务上协助直线经理。通常，企业在组织职能方面遇到的常见问题可以归结如下：

（1）在管理层次及机构设置方面：人力资源管理中只是事务性的执行工作，不能参与决策意见。

（2）工作分析与设计方面：没有从全局制定人力资源规划。

（3）职责分工方面：对人力资源管理效果无明确责任。

（4）人员配备方面：高级人力资源专业人员缺乏，难以参与高层管理。

（5）信息分享机制方面：沟通与合作机制不畅，无法建立有效的信息分享系统。

以上问题往往导致企业缺乏与其发展相适应的统一人力资源管理规划，而人力资源管理部门也难以向高层提供有力的决策信息支持，造成人力资源管理成本增高、缺乏控制。最后导致企业整体人力资源利用效率的降低。

2. 人力资源规划实践

人力资源规划是指根据企业的发展战略、既定目标及内外部环境的变化，预测未来的任务和环境对企业的要求，并为完成这些任务满足这些要求而提供人力资源的过程。通常，这方面的危机可以概括为以下两点：

（1）企业不能根据外部环境和发展战略的变化制定相应的人力资源规划，人员需求和供给预测缺乏科学的工具，缺乏长远的战略规划，没有考虑企业的发展目标、战略方向以及企业人力资源的代谢和替换以及组织结构的变化，导致对企业内部的人力资源现状和人力资源需求缺乏了解。

（2）缺乏对外部人力资源供给的预测，导致对外部竞争对手及人才市场发展趋势了解不足，使企业在激烈的市场竞争中失去先机。

3. 工作分析实践

工作分析是针对某特定的工作、岗位做出明确规定，并确定完成这一工作所需要的知识技能等资格条件的过程。通常，工作分析实践可能产生的危机表现在以下方面：

（1）无法明确不同岗位人员的需求，招聘的随意性大。

（2）因人设岗，而非因岗选人。

（3）无法根据工作的性质进行合理的工作分析，职务权责划分不明确，导致员工对自己的工作职责认识模糊，造成无所事事或无所适从。

（4）考核指标模糊不清，绩效管理没有发挥真正的作用。

（5）员工培训没有明确的目标与规划，不能对员工的未来发展方向提出明确指导。

（6）薪酬制度欠缺科学性，没有建立在工作分析与职位评估的基础上。

4. 招聘管理实践

招聘是企业补充新鲜血液的重要途径，是极为关键的一环。关于招聘的危机将在本章第二节进行详细论述。

5. 培训管理过程

企业对员工的培训不足使得企业不能整体提升员工的知识与技能，无法起到增强企业竞争力及凝聚力的作用。企业员工培训实践包括六大方面，每一方面的不足都可能诱发以下危机：

（1）企业文化培训不足：新进人员不能迅速认可企业文化，导致企业凝聚力弱化。

（2）管理知识培训不足：管理人员难以有效行使管理职能。

（3）沟通技能培训不足：人际关系不够融洽，不能建立起高效的沟通机制。

（4）潜能开发培训不足：使员工个人发展受限。

（5）营销技能培训不足：使市场人员不能充分了解产品情况，服务能力不足，削弱企业的市场竞争力。

（6）技术知识培训不足：使技术人员不能及时学习前沿技术知识，把握技术发展的趋势，削弱企业的技术竞争力。

6.职业生涯规划管理

企业没有对员工进行职业生涯指导，将使员工个人发展方向不明。缺乏员工职业生涯管理，会表现在人力资源管理的整个过程中：

（1）聘用过程中无明确的在企业内发展方向的指导。

（2）培训过程中培训人员没有科学的方法指导，不能实现培训的目标。

（3）上级与员工的沟通不足，缺乏对员工发展的支持和引导。

（4）培训考核实践中未帮助员工分析自身，考核绩效未成为引导发展的标准并给予反馈。

（5）员工激励工作中激励方式单一，有效性低，不足以激发员工的工作积极性。

7.绩效管理

目前很多企业虽然有基础的绩效管理制度，但是在实施过程中仍然存在一些问题，影响企业绩效管理效果的有效发挥。关于绩效管理方面的危机管理将在本章第三节进行详细论述。

8.人力资源激励制度

人力资源激励制度可以用图4-3简单概括。

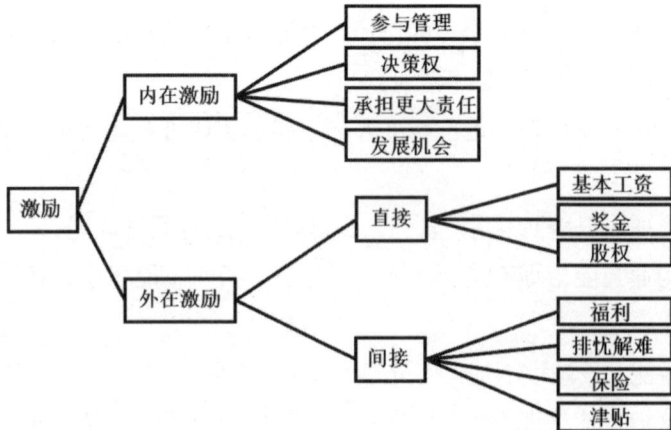

图4-3　人力资源的激励机制

这个方面最显著的危机在于企业激励制度单一。企业往往简单地把对员工的激励理解为员工的薪资收入，这样直接导致工资成本螺旋上升，却未能达到理想的效果。作为激励机制的一个重要方面，薪酬制度不合理是引发人力资源危机的重要根源之一。薪酬结构的公平性主要包括以下几点：

（1）自我公平性。员工所获得的薪酬应该与其贡献成正比。薪酬自我不公平将导致员工敬业精神弱化，工作积极性不高。

（2）内部公平性。企业员工所获得的薪酬应与其各自对企业贡献成正比。薪酬内部不公平将造成员工之间互相攀比，有损团队士气。

（3）外部公平性。同一行业、同一地区或者同等规模的不同企业中类似职务的薪酬应基本趋同。薪酬与外部比不公平将难以留住内部人才和吸引外部人才。

第二节　企业员工招聘的危机及对策

一、企业员工招聘概述

企业员工招聘是指企业为了发展的需要，根据人力资源规划和工作分析的数量及质量要求，通过多种方法和途径吸收人力资源的过程，是企业实现基本运作、补充新鲜血液、应对职位空缺以及扩大影响力的主要途径。

（一）企业员工招聘的流程

企业员工招聘的流程如图4-4所示。

提交用人需求 ⇨	分析用人需求：主管经理、总经理批准，人力资源部门统一组织
准备资料 ⇨	招聘广告，包括企业基本情况、岗位介绍、应聘人员基本条件、应聘方式等
选择招聘渠道 ⇨	内部渠道或外部渠道
填写登记表 ⇨	应聘人员携带简历及所需证件在网上或现场填写登记表
初筛 ⇨	人力资源部对应聘人员材料进行整理并进行初筛，确定初试人员名单。
初试 ⇨	准备初试场地，填写面试人员测评表，面试结束后将材料交至人力资源部审查
复试 ⇨	对通过初试的人员进行复试，复试一般由部门主管经理主持，程序与初试相同

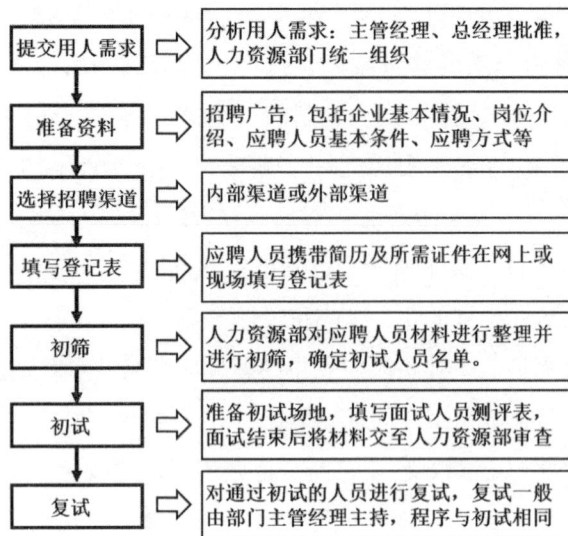

图4-4　员工招聘一般流程图

（二）企业员工招聘的渠道

企业员工招聘渠道分为两大类：内部渠道和外部渠道。这两种渠道各有优势，企业应根据自身及外部供给的状况选择合适的招聘途径。

1.内部渠道

通过内部招聘，企业可以得到适合组织需要的、满足空缺位置所要求的人选，这种人员的补充机制具有很大的优点。内部招聘会使员工因工作成绩得到认可而提高工作积极性和绩效，加大员工的忠诚度。另外，由于上级对于下级比较了解，通过提拔内部员工得到的人选比较保险，一般均可适合组织的需要。相对于外部招聘，由于企业内部员工比较了解企业内部的情况，所以他们也能胜任工作岗位的需要。但是内部渠道招聘也会使那些没有得到提拔的员工产生不满，同时公司因缺少从外部招聘而来的新鲜血液的补充，可能会致使管理僵化，也不利于企业吸收新思想来进行改革与创新。

在实际情况中，企业内部往往是最大的招聘来源。在吸引和确定人选时，企业经常采用档案记录的信息、工作张榜和组织成员引荐三种渠道。

（1）利用档案记录信息

企业人事部门或人力资源管理部门大多都备有员工的个人档案。这些档案通常记录员工的教育、经历、技能、培训、绩效等有关情况。内部招聘可以利用这些档案的信息来帮助企业了解并确定空缺位置的合适人选。利用档案信息的一个很重要的优点是可以在整个企业内发掘合适的候选人，但这种方法要求档案信息必须准确、可靠和全面；另外，由于档案记录这一渠道对员工的影响力小，透明度小，员工参与较少，因此这一渠道应与其他渠道结合使用，以起到相互补充的作用。

（2）工作张榜

工作张榜是在企业内部招聘人员的普通方法。企业可以采用多种方法发布招聘信息，利用自己的宣传媒体，如公司报、宣传栏或官网等。部分企业还可以利用已开通的官方微博或公众号平台将企业确定的空缺职位的性质、职责及其所要求的条件公开，以吸引人员来应聘。这种招聘途径，既体现公平竞争的原则，又能为潜在的合适员工提供机会。

（3）组织成员引荐

对企业组织而言，上级可以引荐下级或者公司员工可以引荐其亲友同事来担任某一职务。由于引荐人对于空缺位置的性质和职责比较了解，同时引荐人对被引荐人的情况熟悉，因而这种方法具有广泛的适用性。但是它的缺点在于引荐人可能因为如内部小团体、裙带关系等的原因，而引荐并不适合企业组织需要的人选。因而在通过此渠道进行招聘时，应注意克服这些缺点，以求任人唯贤。

2.外部渠道

外部招聘渠道，指的是从企业外部吸引申请人。它往往是在内部招聘不能满足企业需要，尤其是在企业处于初创期、快速成长期或者企业因产业结构调整而需要大批中高层技术或管理人才时。企业外部招聘的渠道主要有以下几种：

（1）社会招聘

社会招聘是一种常用的外部招聘渠道。它以报纸、杂志、广播、电视等为媒介，将有关工作的性质、要求、雇员应具备的资格等信息提供给潜在的申请人。这种招聘广告应该代表公司的形象，需要认真地实施。与其他招聘方式相比，这种招聘渠道成本低，可以要求申请人在特定时间内与公司人力资源部门联系。

（2）校园招聘

高校每年的应届毕业生是企业的专业人员和技术人员的重要来源。通过学校这一渠道，企业可以招聘到各类专业人员。不少企业看好学校这一人才来源的重要基地，而与学校建立各种联系，例如设立奖助学金、捐赠图书或者为学生创造毕业实习条件等。这些方法可以提高企业在学校的知名度和威望，增强对人才的吸引力。校园招聘可以采用两种方法：一种是与学生签约，同时与签约者或者对企业有兴趣的学生进行面谈；另一种是管理人员或者其他代表访问学校并发表演讲，增加学生对企业的了解并吸引其就业。为了比较理想地达到对工作申请人的吸引，获得素质最高的人才，企业在组织招聘活动时应注意以下问题：

①重视校园招聘，选派工作能力比较强的工作人员到学校进行招聘工作。

②对工作申请人及时答复，以防止对申请人来公司任职的决心产生消极的影响。

③明确需要补充人员的工作岗位的类型。

④关注学校学生的素质。

⑤参考以前的毕业生在本公司的业绩。

（3）职业介绍机构

随着我国市场经济体制的建立和完善，人才流动现象日益普遍，各式各样的职业介绍机构也应运而生。这些职业介绍机构主要包括人才交流中心或者人才市场、劳动力市场、人才咨询公司等。职业介绍机构的作用是帮助企业组织选拔人才，节省企业的时间和精力，尤其是在企业没有设立人事部门或者需要立即补充空缺时。规模较大的职业介绍机构使用现代设备建立人才信息库，备有人才档案，而且通常会举办定期或不定期的人才交流会，来满足企业招聘人员的需要。

（4）网络招聘

随着现代科学技术的发展，信息时代的到来，计算机技术和互联网得到了迅速发展，网络招聘的应用日益普及，网络招聘已经成为人才招聘的一种重要途径。一方面，求职者不再满足于传统的招聘渠道，转而大量地使用这种新的、覆盖面更广的求职渠道，发布求职信息和提出求职申请。另一方面，越来越多的企业利用网络进行招聘人才活动，这些企业认为，网络作为一种现代沟通方式，对现代人才有很强的吸引力，在网络上可以找到适合自己企业发展的大量优秀人才。企业还可以建立自己的人才资源库，企业内部网络化的招聘管理系统的应用将大大提高管理效率。

①网络招聘的优势

A. 速度快、效率高

不管是用人单位还是求职者个人，在利用网络进行招聘或求职时都能用最少的时间，在最大的范围内，找到想要的人才或找到最合适自己的工作，大幅缩短招聘工作的时间。

B. 成本低、费用省

通过新闻媒体、猎头公司、职业中介机构进行人才选拔是有偿的，而且通常情况下所聘人才层次越高，企业的支出越大。实施网上招聘后，企业可以利用自己的网站发布招聘信息，用于人才引进的成本大为降低。

C. 覆盖面广且具有互动性

传统的媒体招聘要受到地域及语言环境的制约，而网上招聘不受时空限制，使异地求职成为可能，促成了人才的合理流动。另外，网上人才市场信息保留时间长，影响大，有些职位是常年招聘的，因此可满足企业及时招聘人才的需要。而且网上人才市场提供的庞大的中高级人才数据库，方便企业主动出击，联系自己所需的人才。

D. 功能强大，提供增值服务

求职者可通过网站登记，建立自己的简历中心发送和接收相关信息，可找到人力资源的理论与实践两方面的信息，了解咨询人事政策法规方面的诸多问题，了解人力资源市场变化规律及热门、高薪职位等。一般的人才网站同时为企业和网民提供招聘服务，有些人才网站还向企业的人力资源部门提供专业的人才测评、在线电子面试、在线薪酬顾问、在线评估、在线培训等增值服务，同时承担专业的人力资源管理咨询网站的功能。

②网络招聘的实施

A.建设与完善网站，吸引人才

网络是企业进行形象宣传、产品展示与推广、与客户沟通和信息互动的阵地，更是吸引人才的重要工具。企业在建设自己的网站时，应该将企业人才需求信息作为网站的一个常设栏目。为了吸引更多的应聘者，除了必要的岗位信息以外，还应该侧重介绍企业的人力资源政策和企业文化信息，重视与求职者的互动。另外，企业也可以选择专业的人才网站进行宣传。人才网站上资料库大、日访问量高，往往会提高人岗匹配的效率。同时由于人才网站收费较低，企业可以在多家网站注册，以便接触到更多求职者的资料，拓宽选择范围。

B.进行人才筛选

当企业从网站收到应聘材料后，需要选用合适的能自动分析、处理应聘者初步信息的软件，并对应聘者进行网上测试和筛选。企业可以利用电脑软件直接询问应聘者的工作经历和工作习惯，对应聘者进行心理测试，及时计分评估，避免不符合条件人员进入面试环节。

C.联系人才，达成协议

一旦确认了合适的申请人，必须安排一位具有亲和力的管理人员尽快与其及时取得联系。网上初选后，必须重视网下的人性化的服务，进行面对面的交流，争取尽快达成协议，才能不错过任何一位优秀的人才。

③网络招聘应解决的问题

网络招聘是一个新兴的人才交流渠道，具有来源广泛、信息传播快捷、反馈及时的优点，随着互联网的快速发展，其优势将会日益明显。但从目前使用实际情况看，它也存在一些缺陷。

A.人才层次的局限性

网络招聘并非适合所有人的招聘，现在主要针对中层人才，尤其以专业技术类、文职类、财务类及公共管理类等人才。但未来发展趋势是全部中层人才、部分高级管理人才、体力劳动者和服务人员的招聘也将通过网上进行，互联网的普及在当中发挥着重要的作用。

B.信息的安全性、时效性与真实性

网站的信息在安全性、时效性与真实性等方面都可能存在一定的问题。国家网上人才服务业管理办法草案已经拟定，此项规范包括网上人才服务业的含义描述，人才网站管理的范围和对象，管理原则的宽严程度，管理部门的权限，网上人才服务业的服务范围、制约条件和法律责任等内容。

C. 与其他招聘渠道合理搭配

网络招聘的出现对传统的招聘方式形成了一定的冲击，但并非万能的。网上招聘在很长的一段时期内还无法完全取代传统招聘方式，它仍然需要传统媒体的支持配合。部分人才具有特殊性，需要企业更及时地挖掘与更深入地了解，传统招聘形式在这方面仍然具有不可替代的优势，只有将不同渠道合理结合，才能充分实现企业招聘的功能。

D. 网络招聘的信用体系建立

网络招聘是建立在公正、信用的基础上的，无论是网站还是求职个人，没有良好的信誉，提供虚假的信息，将使网络招聘失去快捷、高效的特点，造成供方或需方时间、资金的浪费，甚至影响正常的招聘行为。信用体系的建立不能仅仅依靠企业或应聘者自身，更多的是依靠有关部门的管理，这也是一项巨大的工程。

（三）企业员工招聘的意义

企业员工招聘对其人力资源管理具有非常重要的意义，主要表现在以下几个方面：

1. 招聘的质量直接关系到企业人力资源的力量

新补充进企业的员工的素质不但决定着其个人今后的绩效表现，还影响着企业人才储备的水平，最终会影响企业的未来发展。

2. 招聘可以提升企业的社会知名度

企业通过各种媒体发布招聘信息的过程同时也是一个宣传企业、扩大企业影响力的过程。高水平的招聘过程还可以通过已录用员工的社会性反馈进一步扩大企业后续招聘的影响力。

3. 招聘可以促使企业人才的合理流动

有效的招聘系统能够帮助企业不断补充优质的人才，帮助人才找到能够发挥作用的地方，各得其所，实现各类人才在企业间的合理流动。

4.招聘可以提高企业人事管理的效率

有效的招聘可以使企业招收到需要的人员，补充职位的缺口，并且由于招聘过程具有一定的筛选作用，可以让企业根据自己的需要有针对性地进行选拔，可以减少因为能力与职位不匹配带来的培训支出降低工作效率。

二、企业员工招聘危机

（一）员工招聘危机的主要表现

在市场经济条件下，由于企业和员工拥有了更加充分的选择权和择业自主权，员工的自由流动成为常态化事件，因此企业需要面对经常性的职位空缺。而空缺职位的人员补充通常是通过招聘来完成的。由此可见，员工的招聘对支持企业的正常运行和发展起着至关重要的作用。但企业现行员工招聘工作中存在诸多潜藏的危机，其主要表现如下：

1.招聘规划危机

（1）没有做好充分的人力资源规划

人力资源规划是指使企业稳定地拥有一定质量和必要数量的人力，为实现包括个人利益在内的组织目标而拟订的一套措施，从而求得在企业未来发展过程中人员需求量和人员拥有量之间的相互匹配。从组织的目标与任务出发，它要求企业人力资源的质量、数量和结构符合其特定的生产资料和技术条件的要求。缺乏充分的人力资源规划会直接影响招聘的针对性与有效性，使招聘的人员数量与质量不符合岗位要求，与企业整体发展目标脱节。

（2）对岗位任职条件缺乏科学全面的认识

具体表现在招聘者对空缺职位的任职资格条件认知模糊。一个岗位任职的基本条件应包括：学历、工作与实习经验、知识技能水平、能力、个性特征等。实际招聘过程中，企业人力资源部门对前三项的把握较好，因为这三方面存在着客观具体的衡量指标，而对于能力的认知普遍比较模糊，对个性的把握更是不够清晰与全面。由于对岗位任职资格条件缺乏科学全面的认识，常常会出现招进企业的人不符合岗位要求的情况。

（3）重视招聘形式，忽视成本核算

目前企业很少进行人力资源招聘工作的成本核算，已有的核算方式也过于简单，招聘成本尚未得到足够重视。人力资源招聘工作的投入要素是招聘资金，是一种有限资源，所以其产出评价应该包括该资源投资效益的量化考核。事实上资源的有限性客观要求对任何占用资源的工作都要从效率与效益两方面进行核算，招聘工作也不能例外。

2. 面试环节危机

主要表现在面试形式单一，难以保证面试效果。在员工招聘时，面试是一种广为使用的人才测评方法。广义上的面试包括面谈法、答辩法、情景模拟法、无领导小组讨论法、有领导小组讨论法、文件筐作业等多种测评手段。但在实际招聘时，许多企业采取的甄选方式过于单一，也未准备科学系统的面试题目，存在诸多影响面试效果的偏差。

3. 应聘者认知危机

主要表现为用单一、刻板的指标来挑选应聘者，如对应聘者的学历要求盲目攀高。由于对招聘岗位的职责没有一个清晰和明确的界定，致使很多企业不管招聘什么职位一概要求"高学历"，认为优秀人才必须具备高学历，由此造成真正能够为企业所用的人员被淘汰，而一些职位又出现"大材小用"的局面。

4. 信息不对称危机

按主体不同，信息不对称危机可以分为应聘方的过度包装与企业的夸大宣传。

（1）应聘方过度包装

招聘中的信息有两类，一类为公共信息，另一类为私人信息。在信息不对称的招聘市场中，应聘方掌握着私人信息，而招聘方只能根据公共信息来进行判断，故招聘方对应聘者的了解程度是处于信息的弱势。因此，为了谋得一个较好的工作，应聘方往往利用信息的不对称，隐藏自己的不足，投其所好，努力把自己包装成符合招聘方要求的人才。招聘方为减少自己处于信息弱势的风险，他们往往会采取"逆向选择"，也就是会选择那些开出比市场平均报酬还低得多的"低报酬"薪水的"劣质人才"以弥补信息不对称带给自己的风险，反而使要获得正常报酬的优质人才"落选"。

（2）企业夸大岗位信息

在人才招聘过程中，如果企业为了树立形象，吸引应聘者而粉饰、美化企业，夸大职位的工资和福利等待遇，而对企业存在的不利信息避而不谈，就容易导致应聘者过分相信招聘企业的宣传而对企业抱有较高的期待。应聘者在信息不对称的情况下进入企业，一旦了解到了真实情况，就会有巨大的心理落差，产生被欺骗的感觉，挫伤其工作积极性，使其工作绩效降低，产生悖逆倾向，甚至有离职想法。同时，借助应聘者的人际传播，企业的外在形象也会受损。

三、企业应对员工招聘危机的对策

（一）制定切实可行的招聘计划

招聘计划是企业招聘活动起始的第一步，是基础性的工作。在招聘计划制定过程中，除了确定招聘机构以及时间、渠道等因素，还要十分关注信息的分析，包括对企业人力资源需求的分析，即通过对人力资源信息系统、人力资源供求计划方案以及有关工作的分析，确定企业所需补充的人力资源的类别及数量；对企业外部劳动力市场的供求关系的分析，即劳动力市场的总体供求关系、各类人才的供求状况及求职者选择企业和就业方向时的价值取向。对关键信息的分析有助于企业制定出对人才有吸引力、符合企业发展要求的且具有竞争优势的招聘策略。

（二）注重面试环节的有效性

面试是人员选聘的一个关键环节，是深入了解应聘者的重要渠道，为了提高面试的有效性，企业应该在面试环节关注以下七个方面的工作：

（1）面试小组的选择。面试小组通常由3—7人组成，包括招聘单位人事部门的代表、用人部门的代表以及有关专家。面试小组的职责是负责整个面试过程的各项活动，如设计面试问题、确定评定标准、决定面试方式、制定面试方案、安排面试场所、策划并主持面试、评定面试成绩、确定面试合格者名单等。其中主试人员的素质直接影响着面试的质量，合格的主试人员应具有良好的个人品德，客观的评定判断能力，较强的人际沟通能力，熟悉与招聘职位工作相关或面谈中可能涉及的业务知识和其他常识，掌握面谈的各种技巧。

（2）围绕面试的目的。有的主试人员在面试中往往会岔开主题，去关注一些与面试目的并不相关的内容，这样做降低了面试的效率，也容易让真正关键的信息被埋没，无法达到面试预设的目标。因此，面试的问题必须紧紧围绕面试的目标。

（3）制造良好的气氛。在面试的气氛比较和谐的情况下，了解会比较准确。因此，为了了解在压力状态下被试者的心理素质，可以利用一些压力气氛。一般情况下，尽可能在面试开始时，试着聊聊家常，缓解面试的紧张气氛，使被试者在从容不迫的情况下，表现出其真实的心理素质和实际能力。

（4）避免不必要的误差。在面试中经常会出现先紧后松的现象。刚开始时由于主试者精力旺盛，思想比较集中，提问细，使被试者的测评比较准确，到了最后，由于长时间的工作，主试人员因疲倦可能草草了事，使面试结果不够理想。

（5）避免刻板印象。刻板印象主要是指人们对某个事物或物体形成的一种概括固定的看法，并把这种观点看法推而广之，认为这个事物或者整体都具有该特征，而忽视个体差异。一个人常常会不自觉地按某个人的年龄、性别、职业、民族等特性对他进行归类，并根据已有的固定认知作为判断这个人个性的依据。例如，一看到岁数大的就认为他墨守成规，缺乏进取心；认为青年人都举止轻浮，办事不牢。这种刻板印象往往会影响面试的客观性。

（6）注意第一印象。第一印象通常是由对方的表情姿态、身体、仪表等获得的。一般说来，在参加面试之前被测者都进行刻意打扮准备，因而给主试留下的第一印象都比较好。但是第一印象未必都是正确的，要客观地评价被试者，必须防止受第一印象的影响。

（7）要防止"与我相似"的心理因素。"与我相似"这种心理是指当听到被试者某种背景和自己相似，就会对他产生好感或赞赏的一种心理活动。例如，如果被面试者与主试人员为校友，主试人员可能会在这种"与我相似"的情景下对该被试者有偏向积极的评价，这也会干扰面试的公正客观性。

（三）重视"个人—组织匹配"

"个人—组织匹配"是指个人和组织之间的价值观相匹配，以应聘者个人及其与应聘职位所处的组织性质为基础。它描述了个人价值观与组织价值观之间潜在的相似性，强调员工了解、认同企业的核心价值观、企业文化和经营理念。"物以类聚，人以群分"，文化与价值标准的认同是人才与企业合作的基础，是员工招聘的首要条件。我们常说的"水土"，放在组织的角度看待，其实就是不同的组织特有的文化、价值观念和用人标准等。企业招聘人才时，应该根据本企业的文化、经营理念、行为准则和管理风格来选聘那些能够与企业文化相吻合，认同企业价值观的人员。价值观支配个体的行为，认同公司的价值观和经营理念的员工能更好地与企业文化融合，对企业战略目标有更强的认同感。同时价值观相同的员工彼此更容易交流与沟通，从而营造良好的工作氛围，减轻工作压力，提高组织整体效率。人才对企业文化和核心价值观的不认同是不满意的一个重要原因。企业选聘人才时只有重视"个人—组织匹配"，才能提升人才的忠诚度，有效降低人才的流失率。

（四）突出"真实职位预视"

"真实职位预视"是指在招聘过程中，招聘人员需要给应聘者以真实、准确、完整的有关职位的信息，使应聘者做出合理的职业预期和正确的选择。成功的选聘不仅是为目前的空缺职位填补人员，而是要挑选适合企业需求、效忠企业、愿意与企业荣辱与共的员工。因此，企业在招聘员工时应坦诚相见，充分运用"真实职位预视"这一全新的招聘理念，把企业的发展现状、发展目标、发展前景、存在问题等实事求是地向应聘者介绍，使其对进入企业后的待遇与发展状况有正确的认知。在条件许可的情况下，最好让应聘者到企业实地参观考察，允许应聘者与现职员工进行交谈，以使应聘者对其未来的工作环境和企业状况有一个理性的了解与认识，不至于产生过高的期望。此种做法虽然会导致一部分期望过高的应聘者自动退出应聘过程，但企业的坦诚却能够吸引到真正对本企业感兴趣，愿意与之同舟共济，共同成长与进步的员工。

（五）注重人才背景调查

人才背景调查是指通过从外部应聘者提供的证明人或以前工作的单位那

里搜集资料来核实应聘者的个人资料的行为，是一种能直接证明应聘者情况的有效方法。通过背景调查，可以帮助企业识别出存在频繁跳槽、德行低下、弄虚作假、缺乏诚信、能力欠缺等情况的应聘者，防范企业人力资源危机的发生。背景调查的强度取决于招聘岗位本身的职责水平，岗位责任越大，背景调查在人员聘用过程中的重要性就越大。调查的内容可以分为三类：一是通用项目，如学历学位的真实性、任职资格证书的有效性；二是与职位说明书要求相关的工作经验、技能和业绩；三是品行核实，如是否有违法乱纪和信用的不良记录等。由于信息的不对称性，应聘者在简历中可能会隐瞒对自己不利的信息，夸大自己的过往成绩，甚至提供虚假信息来蒙蔽招聘者。因此，通过认真审阅与核实档案，或者利用商业调查公司进行多渠道的背景调查，可以帮助企业辨别应聘者信息的有效性与真实性，通过"过滤"作用，招聘到忠于企业、适合企业需要的优秀员工，起到防微杜渐的作用，为企业日后的人力资源管理工作提供极大的便利。

（六）推动用人部门参与选聘全过程

用人部门对所在岗位的用人条件以及一些特殊的要求有着最直接的了解，是判断应聘者是否接受该企业文化、能否与大家协作共事的重要主体。用人部门参与选聘过程除了能够了解应聘者学历、职称、阅历、专业知识、技能等硬件情况外，一方面能够深入了解应聘者的应聘动机、真实期望及其心理素质、服务意识、适应性等一些岗位所需的特殊要求。另一方面也能客观地回答应聘者提出的与本部门工作岗位密切相关的工作条件、待遇等问题。根据用人部门的实际情况对应聘者作出能够兑现的承诺，与其在平等的基础上进行双向交流和有效沟通，可使用人部门和应聘者双方对各自期望的理解保持一致，组织目标和潜在员工的目标达成一致，避免出误解和偏差，减少员工的期望落差现象发生，甄选到真正符合用人部门需要的优秀人才。

但是企业在实际招聘工作中，用人需求来自部门，而招聘工作却是由人力资源部门来负责的。由于人力资源部在大多数情况下无法完全透彻地了解企业内所有职位的工作性质与岗位要求，而新员工接触的第一批企业代表者就是招聘人员，他们会依照招聘人员的承诺或暗示建立对组织的心理期望。

招聘过程中存在的信息脱节，容易产生所聘人员与所需人员之间的偏差，造成任务落实程度低、新员工产生期望落差等情况，人员之间存在潜在冲突的可能性增大，加大了人力资源危机事件发生的可能性。因此，招聘部门要不断地向用人部门灌输招聘理念，推动其主动参与招聘全过程——人力资源规划、招聘需求制定、面试、复试、录用等招聘工作。

第三节　企业绩效管理的危机及对策

一、正确认识绩效与绩效管理

（一）绩效

1.绩效的定义

绩效（performance）一词来源于西方，它的原意是指表现和成绩。目前对绩效的界定主要有三种观点：一种观点认为，绩效是结果；另一种观点认为，绩效是行为；再一种观点则强调员工潜能与绩效的关系，关注员工素质与未来发展情况。

（1）绩效是结果

有西方学者认为，绩效应该定义为工作的结果，因为这些工作结果与组织的战略目标、顾客满意度及所投资金的关系最为密切。从这个定义不难看出，"绩效是结果"的观点认为，绩效是工作所达到的结果，是一个人的工作成绩的记录。一般用来表示绩效结果的相关概念有：责任、任务及事务、目标、生产量、关键成功因素等。

（2）绩效是行为

随着人们对绩效问题研究的不断深入，人们对绩效是工作成绩、目标实现、结果、生产率的观点不断提出挑战，普遍接受了绩效的行为观点。支持这一观点的主要依据是：许多工作结果并不一定是个体行为所致，可能会受到与工作无关的其他影响因素的影响，员工没有平等地完成工作的机会，并且在工作中的表现不一定都与工作任务有关。过分关注结果会导致忽视重要的行为过程，而对过程控制的缺乏会导致工作成果的不可靠性，可能会在工作要求上误导员工。

（3）高绩效与员工素质的关系

随着知识经济的到来，评价并管理知识型员工的绩效也越来越显得重要。由于知识性工作和知识型员工给组织绩效管理带来的新挑战，越来越多的企业将以素质为基础的员工潜能列入绩效考核的范围里，对绩效的研究也不再仅仅关注于对过去的反应，而是更加关注于员工的潜在能力，更加重视素质与高绩效之间的关系。

2.影响绩效的主要因素

绩效的主要影响因素包括环境、机会、激励与技能，如图4-5所示。

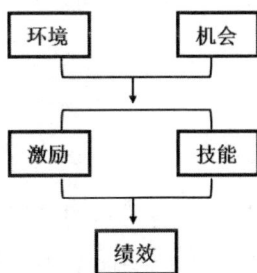

图4-5　影响绩效的主要因素模型

（1）技能

技能主要指的是员工的工作技巧与能力水平。一般说来，影响员工技能的因素有天赋、智力、经历、教育和培训等。员工的技能并非一成不变的，企业为了提高其员工的整体技能水平，一方面可以在招聘录用阶段进行科学的甄选，另一方面也可以通过员工进入企业后提供各种类型的培训，或依靠员工个人主动地进行各种类型的学习来提高其技能水平。

（2）激励

激励作为影响员工工作绩效的因素，是通过改变员工的工作积极性来发挥作用的。为了使激励手段发挥作用，企业应当根据员工个人的需要结构和个性等因素，选择适当的激励手段。

（3）环境

影响工作绩效的环境因素可以分为企业内部环境和企业外部环境。内部环境因素包括劳动场所的布局，工作任务的性质，上级领导的作风与监督方式，企业的组织结构与政策，工资福利水平，培训机会，企业文化和组织氛围等；外部环境因素包括社会政治经济状况，市场的竞争强度等。不论是内部因素还是外部因素，都会通过影响员工的工作能力和工作态度而影响员工的工作绩效。

（4）机会

机会指的是一种偶然性。对任何一名员工来说，被分配到企业的何种工作往往在客观必然性之外还有一定的偶然性。在特定的情况下，员工如果能够得到机会去完成特定的工作任务，则可能达到在原有岗位上无法实现的工作绩效。

（二）绩效管理

1.绩效管理的含义

绩效管理是对绩效实现过程中各要素的管理，是基于企业战略基础之上的一种管理活动。绩效管理是通过对企业战略的建立，目标分解，业绩评价，并将绩效成绩用于企业日常管理活动中，以激励员工业绩，持续改进并最终实现企业战略及目标的一种管理活动。

2.优秀的绩效管理应该具备的因素

（1）明确且令人鼓舞的战略

正确和清晰的战略就像是航灯一样，能让员工非常清楚地感受到企业宏大的发展方向和目标，能最大限度地调动和鼓舞员工的斗志和士气，也能让员工有一致努力的方向和归属感。

（2）进取性强又可衡量的目标

大多数企业都会制订两套目标，一套是必须达到的基本目标（生命线目标），一套是要经过努力才能达到的挑战性目标（期望目标）。目标制定得太高和太低都没有意义，太高让员工产生畏惧，太低让人懈怠无所追求。

（3）与目标相适应的高效组织结构

为有效地达成组织的目标，需要建立一个与目标相协调一致的组织结构，不同的战略需要不同的组织结构。比如，职能式的组织结构很难满足多元化和国际化发展的战略目标，而矩阵式的组织结构就比较容易配合该战略目标的实施。

（4）透明而有效的绩效沟通和绩效评价

绩效沟通的目的在于改善及增强考核者与被考核者之间的关系，分析被考核者的强项与弱点，明晰被考核者的发展及训练的需要，以便日后更加出色有效地做好工作；反映被考核者现阶段的工作表现，为被考核者订立下阶段的目标，作为日后工作表现的标准。基于绩效沟通之上的绩效评价是绩效管理的核心环节。

（5）迅速而广泛的绩效成绩应用

大多数企业进行绩效管理的目的主要是为了绩效薪酬的分配，而实际上，绩效成绩常常用于包括工资调整、绩效薪酬分配、层级晋升与职位调整、教育培训和指导员工职业发展五个方面。企业应该充分与全面地利用绩效成绩，发挥绩效管理体系的三个重要功能，即：评价功能、激励功能和沟通功能。人力资源管理系统从能力角度来讲包括人力资源规划体系、任职资格体系、潜能评价体系、培训开发体系、绩效管理体系和薪酬福利体系。在这个体系当中，绩效管理体系是中枢，需要企业通过应用将整个人力资源的价值链串联起来。

二、绩效管理危机及其分析

（一）绩效管理危机的表现形式

目前，我国企业绩效管理水平参差不齐，大多数企业仍停留在传统的绩效评价阶段。有些企业在绩效管理中根本没有绩效指标或指标不明确，还有些企业在考评后并没有利用考评结果，而是将其束之高阁。当然，部分企业已经形成了完整的绩效管理体系，并且已经走向规范化和国际化。例如资金雄厚、成绩斐然的 IT 业佼佼者联想集团，它非常重视绩效管理，围绕"静态的职责＋动态的目标"两条主线展开，建立目标与职责协调一致的大岗位责任考评体系。^①遗憾的是，这类企业目前在我国还属少数。纵观目前我国企业的绩效管理工作，可以说问题甚多，危机四伏。在实际运作中，多数企业仍然表现为"重使用，轻开发"，更谈不上站在企业长远发展战略的高度上来建立完善绩效管理体系。概括起来，我国企业绩效管理危机的主要表现形式如下：

1.将绩效考核等同于绩效管理

这是比较普遍的一种误解，企业的管理者没有真正理解绩效管理系统的真实含义，没有视之为系统，而是简单地认为绩效考核就是绩效管理的全部，绩效管理制度基本等同于奖金分配制度。这种定位严重影响了人力资源管理职能的发挥，会导致忽略绩效沟通以及过程的管理和控制，使得这种缺乏沟通和共识的绩效管理在企业管理者和员工之间形成一些障碍，阻碍绩效管理的良性循环，造成管理者和员工之间认识上的分歧。其实，绩效考核只是绩效管理的一个环节，只是对绩效管理前期工作的总结和评价，远非绩效管理的全部。如果只把注意力集中在绩效考核上，必然要偏离实施绩效管理的初衷，导致绩效管理的目标迷失，起不到改善员工绩效的作用。这样的操作依然解决不了职责不清、绩效低下、管理混乱的局面，甚至会让局面越来越糟糕。表4-3展示了绩效考核与绩效管理的主要区别。

表4-3　绩效管理与传统意义上绩效考评的区别

区分维度	绩效管理	绩效考评
形式	计划式	判断式
方式	过程	评价表
目的	问题解决	错误找寻
结果	双赢	得与失
评价依据	结果与行为	结果
地位	管理程序	人力资源程序
实现手段	推动性	威胁性
关注点	关注未来绩效	关注过往绩效

---

① 刘江鸿.浅析联想集团绩效考核体系［J］.中国集体经济，2011（28）：78-79.

2. 没有保持与企业战略的一致性

由于绩效管理机制的激励性和导向性，绩效管理必须保持与企业战略的一致性，必须有助于企业战略的实现。换句话说，战略一致性是考察企业绩效管理机制有效性的重要标准之一。但是许多企业在建立考评机制时，不能正确处理其与企业战略的关系。要解决这方面的问题，领导者必须科学认识绩效管理与企业战略的关系，并将绩效管理机制的建立纳入企业战略管理的范畴内。

3. 绩效管理未常态化

部分企业只有在绩效低下的时候才会采取绩效管理，这就忽视了绩效管理的预见性意义。实际上，绩效管理应该作为企业的常态在日常生产经营中贯彻，才能够动态监测影响企业绩效的因素，识别潜在的危机诱因，增强应对绩效下滑风险的能力，同时通过发现利好因素，使企业绩效管理更加趋向全面与完善。

4. 缺乏对具体职位的科学分析

各个职位是实现部门绩效，进而实现企业效益的组成单元。企业的宗旨和目标细分成各个工作单元的目标，而各个工作单元的目标就决定了职位描述。职位描述是绩效评估的基础和判断标准。大多数企业现有的绩效评估系统对工作职位的分类不科学，岗位职责模糊，岗位目标难以确定，导致无法进行科学的考评。岗位与岗位之间忙闲不均，员工的工作绩效缺乏可比性，评价结果不能反映出员工的实际表现。

5. 缺乏整体的考评体系

从整体上来看，目前我国企业绩效管理缺乏整体性和目的性，考评者个人主观意识占较大比例。考评方法缺少科学性，而且定性考核多，定量考核少。有些企业虽然制定了一些客观量化指标，但往往在执行过程中就变成了行政权力的附庸，难以发挥客观评价的作用，或者由于标准本身不规范、不科学，无法达到预期的考评目标。此外，考评体系日常考评量化不够，仅仅依靠年终考评，缺乏平时量化考评的资料积累，难以实现考评的全面性、客观性与科学性。

6.考评项目设置不科学

选择和确定什么样的绩效指标是考评中一个非常重要却比较难以解决的问题。比如，我国大多数企业对员工进行"德、能、勤、绩"四个方面的考评，但实际上这四个方面的每一个项目都是许多因素的综合反映，如"德"就包括思想道德、职业道德、敬业爱岗及廉洁自律等方面。如果仅是笼统地对"德"进行考评，就很难做到准确和全面。同时思想道德、工作能力和工作态度等项目会随着外部环境和形势的变化而有不同的要求，很难量化出具体数值进行考评。

7.缺乏公开性反馈机制

考评反馈的目的不仅仅是让被考评者知道考评结果，更重要的是要和被考评者一起，通过双方的沟通，找出存在的问题，并共同讨论、研究制定出改进方案，提高工作绩效。目前我国企业的绩效管理体系中尚缺乏有效的反馈机制，只有根据评价结果的反馈，员工才知道如何在今后的工作中改善些什么。在大多数企业进行绩效管理考评后，管理人员没有就考评结果与员工进行沟通，导致员工不知道自己业绩的好坏，也无从改进绩效，绩效管理也就没有起到其应有的激励和改进作用。

（二）绩效管理危机产生原因及分析

企业绩效管理为什么会存在上述危机呢？究其原因，有诸如文化、体制、观念及管理水平等多方面的原因，但大多离不开下述的因素。

1.外部环境因素

绩效管理的环境受到政治、经济、文化和技术等多种因素的影响。尽管随着改革开放的深入，我们引进了大量现代管理理论与经验，但现行的绩效管理制度是基于西方个体本位文化假设而形成的，目前我国绩效管理正处于初步探索阶段，还没有建立起结合中国员工的本位价值观及文化心理的制度创新的考评体系。一些先进制度虽然建立，而传统的思维定式并没有从根本上消除，使制度执行得不伦不类，甚至使增加的管理成本远远高于带来的效益，得不偿失。

2.内部组织因素

影响企业绩效管理的内部组织因素有多个方面，这里主要讨论企业文化、管理者和员工三个方面。

（1）企业文化方面

企业文化作为企业全体员工长期共同行为的结果，是整个社会文化的一个有机组成部分，是人力资源管理理念的整合和升华，决定着企业人力资源管理制度的发展方向。企业文化的核心是企业成员的思想观念，它决定着企业成员的思维方式和行为方式。企业文化用共同的价值观和共同的信念使整个企业上下团结，把企业员工引导到确定的目标上去，使员工在潜移默化中自然融合到群体中去。企业要使绩效评价体系得到顺利实施和有效运行，必须建立一种绩效导向的文化氛围，倡导一种真正以绩效为导向的岗位安排、工资报酬、晋升及培训等的绩效文化，使员工明白管理者真正需要的、重视的以及奖励的是什么。

（2）管理者方面

中国人自古就有"息事宁人""退一步海阔天空"的以不得罪人为上策的文化积淀，大多数管理者都不愿意"做恶人"，因此如果存在一些绩效方面出现了问题的员工，这类管理者往往不是第一时间进行沟通来处理问题，而是设法延缓评估工作，希望借拖延来使问题自行消失或解决。对问题员工而言，延缓考评似乎等于认可其偏差的表现，导致其难以意识到问题所在，反而助长其得意洋洋的心态，更诱导他人模仿这类员工的行为。有些管理者还过分担心劣等评定对员工造成负面影响，害怕打击员工工作信心和士气。在管理者如此不客观、不直接的心态下，所做的考评必定是含糊混淆，无法对员工造成正面、有效的引导作用。

（3）员工方面

就员工本身而言，他们多数认为绩效管理过程不够周密，评价体系不够细致全面，往往自己最好的一面难有机会以常态呈现给管理者。因此，他们常认为中等评价如"普通"或"良好"等，只不过是主观应付了事、令人泄气的评语罢了，自己的价值没有太多机会实现。根据马斯洛的需要层次理论，人的最高层次的需要是自我实现的需要。如果员工看不到在企业内部有提高和发展的机会，根本谈不上自我实现，工作就会缺乏积极性。

3. 绩效管理自身的局限性

我们普遍认为绩效管理的范围越全面越好，越充分越好。然而，人们处理信息的能力是有限的，要求任何一个考评者去把握被考评者的全部特征和形成过程都是不可能的。作为管理者或考评者，尤其是那些流动性较大的企业或部门，能直接与被考评者在一起接触的时间非常有限。在这种情况下，考评者要想根据有限的观察做出全面准确的评判显然是十分困难的。

4. 绩效考核的理念存在问题

绩效管理实施者和参与者由于理念上的偏差而出现背离，以至于产生一系列的误区。例如，单纯将绩效考核视为发奖金或罚款，而不实施绩效沟通等引导性工作，面对绩效考核的问题和困难未能持续改进；考核手段单一化，将所有员工纳入同一套考核体系或方法，忽视了职位性质的差异，得到的结果必然不能让人信服。考核方法生搬硬套或考核方法错误，有些企业机械地将平衡计分卡视为一种工具，而非一种灵活的方法；有些企业把绩效考核当作一项多余的工作或者分外的工作，绩效考核缺乏领导的支持；有的部门搞"轮流坐庄"，导致考核完全流于形式等。

三、企业应对绩效管理危机的对策

基于上述分析，为了提高绩效管理水平与效果，尽量避免绩效管理危机的出现妨害企业的发展，企业在绩效管理的过程中，应该有针对性地制定相应的对策。

（一）建立有效的绩效管理过程

企业绩效管理的过程可以被看作是一个循环过程，如图4-6所示。这个循环过程的周期通常分为四个步骤，即绩效计划、绩效辅导、绩效评估与绩效反馈。

```
┌─────────────────────────┐
│   组织目标分解为工作单元职责   │
└─────────────────────────┘
              │
    ┌─────────────────────┐
    │      绩效计划          │
    │  确定绩效目标、发展      │
    │   目标和任务计划        │
    └─────────────────────┘

┌──────────────┐      ┌──────────────┐
│   绩效反馈     │      │   绩效沟通     │
│ 绩效期间结束后  │      │ 观察、记录、总结、│
│ 讨论与评估绩效结果│      │ 反馈、指导     │
└──────────────┘      └──────────────┘

        ┌─────────────────────┐
        │      绩效评估          │
        │  绩效期间结束时评估     │
        │    员工绩效           │
        └─────────────────────┘
                  │
        ┌─────────────────────┐
        │     评估结果使用        │
        │ 员工发展计划、培训、薪酬  │
        │ 调整、福利奖金、人事安排  │
        └─────────────────────┘
```

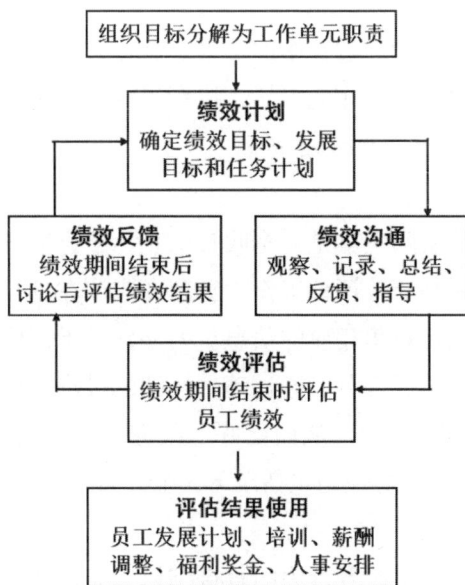

图4-6 绩效管理系统流程图

1.绩效计划

绩效计划是由管理者与员工根据既定的绩效标准共同制定并修正绩效目标以及实现目标的步骤的过程。绩效标准是针对特定的职务工作而言，而绩效目标则是在绩效标准的基础之上，考虑员工现有的绩效水平，它体现了管理者对员工的具体要求。简单说来，绩效计划包含两方面的内容：做什么和如何做。另外，由于计划绩效涉及如何控制实现预期绩效的整个过程方面的问题，员工的直接上级和员工本人都必须参与到计划绩效的过程中，因此计划绩效需要人力资源管理、专业人员的直接上级和员工本人共同承担。

2.绩效沟通

通常把绩效管理中的沟通环节分成以下三个部分：

（1）计划沟通：在任务执行前，需要与员工沟通该考核期的工作任务以及评价标准。

（2）工作执行过程中的指导和监督，这一环节是需要及时沟通和反馈的。

（3）考核期结束后，需要进行绩效结果的面谈沟通，帮助员工改善业绩，制定发展计划。

　　这三个环节是绩效管理过程中的关键。企业管理人员一定要在工作计划和任务分配时加强对员工工作的指导，以利于在工作过程之中，灵活地选择反馈方式，促进员工工作的顺利推进。

　　3.绩效评价

　　绩效评价的过程实际上就是一个收集信息、整合信息和做出判断并给予反馈的过程。为了做好绩效评价工作，管理者应该在日常的工作中注意对员工行为的观察，主动地收集相应的信息。另外，对于评价结果的反馈也是绩效评价过程中的重要组成部分。通过绩效反馈的过程，评价者能够帮助被评价者了解自身的优点和错误，从而更好地改进绩效，达到绩效管理的目的。一般说来，绩效评价的内容应当包括以下几个方面：

　　（1）业绩评价

　　所谓业绩，就是员工职务行为的直接结果。业绩评价就是对员工职务行为的直接结果进行评价的过程。这个评价的过程不仅要说明各级员工的工作完成情况，更重要的是通过这些评价指导员工有计划地改进工作，以达到企业发展的要求。

　　（2）能力评价

　　能力评价包括四部分，即常识、专业知识和相关的专业知识的评价；技能、技巧或技术的评价；工作经验的评价；体力的评价。

　　（3）潜力评价

　　潜力评价就是通过各种手段了解员工的潜力，从而找出阻碍员工发挥潜力的原因，更好地将员工的潜力发挥出来，将潜力转化为现实的工作能力。通过潜力评价，我们可以为工作轮换、升迁等各种人事决策提供依据。

　　（4）态度评价

　　工作态度是工作能力向工作业绩转换过程中的干涉变量，尽管好的工作态度并不能确保发挥员工的全部工作能力。但是，通过对工作态度的评价引导员工改善工作态度，仍是促进员工达成绩效目标的重要手段。

　　（二）确定各部门与员工的绩效目标

　　企业的目标是根据公司的规划、当前公司的竞争优劣势、外部环境以及业务经营状况来确定的。因此，在建立绩效考评指标体系之前，必须首先结合企业的战略目标确定企业的绩效目标，然后按照压力逐级传递的指标分解方法进行层层分解，将指标纵横向分解为相关部门以及员工个人的目标。管理者根据每个员工的目标完成情况进行考评，最终使目标分解和绩效考评都能落到实处。在将企业绩效目标分解为部门与员工的目标的过程中，应始终贯穿"以人为本"的原则，建立 P（计划）D（执行）C（检查）A（处理）的循环式。这样，就建立起以员工为中心、人人参与的目标管理制度，企业的管理就会始终处于不断改进和提高的良性循环之中，从而使企业管理不断进步，企业不断发展壮大。

（三）进行部门与员工的工作分析

工作分析是确定完成各项工作所需技能、责任和知识的系统过程，是绩效目标和绩效指标的来源。任何一个企业只有先进行工作分析，才能确立各项工作的目标，才能根据目标进行绩效的分析与考核。工作分析是一个系统的分析评价过程。其主要程序可分为五个阶段：准备阶段、信息获取阶段、分析阶段、结果表达阶段、编撰职务说明书。

1. 准备阶段

准备阶段主要是解决"为什么进行工作分析"和"怎样进行工作分析"两个方面的问题。在这个阶段需要明确工作分析的范围，选择工作分析的方法，为启动阶段做好准备。

2. 信息获取阶段

信息获取阶段又被称为调查阶段，或称资料收集阶段，是一个收集信息的过程。这一阶段的任务是全面地调查工作过程、作业环境、工作性质、难易程度、责任、人员条件等内容。分析人员应该通知被调查的员工，消除被调查员工的疑虑。要观察现场，开班组座谈会，采访工人和管理人员，利用问卷调查法和功能分析法等收集与工作有关的信息。这种调查的分析一般集中在工作和人员两方面。

3. 分析阶段

分析阶段是把上一阶段所收集到的信息进行分析、整理，使之成为可供使用的条文。信息分析的项目取决于职务分析的目的。这一阶段主要包括工作名称分析、工作规范分析、工作环境分析、任职资格分析。

4.结果表达阶段

结果表达阶段的任务是把分析结果用文字形式表达出来，形成一系列的书面材料，并以之作为编写职务说明书的依据。

在获取了所需要的信息资料以后，首先应该对其进行分类和筛选。然后就可以用来起草职务说明和职务要求细则。起草工作一般由人力资源管理部门负责，在完成第一稿后，应该分发给有关的经理和员工进行审阅。根据审阅意见，再进行必要的修改，直到形成最终的职务说明和职务要求细则。

5.编撰职务说明书

职务说明书明确划分了企业员工的权利和职责，是员工参与企业活动的主要依据，它不但可以帮助任职人员了解其工作，明确其责任范围，还可为管理者的决策提供参考，所以在企业管理中的作用非常重要。在一般情况下，编写职务说明书主要包括如下三大部分的内容：

（1）工作识别项目：此项由工作的名称、工作编号、工作性质、工作等级、工资等级、工作所属部门，以及直接主管的岗位名称等构成。它扼要表达工作的重要特征和地位，为岗位分类提供依据。

（2）工作概要：此项由工作的内容、任务、职责权限、工作的执行标准、工作关系等内容构成。它描述了工作的基本职能。

（3）工作的环境条件：此项由工作的物理环境、心理环境、安全状况、职业危害性等内容构成，它说明工作的外部环境特征。

（四）合理选择绩效考核方法

企业员工依据工作性质和内容的不同，可分为专业技术人员、行政管理人员、销售业务人员及操作工等类别。不同的类别应该采用不同的绩效考核方法，根据实际情况合理选择考核方法是绩效管理成败的关键。例如，对一些辅助部门如财务部、综合部和人力资源部等，宜采用定性的 360° 考核法；在考核内部客户满意度时，也可以采用类似的方法。360° 打分的用意在于从多维度来考核员工绩效，包括员工本人、上下级、同事之间以及终端客户的打分，最重要的还是要清晰地界定打分的内容，使其能够真正反映该岗位对客户的增值点，使打分更具有针对性。再比如，对销售人员的考核可采用关键绩效指标法（Key Performance Indicator，KPI），它的优点是简单，可以选择销售额、利润率或市场份额等指标，对于规模较小、经营模式单一、业务单元不重叠的企业来说，易于操作。

（五）有效实施绩效沟通

绩效沟通是指绩效考核组织者、考核者、被考核者之间就绩效计划、目标、实施过程及考核结果所进行的积极交流。这个环节是整个绩效管理的轴心，可以使组织战略转化为部门和员工个人的绩效目标，同时可以使考核结果对员工行为产生积极影响，进而实现绩效提升。绩效计划沟通主要是指在绩效管理实施前的培训过程、绩效指标体系的建立以及目标值的确定过程的沟通。建议采用混合式的沟通，因为目标值的确定是一个双向过程，目标不能定得太高或太低，太高没有激励，太低没有实施价值，这就需要考核者与被考核者之间进行充分的沟通。通过沟通，使被考核者知道自己的考核指标和目标，便于他们完成目标。绩效结果沟通主要是指绩效结果的应用以及绩效反馈的沟通，这个沟通过程是绩效沟通的重点，因为绩效考核的最终目的是使公司和员工的业绩不断循环地改进和提高。绩效结果的沟通是为了使员工明白要对自己过去的行为和结果负责，引导员工正确地思维和做事。绩效反馈的沟通也非常重要，反馈的手段就是沟通，通过沟通帮助员工查找产生良好绩效和不良绩效的原因，并制定提升和改进的措施和方法。

第四节 企业人才流失的危机及对策

一、人才流失危机对企业的影响及分析

人力资源的合理流动是企业吐故纳新的常规举措，但非企业意愿的或者过于频繁的人才流失对于企业发展而言却是致命的"危机群"。概括而言，人

才流失对企业主要有以下不利影响：

1. 人力成本

西方著名的人力资源会计研究者弗莱姆霍尔茨在1985年提出了一种粗略测算人才流失成本的模型，他称之为人力资源初始成本——更替成本测量模型。他认为，人才流失对企业人力成本的增加表现为两类成本：初始成本和更替成本。人力资源的初始成本包括两个方面：一种是获得人才的成本，主要是招聘、录用、安置等直接成本，加上晋升或内部提拔等的间接成本；另一种是培训成本。主要包括人才接受适应培训及正式培训的直接成本，加上由于培训损失的生产率所造成的间接成本。以上两项构成了企业初始人力资源的成本。人才流失所带来的更替成本包括：流出者的离职成本以及获得新的替代者的初始成本两部分。离职成本主要是指企业支付的离职费用、流失前的效率损失以及寻找到新员工前职位空缺的成本。这样企业一个人才流失的费用就相当于他的离职成本加上两倍的初始人力成本。同时，如果企业频繁地被新旧员工的事务所烦扰，不断地在员工适应期前后周旋的话，不仅降低了员工的生产效率，而且难以发挥熟练员工的额外价值，企业还要为不高的劳动成果支付较高的薪酬而遭受成本损失。

2. 工作绩效

这种影响主要表现在三个方面，第一，人员在流动之前已经心不在焉，无法专注工作，给企业带来效率损失；第二，职位空缺到新员工充分胜任工作存在空档期，也会造成效率损失；第三，由于流出者和流入者之间存在人力资本的差异，高质量的人才流失导致的这种差异对企业工作绩效的影响将是长期的。在此影响下，企业对人力资本的投资的积极性很容易受到打击，导致企业限制对人力资本的投资，这很显然不利于企业的长远发展。

3. 管理能力

如果流失员工是企业高管人员，其流失对于企业的影响将具有战略性破坏作用。他们在跳槽的同时还可能会带走一批核心员工，形成连锁性的人力资源危机，严重阻碍着企业的发展。

4. 企业凝聚力

人才流失会对企业内部人际交流产生消极影响。尤其当流出者是企业正式组织或非正式组织中的核心人物时，不仅会损害工作团体的工作效率，而且会损害企业内部组织的一体化及企业的凝聚力。

5. 员工士气

很显然，人才流失对企业其他在岗人员的情绪及工作态度将产生消极影响。特别是当人们看到流失的人员得到了更好的发展机遇或获得了更多的收益时，在岗的人员就会人心思动，工作积极性会受到影响。因为流出者向其他的员工提示了还有其他的选择机会存在，从而很可能刺激更多的人员流失。即使其他的人员暂时没有流动，流失者对企业员工士气的损害也是非常明显的。

6. 企业发展战略

关键人才的流出，不但会造成人力成本损失，而且还会迫使企业推迟或取消既定的发展战略，从而使企业蒙受巨大损失。许多企业就是由于关键性的技术或管理人员的流失而取消原来的投资项目或发展规划等。这对企业产生的损失将是长远的，有时甚至是毁灭性的。

7. 客户关系资产

人才流失还带来潜在的市场损失，尤其是那些依靠私人关系维系的客户资源。在产品供需经济结构背后隐藏的是看不见的人际关系网络，级别越高的员工所牵引的客户资源越丰厚，伴随人才流失所引发的客户资源流失更加令企业忧虑。

8. 企业竞争力

高质量人才储备是企业在激烈的市场竞争中占据一席之地的有力武器，关键人才的流失会削弱企业在市场上的竞争力。对部分企业来说，关键人才的流失还存在着更大的隐患，这就是对企业运营能力的破坏，最直接的表现是核心技术和商业机密的外泄。而部分流失员工甚至还采取制造业务交接障碍、破坏信息数据库等行为，严重者直接使企业机能崩溃和瘫痪。

总之，企业人才流失所带来的危机具有从战略层面到运营层面的持续性、连锁性和延展性等特征，处理不当将会直接危及企业的生存与发展。

二、人才流失的原因及分析

通过以上的分析，我们已经了解了企业人才流失危机对企业多方面的影响，这也就意味着，探究背后的原因是十分必要且紧迫的。图4-7显示了影响企业员工流失的最重要的几个因素。

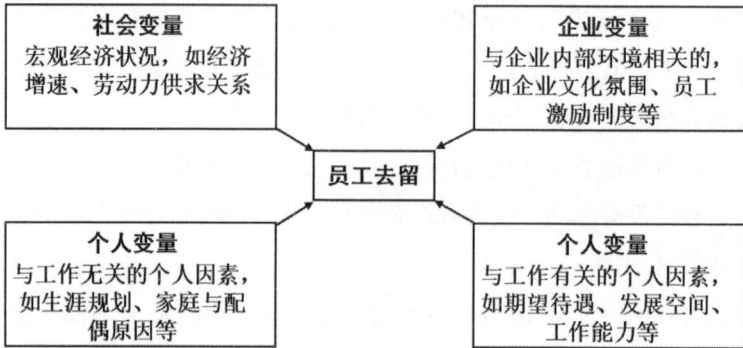

```
┌─────────────────────┐          ┌─────────────────────┐
│  社会变量            │          │  企业变量            │
│  宏观经济状况，如经济 │          │  与企业内部环境相关的，│
│  增速、劳动力供求关系 │          │  如企业文化氛围、员工  │
│                     │          │  激励制度等           │
└─────────────────────┘          └─────────────────────┘
            ↘         ┌──────────┐        ↙
                      │ 员工去留  │
            ↗         └──────────┘        ↖
┌─────────────────────┐          ┌─────────────────────┐
│  个人变量            │          │  个人变量            │
│  与工作无关的个人因素，│          │  与工作有关的个人因素，│
│  如生涯规划、家庭与配  │          │  如期望待遇、发展空间、│
│  偶原因等            │          │  工作能力等           │
└─────────────────────┘          └─────────────────────┘
```

图4-7　员工流失影响因素图

1. 社会变量

（1）经济发展水平

员工流失与经济发展水平是密切相关的。在不同的经济发展时期，员工的流失率及其流失形式都会有所不同。在工业化前期，由于生产方式落后，企业规模较小，加之交通信息产业的落后，员工的整体流动性偏低，此时员工的被动流失往往高于主动流失。随着工业化进一步深入，企业兼并加速，企业规模的进一步调整与扩大，以结构性变革为特征的被动流失成为主流。由于市场体系的不断完善，以及通信信息等第三产业的发展，主动性员工流失逐渐占有重要的地位。从宏观水平来看，经济发展水平与员工主动流失率呈正相关关系，与因员工行为过失而被企业辞退的被动型流失呈负相关关系，与因企业结构性或技术性调整而产生的被迫型流失呈正相关关系。

（2）劳动力供求关系

据统计，员工主动型流失率与失业率呈负相关关系。随着失业率的上升，员工主动辞职的数目减少，反之亦然。这是因为当失业率高时，劳动力市场倾向于成为买方市场，劳动力供大于求，对于主动型流失者来说其进入劳动力市场获得新职位的机会就少。因此，本来有流失意向的员工也会因为惧怕找不到工作而放弃流动的打算。

（3）职业声望

职业声望是社会成员对职业活动的社会及经济地位的主观评价。由于职业的各种要素均会影响社会成员对于职业地位的主观感觉，因此这种评价是社会成员对于职业地位的一种综合的判断。一般来讲，职业声望越高的企业，越能吸引人们选择，也越能吸引其他职业的就业者向这些职业流动。

（4）社会保障制度

员工做流动决策时，必然受其所在国家的社会保障制度的影响和制约。一国社会保障的社会化程度越高、保障体系越完善，雇员流动时顾虑越少。相反，如果一个国家社会保障制度不健全，雇员流动会越高。上述情况可能导致某些拥有较高社会保障或福利的企业拥有较低的雇员流失率，而社会保障和福利程度低的企业则拥有较高的流失率。不过随着各国职工诉求得到进一步关注与落实，国家社会保障体系的逐步规范，这方面对员工流失的影响将会逐步缩小。

2. 企业变量的影响因素

（1）工资和福利水平

通常，决定员工离开企业的所有影响因素中，最重要的因素是相对工资水平，员工流失与企业的工资水平有很密切的关系。在低收入的行业里，员工的流失率最高。此外，从对行业之间员工辞职的变化情况的分析中，工资的稳定增长对于企业稳定员工来讲具有很重要的意义，因为大多数辞职者是为了谋到比原来更高的薪水而寻找新工作的。

（2）职业技术水平

一般来讲，流失率与技术等级成反比。技术水平越高，流动率越低。因此，管理人员和专业人员的流动性比非熟练工人的流动性小得多。尽管专业技术和管理人员的总流失率低于体力劳动者，但是在企业内部，技术等级越高，专业人员的流动率尤其是跨地区的流动率更高一些。这是因为由于专业化的分工越来越细，高技术人才很难在一个地方找到合适的职位。另外，他们也能够承担长距离流动所需要的费用开支。

（3）企业规模

理论上讲，企业规模越大，往往伴随着较低的员工流失率。因为，规模较大的企业，内部的流动机会较多。其次，规模较大的企业中人事甄选及人事管理的程序非常复杂，不利于员工的流失。再者，企业规模大，企业内部福利制度也会相对完善。另外，"大厂"员工还可能会出于心理优越感而不愿离开。然而，实际情况并非总是这样，规模大的企业仍旧可能出现较高的员工流失率，这最终取决于具体的企业管理水平和管理状况。在规模较大的企业中，由于缺乏员工相互交流的机会，企业员工间缺乏凝聚力及官僚主义等也会造成员工的高流失率。

（4）企业文化

每个企业都有一种属于自己的文化，尤其是在当今，具有独特魅力的企业文化经常被视为吸引和留住员工的决定性因素。随着策略和组织结构的变化，企业文化将成为越来越关键的内部环境因素。企业文化像一只看不见的手，无时不在，无处不影响和改变着企业的每一位员工。企业文化通过反映企业的价值观，营造良好的人际关系，形成企业的凝聚力，从而影响着企业员工的流失率。

3.个人变量

由于员工个体的千差万别，影响他们辞职的个体因素也有很多，如年龄、性别、教育程度、个性特征、职业生涯预期、家庭和生活方式等方面，都会对员工的流动产生不同的影响，而且对于不同的个体这些变量的影响程度也不尽相同。企业应在招聘时关注求职者以往的跳槽频率、上一次离职的理由等，这样做可以最大程度减少个人因素对企业离职率的影响。

三、企业化解人才流失危机的对策

（一）从多角度着手留住人才

1.薪酬政策留人

一个企业，要想得到自己需要的高素质人才，并使他们稳定地留下来为企业所用，就必须为人才提供有竞争力的薪酬。如果企业提供的薪酬过低，则必然会在人才争夺战中处于不利地位，现有的员工也有可能在其他企业高额的薪水诱惑下另谋高就。要想制定让每一位员工都满意的薪酬制度，企业经营者除了要有前瞻性的薪酬策略、有关心企业员工的诚心外，还应该有更科学、更适合本地环境的薪酬体系和原则。一般来讲，薪酬设计应遵循以下原则：

（1）公平原则

根据员工对企业做出贡献的大小给予相应的薪酬时，要确保公平的原则，尤其要关注"相对公平"的概念。同时，企业的薪酬水准要与当地经济水平相呼应，并且与同行业同类型职位的薪酬水准差距也不能太大。

（2）激励原则

激励原则就是企业不能单纯依靠基本工资的形式激励员工，应该发展多样化的薪酬激励体系，除了包含基本工资、奖金的直接激励，还应发展股权激励，关注员工福利，建立健全的保险机制，以及合理化休假制度等多方面的"隐性"薪资激励方式。

（3）共享原则

共享原则就是企业与员工的互利双赢。企业在发展过程中离不开员工的奉献，当企业发展以后，应当对员工进行适当回报，比如股利分红、提高年终奖等形式，与员工共享企业发展带来的财富。

2.多样化激励留人

统计结果显示，企业对有效的外部招聘和激励性薪酬体系的重视程度最高，可以说明目前薪酬激励的方法在企业中的运用已相对成熟。然而单一的激励形式并不能完全阻断人才流失危机隐患，因为不管危机征兆是否真的发生，只要感知到期望落差，对行为的负面影响就会产生。针对求职者的求职期望，根据企业的发展需要，我们在综合这些基础维度之后，提出了基于员工期望的五大激励模式，即价值激励、文化激励、成就激励、多元化职业激励和情感激励。

（1）价值激励

即传统的薪酬制度激励。这是最主要的激励方式，因为人才求职的最重要的考量是薪资，要给员工建立与个人期望相匹配的薪资制度。

（2）成就激励

即关注工作带给员工的个人成就感方面，如所从事的职务是否与自己的专长相匹配、所设定的职务目标是否合适，能够让员工有前进的动力，并且能拥有成就感。

（3）多元化职业激励

即当前的职业是否能够给员工提供更广阔的发展空间，包括但不限于现有职业自身的成长性、企业提供的职业技能培训与提升计划等。

（4）文化激励

即在企业文化建设中，要将企业文化与沟通、组织提供的支持、良好的工作氛围与员工的期望相匹配。企业文化具有有效激励员工锐意进取、重视职业道德、改善人际关系以及培养企业精神的巨大作用。

（5）情感激励

情感激励是对员工深层次的一种激励。企业需要考虑到员工家庭与工作之间的平衡，在关注家庭方面给予员工足够的金钱与时间等方面的激励；同时还需要给员工建立起足够的组织信任，让员工把企业当成自己足够信赖的温馨家园。

3. 人力开发留人

企业能否赢得人才忠诚的关键因素在于能否为人才创造机会，使他们获得一个充满成就感和自我实现感的职业生涯。如果这些人才能改变现状，实现自身价值，且具有广阔的发展空间，自然会留下来。企业应该将企业的战略规划、人力资源规划和员工的职业生涯发展计划结合起来，对员工进行职业生涯管理，针对企业员工各自的才能与个性定制培养计划，以适应各个工作岗位的需求，帮助人才充分发挥自己的潜能，达到应有的职业生涯高峰。为此，企业应科学地做好以下职业管理工作。

（1）为员工提供职业咨询

企业应该把人才的职业咨询作为人力资源工作的重点，帮助咨询者掌握职业生涯设计和管理知识，加强职业生涯的意识，并帮助他们学会分析自己的特性、兴趣、优缺点和职业发展的需要。同时，企业还应该提供相关的内外部的职业选择及潜在的职业通路，从而帮助咨询者较好地克服职业生涯中遇到的各种障碍，摆脱困境，获得更大的发展空间。

（2）帮助员工规划职业生涯

职业生涯成长之路实际上包括一个个职业阶梯，人们一步步地向高处攀登。因此，企业可以按照职业生涯成长之路来安排员工的工作变动，从而培训与发展员工担任各级职务和从事不同职业的广泛能力。培训在员工职业生涯规划中发挥着很大的作用，它是比物质投资更重要的人力资本投资，是员工发展的必要途径，也是企业凝聚力的源泉。通过培训，能够为员工提供新的知识、信息、技能，增长员工的才干和敬业创新精神。

（3）帮助员工明确其真正的发展目的

企业管理者与人才共同讨论确认生涯发展路径，完成生涯发展时间表，这对于整个职业生涯的设计与管理能否成功至关重要。所以管理者应该让员工充分了解到，由于一个职位的候选人总是比实际需要的人数要多，所以候选人不要认为年资一到就能自动升迁，而是应该努力发展个人能力等待晋升机会。此外，还应该让员工了解到，生涯发展的重点不在于晋升或维持原职，而在于目前业绩及个人工作技能发展。

（4）帮助员工确定发展方向

个人发展方向主要有转向、缩减、整合、多样化、成长和结合性等六种。转向，既减少现职务，逐渐转向其他不同的业务领域；缩减，即在现职中减少部分业务与责任；整合，即转移至相关的专业领域并与现职相近的业务；多样化，即除现职外兼任其他任务；成长，即在现职中发展，学习更深的专业并承担更多的责任；结合性，即同时适用于两个或两个以上职位的策略。

4.真情关怀留人

（1）尊重是关心的基础

尊重员工是企业管理政策的立足之本，也是关心员工的基础。尊重员工首先是尊重员工的言行，管理者应该最大限度地与员工进行平等的沟通，拓宽员工畅所欲言的渠道。尊重员工还表现在尊重员工的价值观，公司的员工来自不同的环境，有着各自的背景，所以每个人的价值观也会不尽相同。只有尊重员工的价值观，才有可能让他们融入公司的管理理念和企业文化中去。

（2）真心关怀和帮助

企业重视人文关怀氛围的建设，就可以在员工与企业之间建立起情感维系的纽带。管理者要努力把企业办成一个"大家庭"，为员工谋福利，关照员工的身心健康，关注员工的升迁、婚育等人生大事，为员工的困难提供力所能及的帮助，让员工真正感受到大家庭的温暖。

（3）维护员工的权利和利益

作为员工"保护人"的企业管理者，必须竭尽全力地维护员工的种种切身利益如经济利益、政治利益、文化利益、法律利益等，这也是许多员工最为关心的现实问题。当各方面的权益都得到了有效的保护，员工才会具有归属感与幸福感，才会更加愿意为企业贡献力量。

5. 企业文化留人

企业文化可以潜移默化地影响员工的工作态度与工作价值观，从而影响企业的绩效。所以企业的经营者应当建构一个具有吸引力和凝聚力的优秀企业文化以留住人才。所谓的优秀企业文化，是指能够适应环境变化、吸引优秀人才、创造竞争优势、促进企业茁壮成长的经营价值观、经营思想观和企业策略，它对于企业发挥着引导、约束、激励、辐射和整合的作用。企业文化是全体员工认同的共同的价值观，具有较强的凝聚功能，对稳定员工队伍起着重要的作用。

企业文化所追求的目标是个人对集体的认同，希望在员工和企业之间，建立起一种互动相依的关系，最终使员工依恋并热爱自己的企业。但企业文化不是一蹴而就的，它需要引导、灌输、示范和融入制度里，继而融入员工的思维和行动中。这一工作虽然艰难，但要自觉地去做，就一定会有成果。出色的企业文化所营造的人文环境，对员工的吸引力是其他吸引力所无法比拟的。优秀的企业文化大致可以归纳为以下几种：

（1）追求高尚，讲求真诚

高尚的企业文化即具有高尚操守的文化，它不仅注重社会价值，还注重公益事业。在帮助他人、造福民众的义举中，助人为乐者会得到情感上的升华和精神上的慰藉，获得心理上的满足。追求崇高的企业文化要讲求真诚，真诚是企业文化最高尚、最美好的品德之一。

（2）以人为本，感化人才

以人为本的企业文化具体体现在对人才的关心、重视、尊重和信任上。这种对于人才的关心和鼓励，使人才感到工作成绩得到承认，自身得到重视。例如在华为公司，关心人体现在领导者深入工作现场，进行现场管理、巡视管理，与普通员工进行面对面的非正式口头交流。领导重视教育人才，引导人才在生产、销售、服务等方面为企业多做贡献。

（3）包容万象，胸襟开阔

对于有个性、有能力的人才来说，讲究宽容的文化就显得格外重要。首先，要有宽容人才的能力。人才某些突破常规的个性，有时会让思维有定式、观念保守的人感到不习惯，但企业若是从包容、接纳与创新的角度看待，"和而不同"，就能与人才共同进步，并且为企业注入新思想；其次，要宽容人才的错误。创新必然有风险，会面临失误，如果企业不能宽容人才的失误，久而久之，人才也会被磨平了棱角，失去创造力与挑战未知的勇气。

（4）不断学习，与时俱进

20世纪末最成功的企业是学习型企业，它不仅会使企业竞争力强、具有活力，而且会使人才在学习过程中用新的知识武装自己，获得品质与技能的提高。随着知识经济的到来，企业形式开始由高度集中的金字塔式逐渐向扁平式发展，管理的核心将逐渐向有利于发挥人的主观能动性转变，这样员工会有一种成就感，增强对企业的忠诚度。

同时，随着时代的变化，企业文化的内涵也会有所改变，这要求企业具有自我否定的勇气、辨别是非的能力以及承受挫折与失败的心理准备。在原有企业文化的基础上，要不断推陈出新，随时代要求而变革与创新，才能适应多变的竞争环境。

（二）关注企业内外部劳动力市场

1.识别影响企业内部人力资源的要素

国外人力资源专家着重研究企业内部劳动力市场，并普遍认为"职业安全感""升迁机会""培训""习俗"和"薪酬"是人力资源管理最为基本的要素。①一般而言，薪酬是稳定人才的直接动因，它多以工资、福利、住房、交通、保险乃至于家属福利等多样化显性和隐性并存的形式存在，其综合均衡的价值是员工去留取舍的关键。在人才危急时刻，以薪酬为突破口也是取得竞争优势的杀手锏。但在基本的生活需求得到满足之后，员工需求层面的内容就转化为更深层次的价值诉求，要尊重、寻发展、求和谐等复杂的情感要求开始上升。创造"最优工作环境"，动态满足员工真实需求，进行"价值增值设计"是企业留住人才、用好人才的关键。②

2. 关注外部劳动力市场变化

对外部劳动力市场的研究集中于国家和大区域层面的社会经济发展状况，分析国民经济增长、居民收入水平与物价指数、城乡就业状况和劳动力流动规律、区域企业增长与投资规模等。借此跨国企业可以掌握我国及相关国家社会的用工特点与发展趋势，准确判断劳动力的精神物质需求特征及其对员工职业发展的影响，从而把握人力资源管理变化的关键。外部劳动力市场的变化主要是由竞争对手引起的，企业不但要面对现实竞争者，还要注意潜在竞争者，更要留心采取"破坏性技术"的新进入者。因而对竞争对手的分析也相当重要，对竞争对手的人力资源管理特点和创新要时时留意，避免危及企业生存与发展的危机发生。

（三）建立有效的人力资源约束机制

在人力资源管理实践中，我们经常可以看到一些企业的核心员工流失之后，往往会影响原有企业的正常经营，造成管理层队伍动荡，有时还会引起一些商业纠纷，分析其原因，除了企业人力资源管理自身的原因之外，缺乏有效的人力资源约束机制也是一个很重要的因素。人力资源约束机制的建立主要包含以下几个方面：

1. 道德约束

对企业员工来说，道德约束有两个方面：一是在受聘期间，要有对企业

---

① 赵曙明，沈群红. 论企业人力资源管理评估的功能与方法［J］. 生产力研究，1998（6）：109-113.

② 崔刚. 浅析企业人力资源薪酬激励机制的构建［J］. 化工管理，2017（34）：34.

的忠诚精神和团队精神，不能损害企业及同事的利益；二是在解聘后不能以任何方式损害原聘企业的利益，维护自身利益应通过合法手段进行。

2. 法律约束

人才在跳槽时，不仅可能把自己的客户关系带到竞争对手那里，还可能泄露商业秘密、核心技术等。为避免此类现象发生而给企业带来损失，可以与员工签订竞业禁止合同。其具体内容为：员工在单位工作期间不得到竞争对手的企业中兼职和任职；不得自行组建企业与原单位竞争；员工离开原单位一定期限内，未经原单位同意，不得从事同原单位业务有竞争性的业务，不得接受原单位竞争对手的聘用，不为原单位竞争对手提供咨询性服务，不聘用原单位其他员工为自己工作，也不唆使原单位任何其他员工接受外界聘用等。在人才聘用合同中，应明确双方的责、权、利，做到"有备无患"。在企业的规章制度中，也要明确企业内部商业秘密的范围、级别、种类、重要程度及其对外发布使用的权限等。

3. 市场约束

市场约束就是指要完善和规范人才的流动市场，使人才市场能在促进人才有效流动的同时，约束人才在流动中的非规范甚至非法行为。人才的流动是正常的和必要的，关键是要规范地流动。不能以"挖"走原聘企业重要员工，削弱其竞争力为手段，损害原聘企业；同时，企业聘用人才也应该符合行业规范。

4. 团体约束

团体约束主要针对职业经理人而言。职业经理人作为重要的社会阶层，要形成民间团体，形成自己的"行规"，从而形成行业自律。职业经理人应建立全国性的民间团体组织，通过自身的组织对职业经理人的行为形成有效的约束。其主要工作有：一是通过全国信息系统，为在职和未来的职业经理人建立档案，主要内容包括学历、受聘史、受聘业绩、受聘企业的发展等，为企业聘请经理人提供客观的信息；二是建立科学的资质测评系统，对经理人实行资质测评制度，使其级别与企业规模相适应，级别高，则可管理大企业，级别低，则只能管理小企业。通过经理人的资质测评，在我国的职业经理人队伍中建设一个公正、公平、公开的参照标准和价值认可制度，为选拔、激励、监督机制的形成提供客观标准，也可以综合反映经理人的经营管理能力、避免风险能力，形成对经理人的有效约束。

（四）组建高效的人才流失危机管理队伍

面对人才流失危机，企业的人力资源危机管理要立足于市场变化，主动采取措施将人才危机转化为人才机遇，不仅留住核心人才，而且通过危机过程的处理引进合宜的新鲜血液，使企业人力资源结构更加完善。人才流失危机管理主要应从组织层面做好以下三个方面的工作：

1. 拟定人才危机生存计划

人才危机生存计划必须反映出企业所有职能与人力资源管理的对应关系。计划并不能囊括所有的可能性，但它却是我们进行危机管理的基础。人才危机管理生存计划包括三个维度的分析：一是危机状态下员工的行为模式和心理特征；二是人才流失所引发的企业危机的要素和条件；三是要根据企业性质和危机管理理论建立本企业应急反应的具体行动纲要。通过以上分析，我们要掌握人才流失后本企业有可能继续损失的和可以动员的其他所有人力资源，要掌握竞争对手和本地区此时的劳动力配置情况，要保证相关管理人员信息沟通的顺畅。

2. 保证组织结构的弹性优化

首先要对现有危机管理人才进行区分，形成结构合理、配合一致的管理架构；其次，根据内外部人力资源供需变化趋势，确定企业人才危机管理的近、中、远景规划，相应地制定联动管理；最后，对管理人员进行专业化培养。我国企业人力资源管理部门大量的时间都被消耗在基础工作和行政事务上，很少考虑战略规划、管理模式和人才发展等前瞻性问题上，需要在今后的工作中予以完善。在明确职能的基础上，人力资源经理要面向危机管理人员进行"团队建设培训"，在某些学者眼中，应急计划再完美也不如建立起能够迅即反应的管理队伍。在人员结构与功能结构耦合的过程中，弹性是中心点，人们必须知道在危机中如何准确地彼此联通。实践表明，危机的突发性经常超越应急计划的范畴，此时真正起作用的是人员的弹性，为此根据人才流失的各种可能培养管理人员的弹性团队工作模式是十分必须的。

3.建设具有高标准能力与素质的管理人员基础

无论是日常制度管理，还是突发事件应对，针对人才流失问题的管理，企业必须相应地建立一支管理队伍，因此层次化、普适性、整体性的管理人员队伍的培养应当为企业所重视。人力资源部门应建立对企业内外部人才供需变化的整体认知，根据企业的发展制定人力资源发展规划，及时观察到社会经济发展对人力资源开发的新趋向、新要求，并借助人才流失的危机管理更好地服务业务部门和技术部门以解决实际问题。

第五章

企业信用危机管理

第一节　企业信用危机概述

一、企业信用危机的概念

（一）企业信用

"信用"一词的使用历史源远流长，现在已成为被经济社会广泛使用的词语，其具有多层次的丰富内涵。例如《辞海》（第七版）予以信用三层释义：其一，"信任使用"，如《左传·宣公十二年》中的"其君能下人，必能信用其民也"。其二，"遵守诺言，实践成约，从而取得别人对他的信任"。其三，"以偿还为条件的价值运动的特殊形式，多产生于货币借贷和商品交易的赊销或预付之中，其主要形式包括国家信用、银行信用、商业信用和消费信用"。

信用既可以表现为社会中主体与主体之间的信任关系，特别是对人们言语与行动的一致性、对事物预期和发展统一性的心理状态；在经济社会，也表现为一种社会认可与大众评价，这使得信用在一定程度上具有无形资产的价值特点。

在马克思的相关研究中，专门对信用做了全面的考察，特别是资本主义经济中信用所代表的特殊含义。例如，马克思在他的不朽著作《资本论》中就明确指出"信用，在它最简单的表现上，是一种适当或不适当的信任，它使一个人把一定的资本额，以货币形式或以估计为一定货币价值的商品形式，委托给另一个人，这个资本额到期一定要偿还"。由此可见，信用在以商品交换为基础的经济社会非常重要，它意味着兑现偿还资本承诺的信任关系，因此也是企业实现可持续健康发展的重要因素。

一般说来，企业进行的每一生产经营活动都是为了获得经济利益。但是，在现实生活中，实现利益最大化与遵守承诺可能是相悖的。而企业的生产经营过程，实际上是一个不断产生契约、践行承诺的信用行为过程。在购买生产资料、工人生产产品以及商品出售等各个环节，信用都发挥了重要作用，使得借贷等资金流转能够正常进行、工人能够按照契约进行生产、消费者也能安心选购产品。

由此看来，企业在生产经营过程中需要面对的一大基本问题是如何平衡经济理性与遵守信用。追求利益最大化很大程度上意味着企业在生产经营活动中可能会做出不符合社会价值要求的决策，这在短期内可能会给企业带来巨大的利益回报。但是经济社会中发生的各种例子也告诉我们，见利忘义、背信弃德的企业终将走向灭亡。

（二）企业信用危机

自改革开放40余年来，我国经济得到飞速发展，各类企业如雨后春笋般涌出，带来了市场的繁荣，促进了交换领域商品和货币的快速流通，使得人民物质生活水平得到很大提高。但同时也出现了令人触目惊心的企业失信违信行为，假冒伪劣产品在市场上鱼目混珠、企业违约不偿还贷款资金、不履行劳动合同、财务报表造假等失信行为屡屡发生。企业信用指的是企业在长期生产经营活动中形成的与客户群之间的互相信任关系，凭借这种信任基础，资金不足的企业能够在生产经营中赊账以获得所需要的产品或服务，或者向第三方借款以缓解流通环节资金紧张的状态。企业信用本质上是一种产权关系，企业对自身的资源状况清楚，在资源不足的情况下，以信用做担保，向资源充足的一方申请暂时性有偿借用。一般而言，在良好的信用关系中，企业对自身的资源状况有着明确清晰的权利边界，并在交易过程中彼此尊重约定好的权利边界。

但是如果到达约定的偿还时间，企业仍然无力支付，企业信用就会存在风险，这意味着企业打破了事先约定好的权利边界。企业与客户之间是存在天然信息差的，客户无法完全掌握企业的资源状况、偿还能力等信息，当企业利用与客户之间的信息不对称为自身谋取利益，同时使对方利益受损，造成客户对企业失去信心，就是企业信用危机。

企业信用危机会扰乱正常的市场秩序，使得企业与企业、企业与银行、企业与政府、企业与消费者之间始终处于一个不信任的高度紧张状态，无法保证市场经济的高效运行。一旦企业有多次失信行为发生，就可能会遭到生产材料供应商、银行、消费者等的消极抵制，甚至是司法部门的强制执行。如果企业对这种由信用引发的危机不进行及时的管理和控制，后果不堪设想。

（三）企业信用危机的表现

企业信用危机使得企业陷入连续性的多重困境中，通常有如下几个方面的表现：

1. 经营信用危机。在企业购买生产资料时，由于资金短缺，采用赊账等方式获取资料，但又无法按时支付货款。多发生于中小型企业，且企业之间互相拖欠的较常见。

2. 信贷信用危机。企业向银行贷款，签订正式合约并约定偿还时间及支付利息。但由于经营不善，盈利没有达到预期回报收益，无法按时偿还利息及本金，造成融资信用缺失。

3. 商品信用危机。企业出于追求利润最大化的考虑，违反有关政策及法律法规，偷工减料、以次充好或在商品中添加明确规定禁止的要素，不合格商品流入市场出售，导致公众对企业生产的产品失去信任。

4. 财务信用危机。为获得上市资格或者进行融资，企业财务数据作假，瞒报经营损失或夸大盈利收入，绕开审计部门的审查监管，一旦数据作假被发现，投资人就会对企业经营失去信任，导致大规模撤资。

5. 产业信用危机。当今社会，任何一个经济体都不是独立存在的个体，彼此之间具有千丝万缕的联系。当一个企业陷入信用危机时，其他关联企业也会受到影响，带来股价波动、公众偏好意愿降低、审查部门介入等后果，影响整个产业形象。

6. 组织信用危机。企业发生信用危机时，也会造成其内部员工人心涣散，凝聚力不足，无法专心工作，影响生产效率。中高级管理层变动明显，企业业务能力下降，组织管理压力变大，使得企业面临的危机状况雪上加霜。

（四）企业信用危机的生命周期描述

企业信用危机不是突如其来的，而是经过周期累积，从量变到质变后的结果。一般而言，企业信用危机包括危机酝酿、危机爆发、危机扩散和危机平复四个阶段。

1. 危机酝酿。此时企业的信用危机处于潜伏期，各种致危因素潜伏在平静的表面下不断增加，多种危险因素动态发展，表面看起来运营情况正常，但已经存在生产经营的隐患。

2. 危机爆发。此时致危因素已经积累到足够数量，从量变转向质变，企业无法履行承诺的契约，或者生产出质量不达标的商品，造成负面的社会舆论，如果企业没有及时有效地处理，就会威胁到企业的生存和发展。

3. 危机扩散。危机由一个企业扩散至其他关联企业，使得大众对同类企业产生怀疑，造成不同程度的危机。危机的峰值已经过去，向不同领域蔓延。这既是挑战也是机会，如果能把握好，其他关联企业则能将"危"转化为"机"。

4. 危机平复。企业经历风波，解决问题，恢复正常运营状态。经受住考验的企业转危为安，进入下一个生产流程。但是如果存在没被消灭干净的危险因素，则会使得危机进入新一轮的危机酝酿期。

二、企业信用危机的类型

随着经济全球化以及我国经济的迅猛发展，我国已成为世界经济的重要组成部分，不同类型和规模的企业也纷纷走出国门，在海外拓展商业领土。目前，我国是世界第一大贸易国，经济总量稳居世界第二。虽然我国的经济发展迅速，但与之相对应的商业信用体系却没有建立起来，导致对于企业信用行为的约束力较低，时常发生拖欠贷款、财务造假、生产假冒伪劣产品的行为，严重时甚至被退市清算。从企业参与生产的不同环节和领域来看，企业信用危机主要发生在商业领域、金融领域和消费领域。

（一）商业领域的信用危机

在商业活动中，企业与企业之间可能存在多笔超过约定期限而未偿还的债务，这种债务关系通常不仅发生在两个企业之间，而是形成一种连锁债务关系，俗称"三角债"。三角债的债务链条使得债款层层拖欠，严重影响资金的周转速度，进而降低企业的生产效率。特别是自新型冠状病毒疫情以来，经济整体呈下行趋势，债务链条中的一环断裂，就会使得危机迅速蔓延至其他企业，导致一家企业倒闭，就会连累其他多家企业。"三角债"带来的后果十分严重，由于层层拖欠，资金周转不足，经济效益好的企业由于缺少资金而难以进行再生产，本就未偿清债务的企业无法再从银行申请到贷款，造成"一个企业既不愿偿还它所欠下的贷款，也无法清偿自己的债务"的局面，陷入债务死结的无限循环中，扰乱经济社会运行的正常秩序。

商业领域中存在的信用危机还有合同违约。合同或契约作为产权制度的产物，原本是用来保护订立契约双方的合法权利，约定各自的权利边界以及应尽义务。但是信用缺失的企业可能会在签订合同时预留解释空间，没有对合同行为做出详细规定，使得欺诈行为有机可乘。例如在签订合同时承诺使用价格昂贵的原料，但在实际生产中用廉价的替代品以次充好。或者模糊边界权利规定，在进行合同所规定的生产活动过程中不履行应该承担的义务。例如声称某样产品货源紧张，利用对方的紧急需求心理签订高价合同，但以假乱真或者直接带着对方提前支付的货款跑路。除此之外，还有临时毁约、利用合同进行欺诈行为等。合同欺诈手段层出不穷，从工商部门查处公布的合同欺诈案件来看，主要手段如伪造印章、证明、票据等，或者无中生有，即企业无法提供某样产品却仍然签订合同，并且为了签订合同予以优惠承诺，骗取定金或贷款。

对一些中小企业来说，想要得到资金援助和快速发展，政府出台的扶持政策必不可少。但一些经营者打着诸如高科技、绿色环保等旗帜，骗取政府政策资源倾斜，实际经营活动与政策倡导背道而驰，更有甚者在拉到投资后就跑路。这不仅伤害了投资者的利益，也是对社会诚信道德的挑衅，而在企查查、天眼查等企业工商信息查询系统上存在一批相当数量的高风险、名存实亡的企业，是国民经济发展的绊脚石。

（二）金融领域的信用危机

金融领域的信用危机主要发生于企业与银行、证券市场之间。企业与银行之间的信用危机，直接表现为由于企业无法及时偿还银行巨额贷款，造成的银行对某一行业企业信用等级和信贷额度的下降，同时无法收回的巨额贷款也会给商业银行本身运营带来一定的风险。信贷资产是商业银行赖以生存的重要基础之一，但是失信企业通过借贷不还套取信用银行贷款，留下大量不良贷款，将成本和风险全部转移到信用银行身上。企业给银行传递的信用危机不仅仅是单个企业对单个银行的风险传递，而是通过债务链条链接后的企业群向银行传递的风险，从而带来银行资产区域性、集中性的危机。

证券市场是现代经济发展到一定程度的产物，它要求一套完备的信用制度作为支撑才能够有效运行。能够在证券市场交易的一般为上市公司，其资金来源包括广大股民，因此也需要接受大众监督。然而当前虽然我国证券市场交易规模巨大，失信行为却时常发生。总体来看，我国上市公司接受的信用监管十分有限，为了获得上市资格，造假财务状况、虚报收支总额，甚至进行内幕交易，对证券市场的信誉造成恶劣影响，也使得"中概股"在国际证券市场上的地位下降，股民对这类股票失去信任，波及证券市场的正常运行以及同类企业的发展。

（三）消费领域的信用危机

消费领域的信用危机主要发生于企业与消费者之间。消费者是市场的主要参与者之一，但往往因为不掌握信息资源，与企业之间存在信息差而处于劣势地位。在一些需要专业知识的领域，如医药、电子产品、美妆等消费品，由于一般消费者既无法得知企业在生产时具体的零件配置、成分添加，也无法辨别这些零件和成分的好坏，只能听信说明书或者销售人员的介绍，无法有效监督企业的产品。一些假冒伪劣产品如毒奶粉等，只有在引起了致人伤亡的严重后果时，企业的失信行为才能被揭开，极大地损害了消费者的合法权益，这就是由信息不对称带来的信用危机。

目前，企业在市场中仍然处于主导地位，掌握定价权。对于消费者个体来说，尽管他们能够与销售商讨价还价，但整体议价能力偏弱，无法对市场中的商品定价造成实际影响。同时由于信息不对称，消费者无法得知企业生产时的真实成本，很难对价格做出判断，容易受到欺骗。企业为了推销自己的产品，往往通过打广告的形式夸大产品的功效，尽管消费者购买到手后会发现产品功效与广告所称相距甚远，其中的宣传成本，仍然需要消费者来承担。

消费者作为独立个体，在市场中势单力薄，一旦被侵权损害个人合法利益，由于受害金额小、维权成本高，通常被动选择放弃维护个人权益，这使得企业失信行为更加猖獗。由于生产假冒伪劣产品带来的直接经济利益刺激，又无法受到法律法规的有效监管和约束，不需要承担侵权成本，提高了企业失信行为的可能，也使得消费者愈发不信任企业，不仅加剧市场中消费者和企业的紧张关系，加深企业的信用危机，同时可能会危害到消费者的生命健康。

三、企业信用危机的特征

企业信用危机往往不是突然出现，而是经过一段时间酝酿后的产物，其直接指向企业自身管理水平。不同于政治危机、军事危机等，信用危机有其自身特点。

（一）内生性

信用表现为遵守约定，践行承诺。信用危机从本质上来说，是由于企业无法兑现所作出的承诺，无论是与其他企业、银行还是消费者，从而造成各个领域对其的不信任，以至于影响企业的正常生产经营活动，最终导致企业破产。在企业组织层面，一个信誉良好的企业必然会形成诚实守信的企业文化，以遵守承诺为荣，以背信毁约为耻。建立相关的信用管理制度，对其人员、财务、生产流程做出规范，有利于防止失信行为的发生。当企业的信誉口碑得到社会大众认可时，便会吸引更多企业进行合作，资金周转更加顺畅，潜在消费者群体扩大，持续不断给企业带来正反馈效应。一些能够传承上百年的老字号企业，至今仍然能够获得消费者青睐，正是因为由内生的诚信经营带来的良好口碑与品质保障。在现代市场的完全竞争环境中，消费者通常能够"用脚投票"，选出他们心中满意的产品和企业。信用危机的内生性也要求企业在生产经营活动中以诚信守约为纲，迎合消费者期待和预期心理，严格约束自身行为，在制度层面规范员工与工作要求，形成诚实守信、积极有为的企业文化。

（二）潜伏性

企业信用危机是量变产生质变的结果。在信用危机发生前，通常会释放一系列危险信号，但被经营者忽视，直到多种危机因素叠加，互相作用影响，才导致无法挽回的严重后果。危机的潜伏期会营造一种表面平静的假象，使得企业经营者心存侥幸，认为失信行为不但不会造成损失，反而会由此获得更高的经济利益。然而冰冻三尺非一日之寒，一次的失信行为或许不会受到惩罚，多次失信行为一定会带来反噬。潜伏性意味着，信用危机往往需要一个触发机制才能显现出来，在爆发前可能无法对企业产生实质性影响。这可能会使企业经营者放松警惕和自我约束，但是危机发生作用时后悔为时已晚。触发机制具有偶然性因素，企业无法预料风险隐患什么时候会遇到时间窗口引爆危机，但是可以通过减小自身危机因素的方式降低风险发生的概率。因此企业在日常生产经营活动中，经营者就应该时刻检查和防范那些可能会引致重大危机的因素，勿以恶小而为之，不贪图小便宜和一时的眼前利益，形成长期有效的管理和监督机制，对自己的产出进行有效评估预测，不盲目扩大生产规模。做好企业的财务管理工作，严格控制资金流向，对可能的风险进行预判。合理妥善规划使用贷款，严格遵守约定的偿还时间，把危机因素扼杀在摇篮中。

（三）扩散性

在相互连结的经济世界中，一个危机事件就像一颗投入平静湖面的小石子，会引起湖面层层涟漪，将危机向外传递。一些初始的企业信用危机可能导致相关企业乃至整个行业受到影响，特别是如金融、证券等以信用体系为运行基础的领域。三角债的存在就是信用危机扩散性的典型表现，在三角债中，信用差的企业拖欠信用好的企业，上游企业拖欠下游企业，下游企业最终拖欠银行贷款，最终将风险全部集中于银行，风险成本由储户和社会共担，危机在社会层面扩散开来。信用好的企业看到信用差的企业不会受到严厉惩罚，还能够获得额外经济利益，难免保证不了自身信用水平的下降。而信用差的企业能够用更低的成本进行生产，由此获得利润空间和竞价资格，则会在自由竞争市场使得信用好的企业处于劣势，造成劣币驱逐良币，企业整体信用水平下降的结果。商业领域的信用危机不仅破坏市场经济的正常运行秩序，还会带来社会整体层面的诚信道德水平下降，由偶然性的个体危机转变为群体习惯。信用危机的扩散性要求企业必须从自身做起，杜绝传播这种不良风气，严格遵守相关法律法规规定，积极履行契约承诺，承担合同要求的责任和应尽义务，带头践行和谐诚信的社会主义核心价值观。

（四）难治理性

企业信用危机通常有复杂多样的形成因素，例如信用体系建设不完善，无法对企业的失信行为做出有效的规制；信用预警机制不健全，企业无法有效发现自身或其他企业可能出现的风险进行规避；信用法治建设仍需添砖加瓦，在知识产权、专利保护等方面作出详细规定，规范企业之间的权利边界，划清产权归属及责任主体。治理信用危机当然应该着重化解制度性难题，但是信用危机的解决更为重要的是从道德价值观念入手，改变企业管理者的管理方式和经营策略，长树先长根，立人先立德。这不但对企业管理者本身素质水平提出要求，也对社会层面的道德风尚引领形成挑战。如何在追求经济利益至上的企业竞争环境中形成遵守承诺的良好风气，树立立德为本的基本观念，是亟待思考解决的问题。对企业的信用管理，不仅要有对失信行为的惩戒，也要有对守信经营的奖励，有对风险的事前预警，也有对责任主体明确划分的责任清单。建立健全信用制度机制、信用法律机制、信用组织体系和行业监督机制，打造信息共享平台、行业服务标准及明确的奖惩机制，形成一套完整的信用治理体系，在社会层面弘扬积极向上的正能量，造就企业、政府、银行、消费者之间互相信任的良好关系，才能够真正避免企业信用危机的发生，而这仍然需要我们长期的共同努力。

四、企业信用危机的危害

人无信不立，业无信不兴。企业信用危机的影响是巨大的，对企业来说，失信影响自身效益和口碑，降低市场竞争力，使得其发展陷入困境，也很难得到外界援助。企业信用危机不但会损害消费者合法权益，还会扰乱社会主义市场经济秩序，在日益经济全球化的今天，也会损害国际市场上中国企业的声誉。

（一）市场交易成本增加，市场运行效率降低

有效率的产权之所以对经济增长起着促进的作用，因为一方面产权的基本功能与资源配置的效率相关，另一方面有效率的产权使经济系统具有激励机制。而企业失信，正是产权制度不完善、产权不清晰的体现。信用危机使得经济市场中的社会契约关系受到破坏，导致有序的市场活动失去秩序，正常的经济信息传播在这一过程中失真，甚至出现假的经济信息。经济市场的不确定性大大增加，破坏了市场信号，自由竞争市场的运行效率降低，使得交易成本迅速上升。这种不确定性还会阻碍市场参与主体的热情，因为其无法预判可能出现的风险，对市场失去信心。

市场信号的破坏，也使得政府对市场的宏观调控有限。不正确的市场信号使得政府的调控在不实的信息基础上进行，损耗了政策效率，银行不敢轻易放贷，这必然使得政府启动投资、扩大内需的政策效果大打折扣，导致市场的畸形发展，屡屡修订的政策补丁也会放大市场的不确定性，增加市场交易成本。

市场经济活动中的大量交易是在重复博弈的过程中进行的，重复博弈要以主体信用为基础，否则就会陷入非零和博弈的"囚徒困境"（Prisoner's dilemma）。① 企业信用危机使得参与市场的主体彼此不信任，在交易之前会对彼此的详细情况进行调查，浪费大量不必要的人力、物力和财力，增加市场参与主体的管理费用和监督费用。同时也会使得信用功能受限，现代便捷的交易方式倒退。由于参与主体担心上当受骗，可能采用现金交易、货币交易甚至以物易物的交易方式，降低市场配置效率。

（二）企业竞争力下降，企业资源流失

竞争规律是商品经济的固有规律，也是市场运行的内在机制。优胜劣汰、

---

① 万木, Gwemo 鸡毛. 突破"囚徒困境"的博弈术：立意通关（5）[J]. 格言（校园版）, 2022（34）: 54-55.

适者生存的竞争规律使得企业能够不断推陈出新、增强实力。市场竞争规则建立在市场参与主体之间平等交换、机会均等、公平竞争的基础上，但是企业信用危机破坏了均等公平的竞争环境。在成熟的市场环境条件中，信用已经成为一种"无形资本"，良好的信誉与劳动力、技术人才及资金一样，是主要竞争力之一。信誉就是最好的融资工具，有信誉的企业能够获得更多的银行贷款，也能够吸引到更多的投资者与消费者。在经济全球化不断加深的今天，单一企业有效提高竞争力的途径是与其他相关企业协作，形成产业链条，实现规模效应。然而协作的前提是互相信任，信用危机不但会降低企业之间互相信任协作的可能性，也会使得危机一旦发生，整个产业协作链条都处于风险之中，降低企业的市场竞争力。

企业遵守与员工的劳动合约，按时发放工资与奖励，能够促进企业组织内部的相互信任关系，这样才能形成企业内部管理者与员工亲密无间的协作状态。增强凝聚力与向心力，群策群力集思广益，尽最大可能调动集体智慧，从而增强企业整体竞争力。拥有良好信誉的企业通常能够激励企业员工行为，为支持企业文化和实现组织变革提供保障，实现员工与企业的共同进步与成长。但是，陷入信用危机的企业通常失去员工的信任与支持，组织管理决策和目标少有人执行和追随，导致人力资源流失，无法适应现代经济高强度的竞争压力，造成企业生产经营每况愈下，在市场上失去竞争力。

（三）消费者权益受损，社会道德滑坡

在现代市场经济中，国家通常会通过明确立法的形式，确定消费者在市场中的主体地位保护消费者的合法权益。与企业生产经营者相比，消费者往往因为专业能力不足、个体势单力薄、难以联合组织而受到不法力量的侵害。早在1993年，我国通过第八届全国人民代表大会常务委员会第四次会议正式通过《中华人民共和国消费者权益保护法》，并在保护法中规定，企业经营者应当真实、全面地向消费者提供有关商品或服务的具体信息，同时不得作虚假或者引人误解的宣传。经营者以广告等其他方式表明商品服务质量状况的，应当保证提供的商品或者服务质量与表明的质量状况相符合。但是在现实中，不少企业经营者通过以次充好、以假乱真的手段坑蒙消费者，在广告宣传中夸大产品或服务质量，或者通过先提价再打折的方式诱骗消费者，企业信用危机使得消费者生活在巨大的不确定中，时刻担心自己受到欺骗，无法建立起对市场和企业的真正信任，并且需要花费大量时间对比不同商品，搜集专业知识，以对企业提供的产品和服务进行真假甄别。无论企业生产的假冒伪劣产品，还是虚假广告失实宣传，抑或企业经营者拟定的霸王条款，最终受害者都是普通消费者。消费者作为企业生产经营活动的最后一个环节的主要服务对象，其合法权益应该审慎对待，一个企业也可能是其他企业的服务对象，不守信用也许可以渔利一时，但信用危机最终也会损害企业本身的利益。

（四）国家利益受侵害，带来经济损失

随着我国综合国力的提高，我国已经成为世界经济的重要组成部分，各种运行规则也已经与国际要求接轨。经济全球化使得所有经济参与体遵守共同的规则，维护正常的市场经济秩序，建立起全球互通互信体系，这样才能打破地域与种族限制，实现全球生产、交换、分配和消费的过程。只有营造一个信用良好的营商环境，才有可能吸引国际投资者前来我国市场进行考察和投资，更好地发展对外贸易，从而创造更多的财富。在中国金融的积极改革下，越来越多的中国公司能够在海外注册和上市，并获得境外投资，这反映了我国企业整体营商环境利好。但是近年来仍然有不少中概股企业曝光出信任危机，陷入财务数据造假丑闻，或者有员工与外部供应商合谋伪造合同文件，扩大商品销售数据等。这对中国企业的形象影响是破坏性的，对中国创业企业在世界上的负面影响深远，中概股十数年培养的市场信誉遭到极大损失。相当数量的企业频频因为不满足信息披露条件、不符合交易规则、财务造假等原因在海外交易市场被停牌或退市，甚至由一国证券交易市场蔓延至多个国家的交易市场。一些现金流告急的企业不得不一再推迟境外上市计划，可以说中概股信任危机已经导致中国企业赴境外上市进入冰封期，也使得中国企业和商品在国际市场交易时被打上缺少诚信的固有标签，在对外经济贸易往来和国际市场上步履维艰。除此之外，企业偷税、漏税、逃税行为和边境走私活动猖獗，不但使得国家税收收入的减少和应上缴国库金额的流失，也打乱了国家正常的财政支出计划，降低了公民的福利生活保障，给国家带来巨大的经济损失。

第二节　企业信用危机的成因及分析

信用作为影响实际生产并且能够在市场中产生经济效益的重要资源，同时也是一种行为规制，反映了经济运行状态。重视企业信用，对于提高市场效率，降低交易成本，提高企业生产力和竞争力，解决种种社会和经济问题具有十分重要的意义。因此，要解决企业信用危机，必须对引发危机的各种成因进行分析，以从根本上解决危机问题。从我国市场经济运行的实际情况来看，企业信用危机形成的原因主要有法律因素、制度因素、环境因素和信用主体自身因素。

一、法制因素及分析

法律法规是确保企业诚信经营的强制力保障，它划定了遵守信用约定的最低底线，越过这条底线就要付出相应的代价。以法律来规范整个社会的经济行为，才有利于企业信用的发展，以法律的强制力来保障制度的实施，才会使制度更好地发挥作用。在法律规范下，企业的诚信运营才能真正满足社会边际剩余等于社会边际费用的运行规则。目前，我国虽然在加强法制保障方面做了大量的工作，但从总体上看，法律在对信用经济的运行方面还没有发挥其强有力的保障作用。

（一）立法不全，滋生机会主义行为的温床

投机主义或机会主义（Opportunism）是一种自利行为，行为主体通常通过有意识的策略使自己获得更多好处，对周边环境和其他主体产生负面影响。在经济活动中，当事人可能会利用某种法律制度或管理等方面的漏洞，借助不正当手段谋取自身利益。例如，合同违约和欺诈，利用伪造的证明签订合同，骗取钱财，这是对真实信息的歪曲。再如，利用联营骗取投资，以联营为名，打着优势互补、共同盈利的幌子，获取对方信任，签订联营合同，骗取合作方投资款。机会主义行为通常指涉两种类型，一是有目的、有策略地利用信息，按个人目标对信息加以筛选和扭曲；二是违背对未来行动的承诺。最为典型的是搭便车行为，即不付报酬获得的某种利益的行为。然而，从我们的现有法律体系来看，对失信行为的规范和约束的法律建设事业才刚刚起步。2021年新颁布的《中华人民共和国民法典》将原《合同法》的内容进行修订，形成了独立的第三编——"合同编"，对合同制度做了一系列的调整和更新，其中非常重要的内容是对经济行为主体签订合同时的具体内容、履行合同行为、责任义务进行完善与细化，以更好地为人民进行经济活动保驾护航。

民法典中的合同编共计526个条文，其数量在民法典条文总体数量超过40%，几乎占据民法典整体体量的半壁江山，也是民法典中条文数量最多的一编。与已经废止的《合同法》相比较，合同编条文变动幅度非常大，新增约70个法条，而在实践中，合同纠纷案件远远多于其他类型的案件，可以说，合同编是对经济生活影响面最广、复杂程度最高、裁判运用最多的一编。合同编的重新修订和增补，一方面说明我国法律体系对经济生活中合同的订立履行日趋重视，其对经济生活的影响日益明显，同时也说明在此之前旧有法律制度在合同订立方面的缺陷和不足。

在经济生活中，仅仅依靠市场机制无法避免机会主义行为的发生。目前，我国的市场运行规则仍然具有明显的自发性成分，法制建设作为市场规制之外的重点保障力量还没有完全形成其应有的作用。目前，在民法典中的合同编的第五百零九条明确规定，经济行为主体应当遵循诚信原则进行市场交易，并根据所订立合同的性质、目的和交易习惯履行通知、协助、保密等义务。在合同中使用词句不一致的，应当根据合同的相关条款、性质、目的以及诚信原则等予以解释。这充分说明我国法律制度对企业遵守信用、诚信经营的强烈要求。然而，目前我国法律在约束企业诚信经营的体系建设仍然需要进一步完善，为彻底根除市场运行中的机会主义行为做出保障。

（二）执法不严，对失信行为惩戒不力

我国的法制体制建设一直在进行当中，目前，司法体系依然存在执行法律法规不够严格，失信惩戒机制不够健全，在执法上存在地方干预、行政干预，地方治理推进缓慢的问题，纵容企业失信行为的情形时有发生。一些地方和基层法院受当地政府和企业的影响，在司法中存在随意性和不公正性。在通报的多起案件中，执法部门不严格按照相关法律法规规定执行，滥用自由裁量权，对失信行为处罚力度过低或不充分追究责任，甚至存在处理违约行为时有意偏袒失信一方的利益、忽视受害一方利益的倾向。在企业失信行为中受害的一方，无论是消费者还是其他企业债权人，都需要付出大量的时间精力财力搜集证据提出诉讼，经过大量的时间周折，才能等到不符合预期的裁决结果，即便能够胜诉，真正得到裁决执行或强制执行的案例却比较少。对于消费者或债权人来说，高昂的起诉成本会降低他们维护自身合法利益的意愿，同时执法不严大大损耗了法律体系发挥作用的效力，对失信行为的监督和惩戒力度便无从谈起。法律作为市场经济运行规则最高维护者，处理违约赖债行为显得措施不力。

在执法不严的情况下，导致失信成本或法律处罚的风险成本过低，这是企业信用危机的又一重要原因。对于假冒伪劣、以次充好产品的处罚，主要是通过直接经济处罚、取消行为资格、限制主体自由等来实现。可见，这种处罚力度是不够的，无法真正有效对失信行为做出惩戒。失信企业违反法律法规时能很快将风险转移，如可以再申办执照，以罚款代替刑事责任等。

对失信行为惩戒不力，致使守信成本与收益的不对称。在进行现代社会基本信用规则、体系的建设中，增强自律是完全必要的，但仅仅依靠自律是完全不够的，还必须靠法律手段来督促个人讲信用，用法制建设的方法来提供社会讲求信用的工具和氛围。以前对于企业的不良行为，工商行政部门大都采取警告、罚款等处罚措施，由于这对企业以后的经营影响不大，企业往往是罚完又犯，而他们则犯了又罚，陷入了"犯了罚、罚了犯"的恶性循环之中。在这种市场环境中，守信成本相当高，而短期内失信收益并不低。这种老实人总是吃亏的信用氛围，恶化了市场环境，以致出现了守信者步履维艰、骗人者如鱼得水的不良局面。执法不严使得相关法律法规不足以对一定的经济行为主体形成约束力，失信企业所要承担的风险就极低，反之，这些失信行为一般能带来巨大的经济回报，这使得企业失信行为多有发生，信用危机不断蔓延。

三、管理因素及分析

市场经济的运行是要有成本、有条件的，市场并不是一架没有损耗的永动机。光靠市场这只"看不见的手"来起作用，并不能解决市场经济发展所遇到的各种问题，也不能降低市场交易成本。社会的信用状况对于市场经济能否正常运行，交易成本和生产成本能否降低，经济效率能否得到提高等问题发挥着十分重要的作用，而政府这只"看得见的手"也需要恰如其分地介入管理。由于市场经济本身存在的自发性、无序性的缺陷，使得政府的调控与管制成为必要，但这种调控与管制一旦不足或过度，都会造成企业信用危机的加剧。

（一）产权制度不完备

现代企业产权制度是人类经济社会发展的一大重要成果，信用必须建立在两个具有独立财产关系的主体之间，各方的合法利益才能得到保护。因此，信用建立的核心问题是产权。建立权责清晰、流转顺畅、保护严格的产权制度是发展市场经济的前提和基础，而当前我国企业产权制度不明确，因而导致大量的失信行为发生。

改革开放以来，我国经历了经济体制改革和企业改制的独特历程，在此时期信用问题大量发生在国有企业之间和国有企业与国有银行之间，从某种意义上讲，这是经济体制转轨时期的特有现象，政企不分、政银不分，国有企业与国有银行共用一套体系的问题依然存在。企业特别是国有企业没有培育自己的信用资产，从而造成国有企业的预算软约束和国有信用主体的高违约率。从当前银行贷款结构来看，在结构比重上也明显向国有大中型企业倾斜，这就为企业信用危机埋下危险的种子。

在缓解银企信用危机方面，国家出台了一系列政策措施，目的是通过各种形式的债务重组，减轻国有企业的债务负担，建立现代企业制度。但在具体操作和执行中，正确的观念、合理的制度没有建立起来，只是抹掉了国有企业应付账款，没有发挥政策应有的作用。而且，在债务重组的具体运作方式上，现在我国普遍是以债务人为主导，尚无相关的政策、法律给予债权人的利益以有效保障，因此产生了大量的讨债、废债行为。而少数企业借重组、改制之机逃废银行债务的行为，也产生了大量的讨债、废债行为，信用危机蔓延使得越来越多的企业认为，守信用吃亏，不守信用占便宜，偿债意愿普遍下降。

与此同时，某些企业对国家的政策性扶持产生了依赖心理，虽然名义上成为能够独立承担民事责任的法人实体，但在企业内部制度、企业治理结构上，却远没有达到产权明晰、权责明确、自主经营、自负盈亏的要求。相当一部分企业在签订合同时，并未意识到它的法律约束力以及违约的法律后果，认为有没有合同都一样，丝毫没有现代市场经济条件下应有的法治意识和信用观念。更有甚者，在贷款时从不考虑是否还款、何时还款的问题，贷款到手后不是用来发展企业和扩大生产，而是挪作他用，盲目进入房地产、期货、股票市场，造成巨额损失最终导致破产。由于责任产权不明确，很多国有企业的经营管理者认为，企业是国家的企业，银行是国家的银行，所有者或出资人都是国家，不存在谁欠谁的问题。这也是导致企业欠债不还的重要原因。

产权问题是制度经济学的重要内容，产权制度改革也是困扰我国经济发展的重要问题。只有明晰的产权才是人们追求长远利益的动力，只有追求长远利益的企业才讲信用。必须进行彻底的产权制度改革，划分清楚各经济主体的所有权，真正做到产权清晰，并且保证所有者拥有充分完全的自主权和处置权，在此基础上才能建立健全社会企业信用制度，有效防范企业信用危机。

（二）政策偏差，行政主体履行政府职能不当

由于市场经济的运行具有内在的规律性和周期性，如果政府调控经济的政策违背客观实际导致政策失误，并出现朝令夕改的失信行为，势必带来政策的不可靠和不确定性，使得企业对生产或未来收益难以形成稳定的预期，就会倾向于追求短期利益。同时，政策的不确定性也使得企业失去建立信用关系的耐心和信心，同时还会增加企业之间观察合作方欺骗等失信行为的困难，违约者更容易把非信用行为归因于外部政策因素的影响，助长企业的失信行为。经济转轨过程中不可避免地要进行经济政策和财政政策的相应调整，

这就使企业生存的外部环境处于波动状态，企业无法对政府形成稳定预期，一方面，企业的利益得不到政策制度的合理保障，造成"政策性亏损、政策性补贴"的投机行为；另一方面，客观上必然造成部分企业的短期投机行为，漠视企业信用的长期构建。

在现代寻租理论（Rent-seeking theory）中，一切利用行政权力大发横财的活动都可称为寻租活动。寻租特点是利用各种合法或非法手段，以获得拥有租金的特权，它导致了"暗箱"操作和不公平竞争，破坏经济正常运行和社会秩序。凡是违法、违规长期普遍存在的地方，一定有执法者和违法者的串通，一定有执法者从违法行为的存在中获得利益。权力拥有者通过分享一部分租金与失信者"串通"，从而使失信者免于惩罚，市场机制对失信者行为的"过滤功能"失效，从而使信用机制产生的市场环境难以成长，并由此带来政府公共政策的执行失去公众的支持。

我国目前的许多企业信用危机问题是与某些地方政府的不作为，甚至纵容、包庇失信行为密切相关的。在一些地方，政府还没有完全摆正在市场经济中的位置，过多干预经济活动的现象依然严重。某些政府行政部门违法介入企业信用活动，以口头或书面形式为企业融资活动提供变相的信用担保，强令银行发放贷款。而在发生偿债问题时，又推诿责任，任意逃废债务。另外，有的地方政府对本地不讲信用的企业采取放纵的态度，甚至干扰执法，结果助长了失信现象的加剧。甚至有一些地方政府对当地的造假企业睁只眼闭只眼，当上级机关来检查时，还为之通风报信，用各种手段"护假"。行政主体履行职能不当，为企业失信行为的发生提供了条件，也破坏了公平公正的市场环境，造成企业信用危机频发。

三、环境因素及分析

信息结构不对称是使机会主义行为产生内生交易费用的根源之一，它使处于不同信息地位的供求双方之风险和收益结构失衡，而一些特殊领域的供求信息结构失衡状况更是严重损害了交易方的利益。信用有效配置资源的前提条件是信息结构对称，供求主体、买卖双方对同一商品、服务、要素把握的信息大致相当，任何一方都不会因信息力量对比过于悬殊导致利益分配结构严重失衡。但是在现实情况中，信息结构不对称的情况却比比皆是。

（一）市场机制不完善，信息不对称

人们在市场上进行的交换，实际上是一种基于承诺的交换。当我们决定花钱购买产品或者服务时，也是相信厂商承诺的商品或服务的功能和质量是可信的，作为消费者，我们一般缺少直接判断产品质量的专业知识。人们之所以更愿意购买有品牌的商品，因为品牌实际上是对消费者的一种信用承诺。在现实经济生活中，信息越不对称交易越需要讲信誉，这也是为什么电子科技产品有品牌，而土豆不需要品牌。"卖电脑比卖土豆更容易骗着人，因为消费者掌握土豆的信息比电脑多"。

企业对信息的占有近乎垄断，是典型的买卖双方信息不对称表现。企业不仅在专业服务方面具有绝对技术优势，而且在现行制度下，其在生产和定价方面也有绝对信息垄断和控制权，而消费者不仅是价格的被动接受者，而且由于对专业领域知识所知极其有限，只能是处于被动的受操纵地位，难以保证持续享受到与其付费相对称的服务，全靠企业是否自觉。消费服务供求双方博弈的结果，只能是由消费者承担内生交易费用。一些原本生产成本价格较低的产品，而结果费用却往往超过消费者的心理预期。这种信息结构不对称的矛盾导致社会资源的严重浪费，同时也加剧了信用机制失衡，一方面消费者按约付钱，期待获得良好质量的商品或服务，另一方面，企业却没有按消费者实际付费给予适当或最佳服务的规定和严格的行为 监控，致使企业生产者信用行为没有衡量的标准。

当前，我国由于行政管理、市场管理不到位，存在着极大信息不对称现象。一是政府的法规或执法程序不够公开、透明，使其存在乱收费，行为标准不统一，随意性大等问题；二是信息差现象严重，"独家信息"普遍，企业在占有信息方面比消费者拥有绝对优势；三是信息传递渠道不畅。如服务行业的供求信息结构失衡，这种信息约束本身反映了经济制度的效率，效率高的制度有助于信息的公开、公正披露和信息的高效传递，使决策者获取信息成本降低。由于我国信用管理机制不健全，银行间、企业间没有形成信用信息传递网络，对违信行为不能得到及时披露和曝光。如果甲骗了乙，而其他市场参与主体无从得知，那甲还可以继续骗别人，这样一骗十，十骗百，就造成信用恶性循环，引发严重的企业信用危机。

（二）社会自治团体力量微弱，监督功能低下

市场失灵的存在决定了政府介入、干预经济活动的必要性。但是如前所述，政府的干预也会导致失败的结局，如政府的"寻租"、信息失真等，所以政府并非"一出手就灵"的治理力量。如果我们能整合并运用社会的多方力量参与，企业失信行为可以得到更好地遏制。在实践路径上，行业协会的自律作用应首当其冲。行业协会是市场经济条件下介于政府、企业之间的行业性自律组织，是政府与企业之间的桥梁和纽带，具有服务、咨询、沟通、监督、协调、自律等职能。行业自律的目的是加强企业的道德规范，促使"他律"向"自律"转化，使信用成为自律性的制度约束。由于企业数目众多，信用资料相当分散，缺乏可获性和沟通性，要获得它们的资信信息需要付出高额的信息采集成本。而行业协会有着广泛的代表性，掌握了大量企业的信息资料，因此将企业的资信信息相对集中于行业协会，将大大减少征信机构的征信工作，降低交易成本。

有学者明确指出，目前我国行业协会在行业自律中的信用建设方面存在两种错误的倾向：一是面对社会公众的错位，为营利而错误引导社会进行评选，例如乱评比、乱评优等；二是面对会员企业的缺位。[①] 有这样的谚语评价部分行业协会：戴市场的帽子，拿政府的鞭子，坐行业的轿子，收企业的票子，供官员兼职的位子。以此倾向出发的行业协会无法担负协助政府进行行业管理的职责，而政府机构的精简化目标定位又使得现在的行业管理实际上处于两难的困境。

从实际上看，我国行业协会的发展在法律合法性、社会合法性、经济合理性方面都有所欠缺。不但如此，由于我国政治上、行政上的合法性要求，行业协会从一开始就是在政府操纵下产生，协会大都延伸了部分政府管理职能，领

---

① 张平.中国行业协会信用自律机制失灵问题及其治理［J］，生产力研究，2006（8）：136–137，146.

导层也多由政府主管部门"任命"，致使协会从创建到发展，更多的是为政府服务，难以成为面向全行业企业的组织机构。正因为如此，我国行业协会社会合法性先天不足，缺乏生存的基本条件。主要表现在覆盖面过窄，行业代表性差。目前，这种功能定位使企业不愿向协会投入过多资源，行业协会的发展后劲不足。民主监督环节薄弱，远不能适应社会发展的需要。企业与企业之间，企业与政府之间缺乏正常沟通的平台，也缺乏社会监督的力量。

行业协会具有相当的权威性，能够运用行规行约规制企业的行为，在一定程度上遏制了企业的不诚信行为。行业协会最了解企业的各方面状况，可以向信息平台提供企业的诚信信息，让行业成员共同公开接受社会公众的监督。这既是纠正行业作风不正的有力武器，也是促进行业诚信发展的有效途径。完备的信用制度需要多年的积累，需要参与各方的协调运作。但目前在我国，信用制度基础薄弱，信用框架结构还显得支离破碎，社会自治团体能够发挥的力量非常微弱，导致企业信用危机频发。

四、企业自身因素及分析

企业家作为企业发展的领头人，是企业信用建设的基础，强化企业家在信用建设中的作用，才能建立起完备的企业信用体系，提高企业信用管理的水平。信用是企业家的立身之本，也是企业成功之基。企业家不讲信用，就没有从事企业经营管理的资本。然而，在我国，企业家信用精神是一种非常稀缺的社会资源，这也意味着我国企业家信用精神的贫乏，无疑会对我国企业信用建设直接造成障碍。我国企业家的急功近利、权力情结、老板意识浓厚、民主意识薄弱、短命和后继无人以及与政治资本挂钩的激励制度问题等，都是造成我国企业的管理者舍弃信用，进而舍弃整个企业声誉获取其他收益的根源。

企业是国民经济的细胞和最重要的市场主体，企业自身的信用管理不仅是企业生存发展的基础，也关系着整个社会的信用状况。当今世界上优秀企业在经营上无一不是以诚为本的。诚信可以说是企业在市场经济中赖以长期生存发展的最为基本的素质之一。在市场经济中，企业信用度高是企业宝贵的无形资产。因为它可以依靠自己良好的信用形象从银行、供应商、客户以及消费者那里获得融资支持、结算方便和消费信赖，使企业在激烈的竞争中不断拓宽市场份额，取得丰硕的效益。但是，我国目前专门的企业信用管理制度还较为空白，内部管理不够规范，这已成为发展社会主义市场经济的瓶颈。

目前，我国企业内部管理不够规范，自身信用风险防范能力和技术水平有限，经营管理制度需要完善。特别是一些民营企业由于多为中小企业，缺乏专业的内部信用管理的部门和人员，对信用信息缺乏科学分析，加上民营企业缺乏管理应收账款的经验，不注重调查主要客户信用状况，内部信用机制欠缺。因此，民营企业的信用管理机制落后，授信不当导致合约不能履行、经济纠纷大量出现的现象频繁发生，引发企业信用危机。

第三节 企业信用危机的化解对策

企业信用危机严重地危害社会经济的发展，影响企业的生存，因此化解企业危机显得非常紧迫。总的说来，企业信用危机的化解主要应从信用立法、制度建设、行业监督、宣传教育和信用建设方面着手。

一、加快推进企业信用立法

企业信用是企业生存和发展的基础。我国现在虽已初步建立起社会主义市场经济体制，但企业信用制度建设却严重滞后，制约着社会经济健康发展。面对二十大中国特色社会主义进入新时代、建成完善社会主义市场经济体制的改革目标，必须消除信用危机及其危害根源。因此，加强企业信用法律规制就显得十分紧迫而又格外重要。

（一）企业信用立法的必要性

如果没有一定的法律约束，市场经济活动中的激烈竞争，会处于无序和混乱的状态。在市场经济不断完善的过程中，将各种市场经济行为置于法律的规范和制约之下，是保障各项经济行为正常运作的根本依据，也是促进社会经济发展的保证。而在经济活动中建立必要的信用法律，则是对法律法规和规范经济行为的补充。如果没有一定的信用法律为交易双方提供可信任的依据，并对信用资格差和缺乏信用信誉的企业加以制约和处罚，在激化市场无序竞争矛盾的同时，更大程度上会造成交易双方经济利益的损害，从而给市场经济的健康发展，带来极大的负面效应。

市场经济竞争过程中的无序行为，直接干扰破坏了公平竞争的秩序，同时带来了很多影响正常经济交易活动的弊病，如三角债、恶性诈骗、随意拖欠货款、任意占用他人财产等。这种现实的存在，迫切地需要有一定的信用法律法规来加以约束，并对那些信用违法行为予以制裁和惩戒。加快推进企业信用立法，建立健全信用法律制度，及时对破坏经济秩序和信用违法的行为进行惩戒和制裁，保护大多数企业的经济利益不受伤害，是很有必要的。同时，法律上的完善，也使得惩戒和制约信用违法有了依据，形成有法可依、违法必究的信用保障制度，有效制止信用欺诈和信用违法现象的泛滥。

（二）企业信用立法的具体内容

企业信用制度的建立与完善是一项长期而复杂的社会系统工程，发达国家经历了上百年时间才建立起一套较为成熟的企业信用体系。我国也应该充分发挥政府在企业信用建设中的作用，在较短时间以较低成本，推进企业信用系统的建立和发展。参照发达国家的经验，建设企业信用体系首先要立法先行，加以规范；在立法条件尚未成熟时，也应该出台相关的法规或部门规章，对市场进行信用规范。企业信用立法包括多个方面，譬如包括银行方面的立法、非银行方面的立法、规范信用行为的立法、规范授信行为的立法、规范信用服务行业行为的立法等，其中重点是企业信用行为的立法，尤其应强调建立和完善失信惩罚机制。

一般而言，与企业信用行为相关的法律包括民法、经济法和刑法。首先是民法中有关企业信用行为的规定。民法是调整民事关系的基本法律，企业失信行为在性质上属于民事行为，对失信行为的防止和约束是民法典及各类民事单行法的重要内容。其次是经济法中有关企业信用行为的规定。经济法是调整国家经济管理关系的法律，包括市场规制法和宏观调控法。市场规制法是规范企业的竞争行为和交易行为，以维护公平、自由的市场竞争秩序，它包括反垄断法、反不正当竞争法和消费者权益保护法等。宏观调控法是调整宏观经济管理关系的法律规范，包括中央银行法、财政预算法等。市场规制法和宏观调控法从微观与宏观两个方面约束和制裁企业的失信行为。最后是刑法中有关企业信用行为的规定，刑法规定诈骗等严重失信行为的特征和惩罚办法。

当前，在我国第一部法典出台、中国开始步入"法典"时代的特别时期，更应该一鼓作气抓紧制定一批新的法律法规配合我国法律结构体系的建设，规范企业经营行为。同时，也不放松制定规范监管机构及其监管人员行为的规章制度，在法律上应进一步明确各职能部门的分工和职责以及企业行业协会等的法律地位。还要通过立法建立企业监管机构与工商、税务、审计等政府部门双边或多边的交流和协调机制，维护法律的权威，杜绝政出多门的现象。总之，要以信用为立法基点，制定并颁布相关法律法规，指导信用体系的建设，无论是民商事法律还是刑事、行政法律制度，都要以建立信用和维护信用为基本出发点，这样才能有效解决企业信用危机问题。

二、建立健全企业信用管理制度

目前我国出现的企业信用危机，在一定程度上是由历史特殊时期体制转轨出现的社会文化、伦理观念以及法律等制度扭曲或制度真空所造成的。为此，积极培育和完善市场体系，切实转变政府职能，为企业营造一个自由、公平、公正的市场竞争环境和竞争秩序，是从根本上建立和完善社会诚信机制的制度保障。首先是要加快行政体制的配套改革，推进政府职能转变，充分发挥对社会经济的宏观管理和调控。其次是加快金融体制改革，积极发展并规范资本市场，加大对股票市场的监管力度，遏制上市公司与中介机构造假及违规违法行为，通过规范制度的方式，防范企业信用危机发生的根源。

（一）完善产权制度

加快产权制度改革，为建立完善的企业信用制度提供基础。明晰的产权制度的功能之一是为人们提供一个追求长期利益的稳定预期和重复博弈的规则，产权是信用制度的前提。在产权不清晰，产权主体不明确的条件下，信用制度失去了发挥功能的基础，即使建立起形式完备的信用制度，也不能发挥有效的作用。有了明晰的产权，企业才会具有追求长远利益的动力，才会有积极性构建企业信誉。

产权制度与信用制度是保证信用活动有序进行的规范基础，其主体必然是政府，而且从信用系统发达的国家来看，其成功的经验就是以政府为主体建立信用制度的。统一、公开、公平的信用制度，既符合市场经济的一般原则，也是促进企业诚信经营、公平竞争的体现。以政府为主体建立统一、公开、公平的信用制度，要对信用的征集、调查、评估、管理等信用业务活动的组织以及信用机构的设置与监管等加以规范，以确保信用交易和信用服务活动按照法制规则正常进行。

（二）建立征信系统

所谓征信，即一定的机构对企业的信用状况进行调查，为有关单位提供信用咨询。根据我国实际国情，目前应在政府部门的协调和配合下着重建立起征信系统、评估系统、信息查询和披露系统三个子系统，从而完成对企业信用状况的全方位监督。

征信系统，即由征信机构采集、加工分散在工商、税务、司法等部门的企业信用信息，建立企业信用信息库，作为评定企业信用等级和查询的依据。在现有条件下，可以由银行、工商以及公检法等部门，将企业、中介组织的有关信息进行收集、整理、记录、储存，建立信用档案，依法向社会披露，使有不良行为记录者付出代价，名誉扫地。

评估系统，即通过科学的评估程序和方法，对企业或个人履行各种经济承诺的能力进行客观公正的评价，并确定出信用等级，使企业更加重视自身的信用在市场经济中的价值。广泛开展信用城市、信用地区、信用企业、信用用户评选活动，以信用档案信息作为评估的基本依据，评定地区、企业的信用等级，使之成为"第二身份证"和"经济护照"。

信息查询和披露系统，即通过企业信用信息平台，实现企业相关信用信息的分级、交互式查询。交互式查询不能涉及企业的商业秘密。社会信用信息是一种市场资源，可将银行、工商税务、公检法等部门掌握的社会信用信息进行微机储存。建立计算机网络技术使信用信息传递到位，向社会提供完备、权威的信用信息服务，推动全社会信用体系的建立和完善，编织一张密不透风的大网，对于恶意欠债逃债、制假售假的企业要向社会公布，使其无处可遁。

三、发挥行业协会的监督作用

市场、国家和社会是市场秩序创建与发展过程中相互联系、相互作用的三个非常重要的因素。由于市场失灵的存在和我国市场发育程度不高所导致的市场机制调节作用的不到位，一方面要充分发挥政府治理的作用，另一方面也要继续大力发展和培育市场体系，增强市场自发调节力量，如依靠社会力量和自愿团体如行业协会等，推动制度创新和社会监督发挥作用。

从国际经验上来看，发挥行业协会的监督作用，使得征信行业形成自律信用制度良好运行的有效约束机制。首先，从社会经济制度角度出发，防范风险的模式都是以机构的内部控制、行业自律、政府监管的"三位一体"的安全体系为保证的，三者互相补充，缺一不可。其次，行业协会的存在可以化解部分矛盾。从国外的实践经验来看，政府监管权限始终是个相当敏感的问题，监管范围过宽将压抑制度创新，而监管范围过窄将诱发制度风险，从而导致更高的处理成本。因此，信用行业组织在监管体制中就起到了一个相当明显的作用，比如组织不宜由政府出面组织的行业信息交流或信息发布，在同业间通报"客户黑名单"，协调各方面关系，更有效地进行道义说教等。再次，组织行业统一的培训和国内外业务交流是协会的主要职能之一。最后，信用制度的商业性和"准公共产品"（Quasi-public Good）的混合属性决定了信用行业协会组织的不可或缺。

从我国实际情况来看，实现行业自律首先要建立完备的信用服务机构体系。在信用已成为企业的一种资本，并作为市场交易的一种重要方式的情况下，为有效维护市场经济秩序，必须强调信用服务机构的规范发展。一方面通过向客户提供所需的信用报告，帮助客户防范信用风险；另一方面，要通过信用服务机构特有的信用信息传递机制，促进社会信用秩序的根本好转。目前，我国的信用服务机构都是采取公司制的市场运营方式，但还处于发展的初级阶段，市场需求不足，业务量相对较少，因此从制度上保障信用服务机构能够客观、公正，独立地运营，是亟待解决的问题。就信用服务机构的管理来看，根据我国行业发展现状和别国的经验，对于企业征信咨询类机构可以采取通过市场竞争，优胜劣汰，使其业务逐步向有规模、有影响的征信公司集中；对于企业信用评级机构，通过建立进入退出机制的办法加以规范。

实现行业自律就要建立企业信用管理行业协会，行业协会属于半官方性质的民间组织，由信用管理从业者组成，职责包括辅助政府对行业的规范和扶持，为企业提供业务交流机会，推动市场的教育，推动行业健康发展等。行业协会作为一种介入政府与企业的中间协调机制，对企业信用的健康发展十分重要。政府管理部门是代表政府对信用管理行业的经济活动进行宏观管理，而企业信用管理协会行业协会是在政府管理部门和同行业之间起桥梁和纽带作用，同时为同行业的企业服务，通过服务实施同行业企业之间的协调和管理，同时也必须处于政府的监督指导之下。

各类行业协会组织是肩负企业信用思想自我教育、自我更新、自我约束功能的载体，这类组织处于国家宏观调控与企业微观经济之间，其地位非常重要。虽然行业协会对会员的约束是有限的、非强制的，但可以将违规企业通报有关行政主管部门。而且，一旦某个企业失范行为得不到同行的认可而被孤立起来，受到同行企业乃至社会舆论的谴责，其存在和发展就会陷入困境，从而迫使其规范自己的行为。各类信用服务机构是对企业发展了解得最为深入的群体，应搭建起政府和信用服务机构之间沟通的桥梁，充分发挥行业协会的监督作用，这样既有助于政府更好地了解企业状况，解决企业面临的政策问题，也有利于增强企业的自律性，为企业树立独立、公正的社会形象奠定基础。

四、通过宣传教育引导社会诚信建设

从根本上说，信用属于意识形态范畴，是扎根于人们内心的观念和意识。企业信用缺失产生的深刻根源是社会道德滑坡，只有社会道德建设问题得到解决，企业信用缺失才能得到解决。

在全社会形成讲信用、守承诺的风气，需要充分利用广播、电视、图书、

报刊、网络等现代传播工具。通过生动的广播电视节目、通过组织编写普及型信用知识读本、通过在报刊上开辟专栏等方式向社会大众宣传普及征信知识，开展形式多样、内容丰富、通俗易懂的信用宣传教育活动，树立、宣传、维护诚实守信的模范典型，大力倡导诚实守信的社会公德，让"信用就是最大的资本""信用就是经济身份证""信用就是生产力"等观念深入人心。同时，我们不能仅仅在经济与社会角度宣传诚实守信的必要性，还应该在实现个体价值的角度上宣传诚实守信的必要性，让诚实守信、实现自我发展的内在需要这种观点深入人心。大力倡导、弘扬信用文化，加强对全社会信用意识的宣传与教育，让市场各参与主体都有比较丰富的信用知识，形成正确的舆论导向，形成"守信光荣、失信可耻"的道德氛围，为信用制度建设创造良好的社会环境和氛围，破除一切不利于信用制度建设的陈旧和错误观念，扫除思想观念上的障碍，减少信用制度建设的阻力。

五、强化企业家信用意识，推动企业自身信用建设

在市场经济条件下，企业是信用风险的主要承担者之一。因此，引导企业加强信用管理、推动信用建设就成为有效发挥信用功能，防范信用风险的必然选择。

首先，要增强企业信用风险的防范能力。企业的信用风险存在于经营交易的全过程，从客户开发、合同签订、货物发运直到货款回收，企业随时都有可能出现信用风险，要引导企业自觉加强自我信用控制能力，防范企业自身可能出现偿债能力不足、不履约等情况的发生。为提高信用风险防范能力，必须对企业的经营交易过程进行全程信用管理。要通过引导企业建立客户资信管理制度、内部授信制度和应收账款管理制度等，不断提升企业的信用管理水平。同时也要建立健康全面的风险管理文化。风险文化是指企业在经营管理过程中逐步形成的风险管理理念、哲学和价值观，是通过企业的风险管理战略、风险管理制度以及广大员工的风险管理行为表现出来的一种企业文化。提倡和培育风险管理文化、强化全员风险意识是企业治理不良资产、防范金融风险的基础和前提。企业管理者要不断通过宣传、培训、研讨，引导员工牢固树立"以资本对风险的约束为基础、业务增长与风险控制相适应、

风险成本与风险收入相匹配"的风险管理基本原则，加强内部的风险管理文化建设，为科学地建立风险管理体制和有效运行做好思想和舆论的准备。

其次，要打造诚实守信、遵守承诺的企业文化氛围。企业文化是企业员工在经营活动中共有的理想信念、价值观和行为准则。一个企业从组建开始，乃至于企业发展的全过程都在孕育、锤炼和塑造自己的企业文化。这种企业文化一旦形成，并在实践中不断升华，就会产生巨大的内在驱动力。就短期影响来说，它能够鼓舞员工士气，帮助企业渡过难关；从长远发展来看，它能造就团结、智慧、有战斗力的集体，使企业不断成长壮大，在竞争中取胜。在建设企业文化过程中，必须注重以遵守承诺为根本，因为信用不仅仅是企业的形象和实力，也是企业内在品质的再现，更是企业发展战略中文化内涵的凝聚点。企业家对于其行业特点、地理位置、产品属性、企业发展所处阶段的了解最透彻，他们的任务就是要在全面客观调查的基础上，结合本企业的行业特点、历史、文化、经营内容和战略方针等诸要素，对企业进行全面详细诊断。他们把握着企业是否履行社会各方面契约的大权，并将自己的契约伦理思想灌输和渗透到企业精神中，形成独具个性的适合本企业的信用文化。企业家的契约伦理思想能够扩展为企业的制度，而且向各部门、员工渗透，成为全体员工心目中企业信用思想的逻辑起点，指引并决定了他们与外界交换的模式。一个企业确立诚信的企业文化后，要大力加强职业道德、商德的教育，提高员工的思想道德素质和职业技术素质。要让员工们知道，他们正在为一个始终对职业行为有着最高标准要求的公司工作。

第四节　企业信用的机制建设

在现代市场经济中，信用关系成了社会生活中最基本和最普遍的经济关系，信用制度是市场经济正常运转的必要条件。目前，我国正处在社会转型的大背景中。这一社会转型过程要求建立与社会主义市场经济运行相适应的完善的信用制度和体系，这是社会主义市场经济健康发展的必然要求。加快形成统一开放、竞争有序的现代市场体系，发展各类生产要素市场，完善反映市场供求关系、资源稀缺程度和资源价格形成机制，规范发展行业协会和市场中介组织，健全社会信用体系机制建设，已成为我国市场经济发展需要解决的头等大事。

信用制度建设没有定式，不同的国家立足于本国不同的国情和传统，形成不同的信用制度建设的模式。从目前的情况看，世界范围内有代表性的信用制度模式主要有三种[①]：一是以美国为代表的完全市场化信用制度模式，这种以征信机构盈利为目的建立的国家社会信用体系，通过对市场交易主体信用进行记录和管理，其优点是征信机构可以根据市场的需要来建设数据库和提供服务，竞争机制促进了这种服务范围的扩大和质量的不断提高；二是以欧洲为代表的政府主导模式，在采取这种模式的国家内，信用信息服务机构由中央银行的一个部门建立，不是由私人部门设立，银行依法向信用信息局或信用风险办公室提供相关信用信息，是一种强制管理行为，政府主导模式的优点是在公共数据比较分散的条件下，政府通过协调和强制性措施，使社会各方面相关主体上报各种数据，在较短的时间内建立起覆盖全国范围的征信数据库。三是以日本为代表的会员制模式，即以银行协会建立的会员制征信机构与商业性征信机构共同组成国家社会信用管理体系，银行协会建立非营利的银行会员制机构，也即日本个人信用信息中心，负责消费者个人征信和企业征信，会员与银行共享信息，该中心在收集信息时要付费，而在提供信息服务时要收费，以保持中心的发展，日本会员制模式兼有市场化模式和政府主导模式的优点。

不可否认，以上三种信用制度模式是在特定的历史、文化、国情条件下形成的成功模式，这三种较为成熟的信用制度模式可供我们借鉴。借鉴经验并不是抛开我国具体的国情完全照搬某一种模式，而是要根据我国具体国情进行信用机制建设的通盘考虑。政府主导与市场化运作不能简单替代，而应该是彼此补充的关系。在现代市场经济体系中，市场调节与政府干预，自由竞争与宏观调控，是紧密相连、缺一不可的重要组成部分。因为市场机制的

---

① 彭秀坤. 国际社会信用评级机构规制及其改革研究［M］. 北京：中国民主法制出版社，2015：26-28.

完全有效性只有在严格的假说条件下才成立，而政府干预的完美无缺同样也仅仅与"理想的政府"相联系。也就是说，市场调节与政府干预都不是万能的，寻求经济及社会发展中市场机制与政府调控的最佳结合点才是一种制度模式成功的关键。市场与政府调控相结合、互为补充，充分发挥市场配置资源的基础上的同时，通过政府的适当调控纠补市场失灵，这个过程中也要避免和克服政府失灵。

一、建立企业信用法律规范机制

有法可依是改善社会信用环境、构建企业信用法律规制系统的前提条件。良好的企业信用法治环境是建立在完善的制度保障基础上的，企业信用需要强有力的法律规范做保证。在信用的演变过程中，从失信到守信的转变，法律具有道德不可替代的强制性规范和约束作用。从逻辑上讲，信用关系的确立，是建立在信用主体合法、交易内容合法、交易程序合法的基础上，并使信用关系符合法律的规范性、统一性、稳定性和强制性等特点。通常来讲，社会信用水平与法律的完善程度是高度相关的。从我国目前的情况看，尚未真正确立适应市场经济要求的社会信用体系，这恰恰是我国企业信用环境恶化的根源所在。因此，建立我国企业信用法律规制系统迫在眉睫，当务之急是从企业信用立法入手，加快社会信用体系的建立。

（一）建立企业信用监管法律系统

建立规范的企业信用监管系统是市场秩序有效运行的前提，企业信用监管系统对于建设一个公平竞争和有效运行的市场秩序是至关重要的。国外经验证明，建立企业信用监管系统，对于强化社会信用意识、建立社会信用体系、防范金融风险有着重要的作用。所谓企业信用监管系统，是指政府的信用行业监管部门根据其职能和社会信用信息的需求，以现代管理方式和科学技术为手段对于企业及其信用评估、征信、担保等信用服务行业进行综合监督管理的系统。企业信用监管系统是统一的企业信用法律规制系统的有机组成部分，相对独立，自成一体；同时又与其他系统互相连接，紧密配合。

建立企业信用监管法律系统，目的是加强监管，对于各类信用服务中介组织，政府要制定严格的行业监管办法，对其执业行为进行有效的监督；对于企业，以企业信用制度建设为重点，强化对企业市场准入行为、经营行为和退出行为全过程的监管，完善监管，充分发挥行业管理协会的作用，推进职能整合。

在建立信用监管法律系统时，要把好企业法人的退出关，为企业信用的实现提供保障。企业信用监管体制的不完善同样折射了债权保护制度的不完善。市场经济的法则是优胜劣汰，一些市场主体在竞争中受到市场的淘汰也很正常，但其退出行为应当规范。在我国现行的工商行政管理法律法规体系中，如公司法、合同法等，虽然对部分信用行为的债权保护提供了保证，但还没有涵盖全部信用行为，对债务人履行义务的约束不完善且不具强制性。例如，企业在停业注销、改制重组等有可能引起债务转移时，应当和必须经过债权人同意或告知债权人，但有关法规在这方面的规定还不够明确、详尽，由此使许多债务企业能够钻法律的空子，借不规范的市场退出乘机逃废债务，恶化企业信用环境。

（二）建立企业信用担保法律系统

担保是指在经济金融活动中，债权人为了降低违约风险，减少资金损失，由债务人或第三人提供履约保证或承担责任的行为。债权人与债务人及其他第三人签订担保协议后，当债务人由于各种原因而违反合同时，债权人可以通过执行担保来确保债权的安全性。贷款担保是各国（地区）商业银行补偿和转移贷款风险的重要途径。

担保既是信用范畴，又是法律范畴。从法律含义上讲，信用担保即信用保证，是保证人和债权人约定，当债务人不能履行债务时，保证人按照约定履行债务或承担责任的行为。其中，保证人是指具有代为清偿债务的企业法人、其他经济组织或者公民个人。作为保证人，既可以是专业性担保机构，也可以是非专业性的企业法人或其他经济组织。既可以是固定的，也可以是一次性的。就银行来说，由于有保证的贷款以借款人以外的第三人的信用作为担保，能将全部或部分贷款风险转嫁给保证人，因而为其贷款债权增加了一道安全屏障，有利于减少贷款损失。就借款人来说，由于有保证人为其债务进行担保，可以在其资信等级较低或财产不足时获得银行的信贷支持，有利于其生产经营的持续进行。就保证人来说，他一旦为借款人的借债行为进行担保，也就承担了相应的代为清偿的责任和义务。保证人为了减少代偿债务的可能性，必然会加强对借款人的监督，防止其用贷款从事冒险活动，帮助借款人克服遇到的困难，督促借款人按期偿还贷款本息。

信用担保是政府通过政策引导实施经济政策的制度化措施，是市场经济与政府政策共同作用的结果，加快信用担保体系建设是市场经济体制的客观要求。加快建立企业信用担保法律系统，推进我国企业信用状况的根本好转，直接关系到我国企业的生存和发展。面对国际资本向我国转移，能否尽快改善我国企业的信用状况，提供良好的投资环境，也是企业能否抓住发展时机的关键。因此，必须采取有力措施，建立企业信用担保法律系统，促进整个社会信用制度的完善。

纵观信用担保体系比较成熟的发达国家，都有一个共同点，即相应的法律法规比较完备，支撑着担保行业，维护着担保行业的权益。从我国担保业立法情况看，相关法律建设滞后于担保行业的发展速度，目前国内还没有一部专门的法律法规规范和保护担保行业，现行的规范基本上是国家各有关部门出台的部门规章和地方政府根据有关政策自行制定的地方性法规。这些部门规章立法层次相对较低，效力有限，难以对担保行业整体和该行业所涉及的社会关系进行全面的规划和调整，也难以提供有效的政策支持和保护；况且部门规章属于指导性文件，缺乏法律法规的刚性，使得实际执行中的效力和作用受到影响，不利于担保行业社会环境的整体改善。

二、建立企业信用体系管理机制

企业信用体系管理机制是国家管理机制的一部分，这种机制创造了一种适应并规范信用交易发展的市场环境，保证了一国市场经济从原始支付手段为主流的交易方式向以信用交易为主流的交易方式转变，促进市场经济更加成熟。由于20世纪我国的计划经济只需要国家信用，不需要企业信用，导致我国国家信用管理体系还相对落后，与我国目前的经济发展规模不相称，因此政府应该发挥积极推动作用，建立信用体系管理机制，包括：企业征信系统的建立、企业信用风险防范机制的形成以及失信惩戒机制的完善。

（一）建立企业征信系统

征信，就是通过一定的机构，对企业的信用状况进行调查，为有关单位提供信用咨询。在信用体系较为发达的国家，通常通过建立征信所之类的咨询机构来完成征信系统建设。征信工作同时涉及对企业的信用评估，信用评估以信用档案信息作为评估的基本依据，根据以往的信用记录，评定地区、企业的信用等级，从而影响企业之后开展的经济贸易活动。完成征信及信用评估后，还应该建立统一的信用信息查询平台。社会信用信息是一种市场资源，可将银行、工商税务、公检法等部门掌握的社会信用信息进行微机储存。通过信息技术手段将信用信息传递到位，向社会提供完备、权威的信用信息服务，推动全社会信用体系的建立和完善，编织一张密不透风的大网，由点、线到面全面构建企业征信系统，使失信者无藏身之地。

在建立企业征信系统时，要打造信用区域作为示范区，对示范区内的企业给予积极的金融支持，以彰显企业坚守信用的价值。增进银行与司法、工商、税务、宣传等部门的联系，促使各机构相互之间在信用建设方面协调配合，利用新闻媒体对企业进行信用教育，提升企业的信用素质。着力帮扶和打造信用服务中介，为征信系统的建设助力。信用信息的市场化是信用服务行业发展的客观基础，是建设信用体系的必由之路。整顿和规范现有的中介服务机构，要借鉴国际经验，建立和发展若干个具有权威性的资信评级机构，打造企业的资信管理网络体系，发展一批信用担保公司，促进信用中介服务行业的市场化发展。中介机构要坚持独立、客观、公正的执业原则，公正办事，不轻信欠完整的证据，不提供、传授虚假信息，不出具虚假鉴证报告，不做假账，讲究职业道德，自觉规范自己的行为，以发挥净化企业信用环境的作用。

（二）建立信用风险防范机制

信用风险防范机制的核心部分是信用保险，信用保险最原始的功能在于保障企业的贸易收汇安全。除此之外更重要的是，它具有风险预警、信用评级、贸易融资、对失信行为的威慑与惩罚等诸如此类的强大的衍生功能，这些功能融合在一起，可以实现事前、事中、事后的全流程信用风险防范。若将信用风险防范机制的作用运用到企业发展战略中去，必将对企业有效规避信用风险提供很好的帮助。从企业注册时起，企业每季度从收入里扣除一定数额的保证金缴纳给国家，这样成立超过一定年度的企业，一旦发生财务危机，信保机构可以参照社保救助方式，帮其度过危机。一旦发生买方失信案件，保险机构在对企业赔付后还会对买家进行追偿，凭借专业的追偿渠道，利用法律武器迫使失信者偿付债务。另外，保险机构可设立黑名单制度，将违反信用规则的买家公之于众，金融机构不会对其融资，供应商再也不可能和其进行信用交易，失信买家就将成为信用体系中的众矢之的。这样可以使得失信买家按照信用交易的游戏规则来办事，重塑其信用，维持整个信用体系的正常运转。

建立信用风险防范机制，还要以重建个人信用为基础，加快企业信用制度建设。制度作为社会的游戏规则，是任何社会都不可缺少的。在国民信用体系比较完善的国家，因为失信和欺骗行为会使加害方自身遭受严重损失，使人们不敢以身试法，日积月累才成就了社会良好的风尚和习惯。如果个人没有信用或者有不良的信用记录，不但求职谋业困难重重，而且银行不会发放贷款，商场拒绝其购物，电话公司也不会为其提供服务。如果企业没有信用或者有不良的信用记录，银行自然不会贷款，公司也休想上市，上市者则股票会一落千丈，各类债主也会纷纷找上门来要求偿还债务，可谓步履维艰。我国已初步建成社会主义市场经济，初步具备了与市场经济相适应的法治环境与竞争机制，但尚未形成符合市场经济要求的信用制度。这就要求我们迅速进行信用制度这种市场经济的基础建设，以形成良好的信用环境，防范企业信用危机的发生。

（三）建立企业失信惩戒机制

政府部门应该本着公正、中立的原则积极建立失信惩罚机制，监督信用行业的规范发展。具体来说，失信惩罚机制应该有两个组成部分，一是企业与个人的信用记录。建设企业与个人的联合征信数据库来记录信用信息，对于数据库中的不良信用记录，要有能够合法且有效公示的手段。二是对失信者的社会联防措施。比如所有的企业、商店、公用事业单位、金融机构和私人业主都不得与有严重失信记录的企业与个人进行信用交易，重要行业的雇主不得聘用有失信记录的人，提高其经济交易甚至日常生活的成本。这样，失信的企业和个人在经济方面难以再有发展，在社会生活方面将处处不便。让失信惩罚成为一种制度，时刻威慑和警戒经济主体失信不仅会形成自身与客户之间的矛盾，而且还将升级为自身与全社会之间的矛盾。只有诚实守信，这才是谋求发展的良方。失信惩罚机制的主要作用在其震慑作用和教育效果，一是让失信者受到相当长时间的社会联防的惩罚，提高其生活成本；二是以其受到的惩罚教育失信者并震慑大众不敢轻言失信。但是，对失信经济主体的有效惩罚并不意味着要对其进行毁灭性的打击，失信经济主体在付出惨痛代价之后，应给予其基本生存的空间和改过的机会。而且，失信惩罚机制不仅要承担打击失信的任务，还应该具备奖励功能。比如，可以通过设立"红名单""绿色通道"、降低信贷利率等方法，对诚实守信的企业和个人进行奖励，降低诚实守信者参与市场的成本。

企业诚信与否，单靠道德约束是远远不够的，只有将制度和法律的强制约束与道德的软约束相结合，才能有效地整顿和规范市场经济秩序。一方面可以严厉打击失信者，令其破产倒闭，另一方面又可以保护守信者的合法利益不受侵犯。形成有效的失信惩戒机制，要明确对失信者惩戒的相应负责机构。经济活动中企业的失信行为五花八门、种类繁多，因此需要根据不守信行为的性质、类型、程度等的不同，按道德、行政、司法的不同惩戒方式来进行约束。即通过建立并执行一系列正式规定和非正式的约束，通过个人、媒体、企业行会、协会、政府主管部门、司法机关等不同层次的制约管理来建立健全失信惩罚机制，综合运用行政、经济、法律、舆论等各种手段，对信用不良的企业给予必要的惩罚，严厉打击破坏市场信用的各种违规违法行为，以威慑不守信行为、增加不守信行为的相应成本，从而起到限制、防止，甚至杜绝不守信行为发生的作用。惩处方面，可以加强部门间的协调、配合，实行对失信行为的联合惩治，以提高警示作用，而在惩处内容上，区别不同对象、性质以取得更好的社会效果。

除失信惩戒机制外，还需建立守信激励机制，从正反两面来正确引导企业的行为选择。在对守信者的奖励方面，更要逐步建立守信奖励制度及机制，对守信用的企业和个人在信贷、工商注册、税务等方面给予优先、便利，以彰显社会正义，进而逐步形成诚实守信的好风气。例如，为了建立诚信纳税的激励机制，国家税务总局可以将纳税人分为四个等级，实行不同的管理待遇，对信用较高的 A 级纳税人免除当年税务检查，对信用较低的 D 级纳税人依法收缴其发票、停止向其发售发票或停止其出口退（免）税权。国家市场监督管理总局根据企业的信用状况将其分为四个等级，分别采取不同的管理方式：对于守信企业出示"绿牌"，予以重点扶持、年检免审、免于日常检查，提供优质服务等；对于那些严重失信的企业出示"黑牌"，吊销其营业执照。质检部门也要充分运用质量监督、检验、检疫、认证等各项行政监管和执法手段，建立完善企业质量信用档案，研究实施企业质量信誉等级评价制度，按照企业信誉等级实施分类管理。通过这一系列措施，可以解决中小企业的道德风险问题，从根本上提升企业的信用意识和信用水平。

三、建立企业信用信息共享机制

企业征信遭遇数据瓶颈，资信状况不透明，其突出表现就是数据收集不规范，人为因素介入过多。毫无疑问，企业的失信或违法记录对于企业信用度评判影响是毋庸置疑的。然而，政府信息孤岛林立，各部门信息散落，各家公司也"自立门户"，游离于央行的征信系统信息之外，缺乏整合。面对分布在各大数据库里相对孤立的海量企业违法信息，进行实时全面收集是比较困难的，即使通过人工收集，也难以做好数据的处理，其工作量和所耗人工成本巨大难以想象。目前，我国虽然已经建立起了全国统一的信用信息公示系统，比如国家企业信用信息公示系统、全国企业信用信息数据库，以及在国务院领导下由中国人民银行组织建立的全国统一的企业信用信息共享平台，但信用信息的数据采集依旧要通过企业等商事主体按照规定自行报送，这就导致企业报送的报表、年报等作假也难以及时被察觉。

全面而准确的信用数据是建设社会信用体系的基础，而数据的收集一旦掺进了人为因素，其可靠性以及权威性便会大打折扣。企业报表反映的真实性不高，相应的可参考性也不会很强，导致评级报告的可依赖程度大打折扣，传统的信用评级系统并不能真实地反映信用能力，其应用范围狭窄，被认可的领域难以扩张。民营企业市场环境、经营状况各不相同，担保环节凌乱无序，严重加大了市场和竞争环境的评估难度，加大了征信机构搜集数据的成本，这也造成了银行对第三方信用评级的信任度偏差。

信息技术是建设信用社会有力的技术支撑，信息技术的合理使用是社会信用体系建设和顺利进行的基本条件，而征信系统的建设必须依靠信息技术。通常来说，专业的征信机构把分散在社会各个领域的个人信用信息，通过合法手段进行采集、加工、存储，形成个人信用档案，并根据用户的要求，提供个人信用信息查询和信用评估服务，同时还将采集公安、社会保障等部门的个人信息，个人缴纳电话、水、电、燃气等公用事业费用以及法院民事判决和个人欠税等公共信息全部录入个人信用档案，以便更全面地反映个人的信用状况。而对于企业征信，就是指在对企业等市场参与主体的信用记录、经营水平、财务状况、外部环境等诸因素收集后形成信息数据库，并在对企业数据分析研究的基础上，对其信用能力进行综合评价。征信活动的整个过程都离不开信息技术。整合信用资源，开放共享信用信息数据，建立统一、科学、权威的政府部门信用信息披露系统、行业（企业）信用信息收集发布系统、个人信用信息服务系统，是社会信用体系建设的重要基础和核心。信用信息数据库和数据库之间的共享，需要数据库技术、计算机技术、网络技术以及相关软件和技术标准的支撑。

信息技术可以加强信用信息的公开程度和信用监督的有效性。信息技术可以极大地提高信用信息的公开度，扩大信用信息的共享范围，方便全社会成员共同使用。同时，对于信用状况的评价结果，利用数据共享机制可以更好地实现对信用状况不良者的监督和制约，起到预防的作用。信息技术还可以丰富信用教育的手段，增强全民的信用意识。传统的言传身教的方法已经不能满足现代社会的需求，运用信息技术，开展网络教学可以扩大受众面和降低成本，加快促进全民信用意识的提升。

目前，实现企业信用信息共享机制，还需要规范企业信用信息数据采集与处理。截至2019年6月19日，中国已建立全球规模最大的征信系统，征信系统累计收录9.9亿自然人、2591万户企业和其他组织的有关信息，个人和企业信用报告日均查询量分别达550万次和30万次。此外，中国人民银行推动地方建立中小微企业信用数据库，补齐征信服务短板。累计为260多万户中小微企业建立信用档案，其中约55万户获得信贷支持，贷款余额达11万亿元。[①]这也就是说，这些企业和个人从事经济金融活动的信用状况将被记录到"经济身份证"上，成为与企业和个人永远相伴的档案。下一步，政府可以利用大数据技术，在不新建系统的前提下，充分利用原有散落在工商、税务、统计、海关等各业务系统中的信息资源，借助以互联网开源信息为抓取对象的网络数据自动化采集系统，对这些信息数据进行各部门内部系统信用数据以及各部门系统间的信用数据整合，最后形成能够在各地市政府官网可查或有接入口的信用报表或数据等。在此过程中，尽量减少人为因素的介入与干扰，从而使得企业信用信息共享机制更加公允，提供更为客观真实的数据。

四、建立企业信用服务体系机制

信用服务体系是由信用服务机构提供的全套与信用信息有关的服务，提供信用服务的主体称为信用服务机构。信用服务主要包括信用咨询、信用调查、信用评估、商账催收、资产评估、信用担保、信用保险、保理和信用培训等方面。按照中央银行的规划，我国的信用服务机构总体上应该由少数大型的全国性的基础信用信息资源的征信机构和众多提供信用信息评估等信用增值服务的各类区域性、地方性信用增值服务机构所组成。既充分利用大型征信机构的数据，发挥规模效益，又适应不同信用信息需求的多层次、多方位的信用机构体系。现阶段对企业信用的服务体系建设应重点放在征信、资信评估以及行业协会等机构上，既能适应当前企业信用建设的需要，又可以为社会提供优质的信用产品。

目前，我国虽然也有一些为企业提供信用服务的市场运作机构，如征信公司、资信评级机构、信用调查机构等，市场上也出现了一些信用产品，例如信用调查报告、资信评级报告等。但市场规模很小，经营分散，而且行业整体水平不高。市场竞争基本处于无序状态，没有建立起一套完整而科学的信用调查和评价体系。我国信用中介服务市场还存在严重的供需双重不足的

---

① 中国建立全球规模最大征信系统［EB/OL］. 人民网，2019-06-19.

局面：一方面信用服务行业的社会需求不足，社会和企业对信用产品的需求还十分有限，企业普遍缺乏使用信用产品的意识；社会其他主体在经济交往中未能利用信用产品来保护自己的利益；国家有关部门对信用的需求不够，很多政府债券和企业债券在向公众公开发行时，政府并不要求由公正的信用评级机构进行评级。另一方面，从信用服务的供给来看，国内有实力提供高质量信用产品的机构或企业还很少。同时，我国整个信用中介服务行业缺少健康发展的市场环境。社会相关的信用数据的开放程度很低，很多涉及企业的信用数据和资料服务企业无法得到，从而无法依靠商业化、社会化的、具有客观公正性、独立性的信用调查、征信、资信评估和信用专业服务等方式来提高社会信用信息的对称程度，导致了失信现象愈演愈烈。消费者个人信用调查市场更是一个被严格控制的领域，开放度更低。

目前，对于建立多元化的信用体系和信用结构以适应我国经济社会的发展的呼声越来越高。我国市场的发展对信用提出了愈来愈高的要求，而信用制度和信用管理体系的基础设施建设却远远落后于这种要求。我国尚未形成一个以信用中介机构为主体的市场化的诚信服务体系，信用信息共享性差、中介机构规范性不够、授信评级也缺乏一个权威性机构，各项信用制度十分不完善。要学习借鉴信用体系较为成熟国家的经验，高起点、高标准地扶持、培育社会信用中介机构，建立社会信用中介机构的民间管理组织，加强行业自律，提高社会信用中介机构的组织化程度。建立社会信用中介机构及其他社会中介机构，如会计师、律师事务所的连通互联机制，以加强这些社会中介机构之间的互通有无，为信用服务体系建设添砖加瓦。制定信用中介服务业的行业规范、从业标准以及行业的各种规章制度，促进行业自律发展，协调行业与政府及各方面的关系，从专业角度推动相关立法的出台，组织信用管理专业知识培训和考试等。把信用管理机构建立成一个包括社会各类企业在内的统一的、开放的信用数据库，并能够及时对有不良信用记录的市场主体进行惩罚，且这种处罚不会简单地随着个人和企业的破产、停业而消失。大力培育本土信用中介机构，不仅是促进信用行业发展、建设社会诚信体系的需要，更是在经济全球化条件下，掌握国家和企业信用评级主动权的需要。要采取有效的市场准入管理策略，完善配套服务，大力发展从事企业征信、增值服务的信用中介机构，推动成立信用服务行业协会，开展行业服务、行业自律和行业标准制定等工作，加快形成信用产业链。随着信用业务的开展，信用中介机构自身信用更加重要，要抓紧落实监管和仲裁机构，明确监管责任，实现信用中介机构规范发展，为防范企业信用危机的发生提供外部环境的约束力量。

总之，治理企业信用危机、提升企业信用水准，不是一朝一夕之事，而是一项复杂的系统工程。通过严厉打击当前的恶意失信和反信用行为，完善立法、严格执法，通过加强宣传、教育，增强全社会的道德意识、信用意识，通过加快企业改革，加强企业内部信用管理，通过完善社会主义市场经济体制，构建社会信用管理系统等，形成政府、企业经营者、消费者在内的全社会联动的信用机制，从而使我国社会主义市场经济健康有序地发展。

第六章

企业财务危机管理

第一节　企业财务危机概述

一、企业财务活动

在市场经济环境下，任何集体和个人开展经济活动都需要资金的支持。作为企业而言，围绕开展经济活动所需的资金而进行的，包括获取、使用、转移等在内的一系列行为都可称之为企业财务活动。财务活动是企业生产经营的基础，也是研究企业财务危机和财务危机管理的背景和先决条件。

（一）企业财务活动的内涵

从广义上讲，一切和企业资金相关的活动都可以称为企业财务活动。从经济学理论上看，企业财务活动这一概念揭示的实质是资金在企业内部和企业外部的运动过程：在原始状态下，企业使用本金从外部租赁场地，购买设施和原材料并雇佣劳动人员，为生产经营活动的开展做好准备。接下来，雇佣的劳动人员使用企业的场地、设施、原材料开展生产经营活动，将原始的生产资料转化为产品，并将企业使用本金购买并在生产经营活动中消耗的各类价值转移到产品中去。最后，当产品进入市场，完成了商品向货币的"惊险的跳跃"之后，企业需要将赚取的利润进行内部分配，并用盈余的资金购买或雇佣新一轮生产经营活动所需的资料和人员。在一轮又一轮的生产经营活动中，资金依周期而不断运动。如果以进行生产经营活动的特定企业为主体，那么资金的运动可划分为"收入"和"支出"两方面。"收入"和"支出"构成了企业的四种主要财务活动：企业筹资活动、企业投资活动、企业经营活动和企业分配活动。

1. 企业筹资活动

企业筹资活动是指企业通过借贷、接受投资、发行股票或债券等为生产经营筹集资金的活动。当借贷、投资的款项流入，股票或债券被购买时，资金就会从企业外部流向企业形成收入，并供企业使用。当需要偿还贷款、支付利息或填补其他由筹资活动产生的成本时，资金就会从企业内部流出形成支出。资金的筹措是企业生产经营的开展所必须的活动。

2. 企业投资活动

企业投资活动是指企业通过购置资产、投资项目或直接购买其他股票、债券等向企业内部或外部的特定模块注入资金的活动。在企业内部开展的各类有形资产购入和员工培训等属于内部投资，而支持企业外部的各类项目、购买股票和债券等则属于外部投资。投资活动的本质是通过资金的转移和转化，使得企业所拥有的资产增值并达到长期盈利的目的。

3. 企业经营活动

企业经营活动是指企业通过生产和销售过程来实现直接的资金盈利的活动。在生产过程中，企业将资金用来购置场地、设施、原材料等生产资料，雇佣所需的劳动人员。在销售过程中，产品的销售所得构成了企业的收入。经营的过程中可能还会产生其他的收入或支出，经营活动最直接地体现了资金的运动过程，是企业所有活动的核心。

4. 企业分配活动

企业分配活动是指企业通过纳税、发放工资福利和分红等方式来对盈余的资金和其他增值资产进行分配的活动。企业的一切活动都是为了实现盈利，而盈利所得的各类资产需要合理地分配至在取得盈利的过程中有所付出的各主体处。资金的支出是分配活动最直接的表现形式。以资金为主要载体的合理分配不仅是为了提供报酬，也是企业之后的生产经营得以良性运行的前提条件。

（二）企业财务活动的管理

在市场经济环境下，企业为了实现盈利，需要在激烈的市场竞争当中脱颖而出。为了具备脱颖而出所必须的竞争力，企业不仅要在产品和服务上下功夫，还必须具有专业的经营和管理模式。财务活动作为企业活动的重要组成部分，自然也需要进行专业和严格的管理。特别是在委托—代理关系下，财务管理代表的资产所有权和经营权的分开以及经营者的专业性也显得十分必要。在现代企业框架下，财务管理已经成为企业的关键模块之一。由专业的财务管理人员依照法律法规、企业内部制度和专业的财务管理原则来对企业财务活动进行组织、处理和控制，是现代企业的标准配置。

从概念上说，财务管理是指根据财经法规制度，按照财务管理的原则，组织企业财务活动，处理财务关系的一项经济管理工作。从过程上讲，财务管理大致可分为财务规划和财务控制两个部分。财务规划是指根据企业和市场情况来设置财务目标和计划，包括确定财务目标、制定财务计划、制定和分配预算、确定财务标准等。预算过程是财务规划的核心。事实上，广义的预算可以等同于财务规划。财务控制则是指企业依据做好的财务规划开展行动，并通过不断地干预和控制保障企业目标得以实现的过程。财务控制的手段包括预算控制、成本控制、风险控制、审计控制等，涵盖了企业财务活动的事前、事中、事后的各个流程，本质是将计算和统计出的现有数据和财务规划中的预设数据相对比，发现差异和问题并通过调整策略和优化资源配置来解决问题。最后，在一个财务目标结算完成后，企业还需要对过程中的各主体行为进行评价考核，依据考核结果进行激励，并根据目标的实现状况对下一步行动做出新的规划。不难发现，财务规划和财务控制共同组成了企业财务管理的一个闭环。

在已有的企业管理经验和理论中，对企业财务管理的论述通常会强调一些普遍性的原则，例如风险—收益的对等、货币的时间价值、强调增量等。这些原则对企业财务管理活动做出了规范性的要求，其目的在于通过确保规范的财务管理来实现企业财务活动的良好开展，进而确保企业目标的实现和整个市场的良性发展。但是，从风险和危机的角度来看，规范性的原则并不能实际有效地指导企业化解风险和危机。同时，在日益复杂的市场环境和社会背景下，实务性的指导也无法确保企业财务活动的绝对安全。在筹资、投资、经营和分配等财务活动中，企业不可避免地会遭遇风险，而当财务管理无法将其化解，风险就会转变为财务危机，对企业生产经营活动造成威胁。

二、企业财务风险

现代社会风险无处不在，具体到企业管理领域，风险社会的出现意味着企业不得不在防范传统风险的同时，应对由网络技术、大众传媒、全球化乃至社会心态的变化带来的多种新型风险。在财务方面，如果说企业财务活动描述了企业财务运转的"正常状态"，那么财务风险指向的就是"正常状态"中蕴藏着的"异常要素"，如果不对这些"异常要素"进行及时处理，那么企业财务就将变成"异常状态"，即产生财务危机。如果"异常"的存在成为"正常"，那么企业就必须时刻做好防范和应对财务风险的准备。

（一）企业财务的传统风险

通常，企业财务的传统风险主要包括筹资的风险、投资的风险、经营的风险、财务管理的风险、市场与制度的风险等五种。

1. 筹资的风险

在筹资活动中，企业需要尽可能地吸引资金进入以作为生产经营活动的启动资本。但吸引资金的过程势必充满不确定性，无法完成足够的筹资会影响后续的企业活动。此外，部分企业还会通过借贷、发行债券或股票等方式预先获得资金收入，但在生产经营过程中，如果商品向货币的跳跃未能成功，企业就会面临资金链断裂和无法偿还贷款的境况。而股权的变动和转移也可能带来恶意收购甚至兼并的风险。

2. 投资的风险

企业的投资活动通常意味着将资金转移至其他市场主体，或转化为知识、技术等其他资产。但投资的最终目的是获得收益，即实现资产的增值。如果因投资论证不力、内部员工或外部企业的不合作、市场环境变化等因素导致投资失败，转移或转化的资金无法回流形成收益，企业就会受到损失。

3. 经营的风险

企业经营的过程是生产、销售产品以赚取收益的过程，并且这一过程需要足够的资金流支撑。如果出现产品质量不佳或更新换代不及时，或销售策略不符合市场需求，或出现资金回笼慢和负债率高等资金流动不畅的状况，就会影响企业的经营和收益，甚至造成资不抵债和亏损的状况。

4. 财务管理的风险

有效的财务管理是企业财务活动顺利开展的保障。但当存在财务制度漏洞、财务人员操作不规范或审查不严格，或因领导失误导致收益分配不合理等违背财务管理原则的状况时，无效甚至混乱的财务管理反而会成为企业获益的阻碍。

5. 市场与制度的风险

筹资、投资、经营和财务管理的风险来源于企业内部，是由企业自身的行为引发的风险。同时，一个企业的运转还要受到更宏观的市场和制度环境的限制。在企业外部的市场和制度等层面，也存在着许多风险因素。例如原料供应断裂、通货膨胀或紧缩、新情况导致的市场变动等可能引起企业的市场份额下降。经济、货币政策，金融和监管制度或其他官方政策和制度上的变化也会直接影响企业的筹资、投资和生产经营活动。

（二）企业财务的新型风险

在现代社会，新兴技术、网络传媒和全球化的发展使得企业需要面对以往从未有过的境况。新事物的出现为企业活动提供了便捷，使得人与人、企业与企业之间的连接更加紧密，同时也滋生出了前所未有的风险。在企业财务方面，这些新型的风险主要包括以下四种：

1. 信息风险

互联网的发展改变了信息生产、传播和存储的方式。互联网时代的企业往往需要处理各类与财务活动相关的信息。一方面，企业运转要求其向内部或外部公开部分信息，同时也能够从外部获取各类信息，但信息规模的扩大势必会导致对信息质量的分辨越来越困难。另一方面，互联网使得企业内部的机密信息被窃取的可能大大增加了，信息安全的崩溃会带来企业财务活动乃至整个企业的失败。

2. 舆论风险

在信息扩张的同时，现代社会的信息生产来源也不断增长。所有拥有上网设备和技术的个体都可以成为信息的发布者，并对包括企业活动在内的各类事务发表意见。网络传媒的兴起意味着企业必须对包括网络发言在内的各类舆论进行更谨慎地处理。在财务活动方面，如果因某项行为不当或某个财务数据的漏洞而引发负面舆论，会给企业造成严重的公关危机，进而影响企业运行。

3. 全球化风险

不断加深的全球化进程意味着所有企业都被拉进同一张网。在全球化背景下，某一企业的财务活动可能会受到其所在的市场和地区之外，其他市场和地区的企业、政府乃至社会力量的影响。全球经济的变动、国家外交状况的变化乃至全球化背后隐性的资本侵略和文化侵略等都会影响企业的生产经营活动。

4. 其他新型风险

在风险成为常态存在的现代社会，其他新型风险的存在乃至未曾出现的风险涌现都是可能的。例如，新冠疫情导致生命健康风险已经极大地影响了全球绝大多数企业的生产运营。疫情带来的购买力下降和硬性的企业经营限制等造成了企业市场份额缩水、收益下降和资金链断裂。

三、企业财务危机

财务危机是财务风险长期得不到妥善处理而形成的极端表现。当企业面临的风险愈演愈烈，财务状况受到影响的可能也愈来愈大。而当企业的财务状况受到实质性的损害，影响正常的生产经营活动时，财务危机就出现了。财务危机意味着企业的资金状况出现了重大问题，生产经营难以为继，甚至会影响到企业之外的其他主体乃至整个市场。因此，一个企业能否妥善地对财务危机进行预防和化解，是攸关企业生命的重大问题。而要预防和化解财务危机，首先必须对财务危机具有清晰地认识。在此，需要对财务危机这一概念本身的含义及其特征进行剖析。

（一）企业财务危机的表现

资金是企业财务活动的核心，也是企业开展各项活动的关键性资源。当企业资金出现问题，无法支持其开展活动，甚至难以满足企业内部成员的基本分配诉求，就可认定企业发生了财务危机。从委托—代理的角度看，财务危机意味着作为代理方的企业经营者无法履行其对作为委托方的股东的责任，而作为委托方的股东在企业存在债务关系的情况下，又成为债权人的代理方，且其并没有相应的资金用以偿还债务——即履行企业对债权人的责任。最终导致企业本身和债权人的双重损失。财务危机与企业的资金状况密不可分，其核心是企业的收入与支出不对等，收不抵支，主要表现在以下几个方面：

1. 盈利能力下降

盈利是企业活动的根本目的，企业一切活动的结果最终都应该由利润来体现。利润以资金数额的形式体现在企业的收入—支出核算当中。企业具有盈利能力意味着其能够保持充足的利润，并使用利润来支持分配和新一轮的生产经营活动。而盈利能力下降则是指企业获得利润的方式被限制或赚取的利润降低，包括销售额的下降、毛利润下降或成本增长导致的净利润缩减。盈利能力下降的最终表现为财务亏损，财务亏损意味着企业的净利润已经为负，资金收入小于资金支出。而当财务亏损长期存在，企业资金就会被不断消耗，内部资源贬值的同时也很难获得有效的外部支持，最终因内忧外患而面临危机。

2. 企业负债上升

债务是企业筹集资金以开展生产经营活动的有效手段，发行一定数量的债务对企业的良好运行来说是必要的。但当企业负债上升至一个过高的水平，超出企业本身的偿债能力时，企业必然将因无力偿还债务而陷入经济纠纷和借债—偿债的恶性循环，最终导致企业信誉的下降和资产的流失。企业负债上升可能来源于缺乏良好的财务规划，借债时未考虑财务状况或对企业发展有着过于乐观的估计。同时，偿债能力的下降实际上也变相地意味着企业负债的上升，即在资产负债率提高的同时出现了资金流动能力或盈利能力的下降，如利息流动比或利润率过低等。这些恶化的财务指标都意味着企业无力偿还债务。

3. 企业资金短缺

资金是企业活动的关键资源，并且运营状况良好的企业应该保持资金的不断运动。资金运动的顺畅意味着企业长期持有足够的现金数额以备使用。

但当资金运动不畅和企业所持资金减少，以至出现资金短缺时，企业就失去了可以随时投入各项活动的现金储备，甚至连偿债、分配和开展新的生产经营活动的必要资金都无法拿出。资金的短缺源于资金运动和现金储备两方面。资金运动的不畅表现为各项周转率的下降或资金的流入量低于流出量，这意味着企业无法按时获得必需的现金以偿还债务和开展活动。现金储备的下降可能源自现金流的流入量低于流出量，也可能源于企业本身糟糕的经营状况，即其由于长期亏损或债台高筑而导致的资产贬值，已有的现金储备不断流失以至无法偿债。

4. 企业信誉危机

信誉是企业一项重要的"无形资产"。对企业来说，信誉资产意味着"可能性"。良好的信誉可以帮助企业更容易地实现有效的筹资和融资，以更低的成本和利息促成和其他主体的合作。而信誉低下的企业不但无法获得外部资金支持，难以达成商业合作，还会因信誉资产的流失而间接造成企业其他资产的损害——这是因为信誉等"无形资产"具有转化为有形资产的能力。比如，一个信誉低下企业的股票市价会持续缩水，导致企业市值的蒸发和企业资金的减少，同时，银行等债权方则会提出更加紧张的债务方针，如通过提高利率和限制偿债时间等，这些都会对企业的盈利造成影响。

5. 企业破产

企业破产是指企业因无法偿还债务或资不抵债而向法院申请宣告破产，并依破产清算制度进行债务处理的做法。破产在启动清算的同时，自然也意味着企业原有生产经营活动的停止，企业生命至此终结。无论是因为利润的下降还是因为财务原因导致的偿债不能，其本质都是企业彻底失去了进行活动所需的资金，并不得不以终结企业活动和交出资产的方式用于偿债。对于一个企业而言，没有比破产更为严重的财务危机。但是，需要进一步指出的是，当下学术界和企业界对企业财务危机的讨论多数是在市场经济的前提下进行的。企业破产作为财务危机的最终表现，是相对于企业自身而言。但一个持续运行的市场经济体内部必然存在诸多相互竞争或合作的企业，一个企业的破产势必会对其他企业造成影响，甚至冲击整个市场环境。因此，企业财务危机具有某种意义上的"超企业"性质。从这一角度来说，对财务危机进行预防和化解，也是企业履行社会责任，捍卫市场安全的表现。

（二）企业财务危机的特征

自破产以下，企业财务危机具有多种表现形式。但如果从经济和危机管理的视角对这些表现形式进行观察，就会发现它们具有某些共同性的要素。这些共同性要素可以被看作企业财务危机的特征。对企业财务危机的特征进行描绘和分析，有助于对企业财务危机做出进一步的认识，从而为危机的预控和化解打下基础。一般说来，企业财务危机主要有以下特征：

1. 渐进性

企业财务危机是一个由不断积累的量变导致质变的过程，这种量变的体现一是时间上，二是程度上。在时间维度上，错误决策、财务风险等导致企业财务危机的各类因素不会立刻引起企业财务上的崩溃，而是会在持续作用一段时间后导向财务危机的表现。从产生到发挥作用再到最终引起危机，需要一段时间的积累。在程度维度上，单一的财务问题只会在一定程度上影响企业财务，而不会立刻导致财务危机。重大的财务危机一定是数个财务问题和风险持续和共同作用的结果。多次出现的问题不断加重企业财务隐患的严重程度，财务危机则会在达到一定程度后爆发出来。

2. 突变性

企业财务危机是量变导致质变的过程，如果说量变过程体现的是财务危机的渐进性，那么质变过程则反映了财务危机的突变性，即企业财务状态发生了由好到坏、由增长到亏损、由稳定到动荡的质的转变。企业财务状态的质的转变是突然发生、短时间完成的。例如，在持续的销售额下降和成本上升的作用下，企业收入与支出的比值达到临界点，收不抵支导致企业瞬间陷入亏损状态。又如，长期的资信状况不佳或关联企业突然爆发财务危机，会导致企业的股票状况迅速下跌，市值瞬间蒸发。这些亏损和蒸发的过程都是在短时间内突然完成的，突变的结果就是财务危机的爆发。

3. 复杂性

企业财务危机具有从盈利能力下降到企业破产等多种表现形式，同时导致这些危机的因素也多种多样，不仅包括已知和未知的多种财务风险，还包括财务要素以外的企业管理、组织结构、价值规范乃至所在市场、地区和国家的各方面状况。如果依照一般的统计学方法，将导致财务危机的各种因素和产生的各种危机表现形式看作一组具有因果关系的变量组，那么由于其中的自变量组和因变量组的变量过多，一个因素可能会导致多种财务危机，而同样的财务危机又可能来源于不同的因素组合，并且因素和表现内部的复杂关系也会导致内生性的统计问题。因此，试图从逻辑上对引发财务危机的原因做出清晰地描述和解释是十分困难的。这也表明了企业财务危机的触发是一个系统的、连续的过程，其中的各个要素具有极强的关联性和层次性，整体呈现极为复杂。因此，需要对企业财务危机的复杂性做出清醒认识的基础上，尽可能将财务危机作为一个整体来进行考量并部署应对策略。

4. 可逆性

企业财务危机描述的是企业资金的问题，而资金出现问题就意味着企业的生命受到了威胁。从生命周期理论的角度看，财务危机中的破产意味着企业生命的终结。但不同于自然意义上的生命周期，财务危机导致的企业生命周期终结的过程并非不可逆的。相反，如果在危机发生阶段对企业进行有效重组，并利用各种手段改善资金状况，企业就有可能转危为安，甚至将危机变为机遇，在市场中争得先机。要实现这一逆转，需要根据财务危机的不同表现和阶段采取不同的策略。例如，在出现亏损和负债率上升等更大规模危机的前兆时，企业要及时调整经营和管理策略。在债务和信誉状况不佳时，要果断进行结构优化和重组。即使是在破产清算后，企业也可以通过破产重整而重获新生。当然，任何逆转的尝试都是需要成本的，企业和投资人需要基于成本—收益的核算进行取舍。

5. 扩散性

传统的企业财务、危机管理和企业生命理论的着眼点都是企业自身。这类研究和在其指导下的企业实践将企业破产视为企业财务危机的极端表现，也是企业生命的终结。但是在市场经济环境下，任何企业必然处于一条或多条产业链中的一环，在产业链的上下游有着多个合作企业与其连接。同时，企业通过筹资、投资等方式也会对市场中的其他主体造成影响。而当财务危机出现，不仅企业自身会受其影响，其他的合作或关联企业、消费者和投资者等市场主体和整个市场环境都会或多或少地受到波及。甚至，由于信息技术和全球化的发展，当代社会的企业和企业、企业和社会的关联愈发密切，单个企业的财务危机很容易通过生产链条、股票市场等机制扩散开去，导致更多的财务危机、财务之外的企业问题和企业之外的市场和社会问题等一系列连锁反应。

第二节　企业财务危机的成因及分析

为了进一步分析并提出危机预控和化解的策略，我们还需要对企业财务危机的成因进行分析，从企业内部和企业外部两个方面，对财务危机的成因进行梳理，并从动态的角度分析这些成因对企业财务危机的作用过程。

一、企业财务危机的内部成因及分析

（一）财务决策不科学

在委托—代理框架下的现代企业将所有权和经营权分离至持股人和经营者双方，企业的经营者掌握着企业的管理权，而由部分持股人组成的董事会也对企业的经营管理有监督和指导的权力。上层经营者和董事会共同构成了企业的顶层管理人员群体，决定着包括企业财务活动在内的各项活动的决策。在财务方面，当顶层决策出现失误，企业的整个行动势必会偏离正轨，进而容易陷入诸多的财务风险当中而诱发财务危机。因此，顶层决策不科学是企业财务危机发生的一个重要原因。

所谓"不科学"的顶层决策可能包括诸多方面。例如，在推行过于保守的宏观战略以致无法适应市场变化，导致企业销售额的下降和亏损；对企业的财务弹性和经营前景过度乐观而开展盲目的扩张和资本运营，最终使得企业无法背负债务；在微观的投资方面缺乏足够的研判，做出了错误的投资决策而导致企业财务损失。总而言之，导致财务危机的、不科学的财务决策包

括企业宏观战略决策、财务直接相关和间接相关的决策等多方面。这是由于企业作为一个整体，内部的各个零件势必互相关联，并且财务活动关系到作为企业核心的资金和利润，必然会更多地受到企业内部其他模块的影响。

一般说来，导致这些不科学决策的责任应当归结于企业的管理层，企业的董事会和经营者是决策的直接负责人。但管理者做出不科学的决策，则有着更多的深层次原因。其一源于管理者自身缺乏必要的战略眼光和经营能力。例如，管理者过于保守或脱离实际、自负地依靠经验甚至主观臆断来进行决策，甚至不了解市场和企业经营的最新变化等。这样的管理者无法准确地把握企业决策的要素和原则，其做出的决策必然是失败的。其二源于决策程序的不完善。例如，在学界已有的诸多决策模型中，有限理性假设是描述决策者的一种主流理论。因人类自身理性是有限的，故而需要预先设计的严格的决策程序予以补正，即通过程序理性来弥补人类理性的不足。一个现代企业必须拥有一套科学的决策流程并在实践中严格执行。但在实际决策过程中，管理者以经验压倒理性、跳过某个决策环节或在某个环节的处理不够完善，就有可能使得最终的决策出现偏差。其三源于决策信息的缺乏或错误。现代社会在很大程度上是一个信息社会，信息是包括企业决策在内的人类行为所必须的重要资源。现代的和科学的决策模式严格来说，是一种以成本—收益分析和循证方法为核心的决策模式，即在明确的目标前提和充足的信息支撑下做出判断。但是，信息社会的另一个特征是信息冗余和爆炸，这意味着企业管理者需要耗费大量的资源进行信息的识别和筛选。在复杂的企业经营环境下，信息的不充分和错误都会导致使用该信息进行的决策出现问题。最后，还有其他诸多因素也会导致企业决策的失误，例如过于突然以至难以预料的市场和政策变化、企业管理者或股东谋求私利、决策者群体的内部结构等。总而言之，财务决策不科学导致企业财务危机的不仅仅是财务问题，还涉及企业的人事、组织、运营等多方面，并且归根结底是人的问题。

（二）财务制度不合理

在企业上层管理者做出决策后，企业中层和一线员工就要担负起执行决策的任务，他们是企业生产经营活动的直接参与者和执行者。为了保障企业的良好运行，对企业人员的管理和规范是必要的，这种管理和规范的体现就是企业的各项规章制度。制度设计决定了企业的基本框架、活动准则、具体行为方式等。设计规章制度的根本目的是将企业人员拥有的权力和担负的责任匹配起来，以控制其按照企业的既有规划行事。财务制度承担起了对企业人员在财务方面的规范和约束，不合理的财务制度设计会使得财务制度失去对企业人员的约束能力，甚至会使部分员工有机可乘，通过钻制度空子来谋取私利，加剧财务危机的发生。

企业财务制度的不合理，主要表现在财务规范、制度设计乃至管理体制和利益分配等多个方面。在直接为财务活动而设计的制度之外，企业一般性规章制度的不合理也可能成为财务危机发生的诱因。其一，直接的财务制度应该明确对企业财务活动权限、流程、责任划分和利益分配等事项做出分割和落实处理，好的财务制度应当符合企业和人员的实际情况，但当制度设计混乱、不明确、不适合企业状况时，就可能会出现财务人员权限不明、权责不对等、企业资产管理混乱等状况，这些都是导致财务危机的直接因素。其二，在具体财务事项的规范上，财务制度的规定应该做到事无巨细，充分考虑各种可能情况，并安排足够可靠且专业的财务人员严格按照制度落实。但如果细节上的财务制度出现漏洞或落实不到位，就会导致风险的滋生和危机的出现，例如因财务审批规范得不清晰而导致落地的企业项目存在经济隐患等。其三，在直接面向企业财务的制度之外，某些一般性的制度规范也会影响企业的财务状况，如人事管理制度、内部沟通制度、销售规范等，这些一般性的制度直接关系到企业活动的成功与否，当因这些制度的不合理而出现用人失误、沟通不畅或销售滑坡等现象时，企业的财务状况势必会受到影响。

（三）组织结构不完善

组织结构是企业人事安排和权力—责任分配的直接体现。完善的组织结构应该有明确的层级划分，在企业各个部门和层级内拥有合理的人员结构，并在部门和层级之间建立起有效的沟通机制。当组织结构存在问题，企业人员就无法开展有效的分工和协作，这势必会危及筹资、投资、管理等一系列生产经营活动，导致企业经营状况下跌并进一步触发财务危机。

组织结构的不完善意味着现有的组织结构不能为企业活动提供有效的帮助，甚至会成为企业运行的阻碍。其一，组织结构在横向上的混乱，例如，组织结构过于混乱导致员工与员工、部门与部门之间的权责重叠或责任真空；过多的部门设置导致企业财务活动的环节烦琐和人浮于事；过于简单的大部门设计模糊了等级关系而妨碍了企业决策的执行等。其二，组织结构在纵向上的混乱，例如，过长或过短的纵向结构影响上下级的权责配置；过于严苛和死板的上下级关系导致的官僚主义问题；缺乏上下级和跨层级的沟通渠道等。其三，部门内部乃至整个企业的人员构成不合理，例如，为某部门或某项任务配置的员工过多或过少，导致冗员或工作压力过大从而影响效率；部门内的人员在知识水平或年龄结构上不合理，可能产生小团体、怠惰风气或内部分化等问题。这些问题造成的后果最终都会影响到企业的财务状况。

（四）监督激励不到位

由于资金的本质是可用于市场流通的货币，因此围绕资金资源产生的风险和纠纷远比其他企业资源来得多且严重。在企业的财务活动中，设置有效的财务监督是一个重要的管理方式。监督的本质是对企业人员的激励，以此保证其严格按照企业的规范和既定目标行事，同时确保资金和其他资产的安全。当监督激励存在缺位，企业资产就会暴露在风险之中，企业人员的行为也难以得到有效的抑制，企业财务危机的出现愈发可能。

监督激励不到位有多种表现，原因也不尽相同。其一，企业的监督制度不完善，或者和国家的法律法规和政策要求脱节，这是企业在设计监督激励机制时本身存在的问题。其二，企业在落实已有的监督机制时不到位，因企业内部控制或所有者缺位而导致监督流于形式，激励力度不够等，这两者均会影响最终的财务监督和控制的效果。其三，企业在直接激励方面存在问题，例如企业分配时的奖惩不合理、绩效评估方法或评估环节存在缺陷等，这会造成员工的付出和收益的不对等，最终也会妨碍企业的财务活动，导致财务危机的发生。

（五）核心能力不过硬

盈利是企业活动的核心，在市场竞争中脱颖而出以实现盈利是企业获得资金收入和对员工实现高质量分配的最为有效的手段。这意味着企业要有过硬的核心能力，能够以此吸引顾客、超过对手并获取利润。换言之，如果一个企业的核心能力不过硬，在市场竞争中无法脱颖而出甚至濒临淘汰，那么企业的资金和财务状况自然也不容乐观。

企业核心能力应该包括产品选择、定位、技术研发和创新等能力，本质是凭借有效的新技术生产出符合市场需求的产品。一方面，企业本身需要具有过硬的技术实力；另一方面，企业必须时刻对市场的变化保持清醒认识，并通过不断地创新以适应变化的潮流。核心能力不过硬导致财务危机的表现各异，问题不少。其一，企业本身没有过硬的技术实力，盈利方式主要依靠跟风、复制成功企业的模式，过于依靠销售策略，忽视实体产品的质量等，技术实力的缺乏会导致企业推出的产品没有竞争力，无法在质量上吸引消费者，即使因价格等因素暂时地获取了一定的市场份额，也会在长期的市场竞争中难以为继。其二，企业过于依赖已有的技术资产而失去了创新的意识和能力，部分企业在推出了成功的产品后，逐渐陷入偏保守的发展状态，对市场环境和消费者需要的最新变化察觉不敏锐、不及时，没有对成功产品的技术进行研发创新，也没有开发新技术和新产品以进入新市场的动力，最终也会在市场潮流的不断前进下被抛弃。

二、企业财务危机的外部成因及分析

（一）政治环境变化

国家或地区的政治环境对企业的生产经营活动有着巨大的影响。当政治环境发生不利于企业的变化，生产经营活动会受到影响，财务危机也就随之而来。这里所说的政治环境包括纯粹意义上的政治，以及行政、外交等和政治相关联的政府行为的变化。例如，两个国家之间外交关系的转变会影响企业与企业之间的跨国合作，国家或地区之间爆发冲突或群体性事件导致的政治动荡也会使企业自身的生产经营受到影响。此外，政府的部分特征，如行政风格、内部结构、效率和廉洁性等也会影响当地企业，如简洁高效的行政审批会帮助企业提升效率，而被曝出的政治腐败丑闻会影响政府辖区内企业的招商引资等。

政府出台的经济政策等治理行为会对企业的生产经营活动产生影响，并达到促进企业良性发展和政治目标得以实现的结果。同时，一个财务状况良好的企业能够为政府创造更多收入，并成为政府政绩的组成部分。但是，政府与企业的根本目的在某些情况下存在互斥，即政府公共性与企业营利性之间的矛盾。在异常情况下，企业的逐利行为会导致成本和负面结果溢出，以至于对公共领域内的其他主体造成不良影响，这和政府维护公共领域良好秩序的治理目标之间存在冲突。尽管政府行为可能并不指向公共性与企业发展之间的任何一方，而是基于政治利益和团体偏好的考量。在这种情况下，企业的生产经营和财务状况自然也无法得到有效保障。

（二）经济政策调整

从政府的角度来说，经济政策是政府对企业施加影响和实现治理目标的手段。而经济政策则包括市场、货币、外汇、监管等多个方面，是影响企业财务的直接因素。例如，实行地方保护主义的国家在税收和外汇等方面限制了非本国企业的发展，而在该国有投资或合作关系的国外企业势必会受到影响，出现合作障碍、资金回笼困难等问题；汇率的变动会极大地影响跨国企业的筹资、投资和经营行为，进而关系到企业的财务状况；在出现通货膨胀或紧缩时，作为宏观调控手段的货币政策和财政政策会直接影响市场形势，市场中的所有企业也会因此而产生不同的变化，部分行业或地区的企业可能会因此遭受损失。总而言之，经济政策的调整同企业活动息息相关，会直接波及企业的财务状况，造成财务危机的爆发。

（三）社会因素影响

在政治、经济之外，还有一些其他的社会因素会对企业的财务状况造成影响。这些社会因素可能来源于多种社会主体的行为，并组合成为足以影响企业的社会事件。在现代社会，社会各部分关系愈发密切，社会事件在呈现出愈发频繁和深刻的影响的同时，还具有极强的连锁性，甚至会出现由未曾预料的因素引起的新事件和新风险。

社会因素作为企业财务危机的成因，其种类多种多样，包括公众舆论、志愿活动、民生事件、疾病或灾害等都可以被看作可能诱发企业财务危机的社会因素。特别是在网络传媒极度发达的现代社会，任何一个社会事件的发生都会在一定范围内瞬间引起关注，并以超乎以往的效率进行传播和发挥影响。例如，部分媒体将公众舆论引导向错误的方向，导致群众在事实未明的情况下对企业发出质疑，形成舆论危机和公关危机；突然出现的疾病或灾害引发了社会心理和消费行为的变化，从而影响到相关企业的生产经营状况；日常生活中的个别案例暴露了企业某项产品瑕疵或行为的纰漏，招致民众的不信任和抵制等。特别值得注意的是，在现代社会，网络舆论危机和新出现的传染病成为威胁企业生存的新型风险。

（四）市场状况恶化

市场是企业生产运营所直接接触和感知的外部环境，市场状况密切地影响着企业的财务状况。这里的市场状况不仅包括整体的市场环境，还包括企业与企业之间的联系、其他企业的状况、行业或产业的状况等。市场状况的恶化是导致企业发生财务危机最直接也是最主要的外部因素，主要表现在以下几个方面：

其一，企业所面向的市场整体不景气或份额缩水。如经济或社会因素导致消费者购买力下降，或新技术促成了新的产品和市场，从而挤压了原有的市场份额。市场的不景气意味着企业难以从中开展活动和赚取利润。

其二，市场秩序混乱，结构不良。如市场内有规模过大的垄断或寡头企业、市场监管缺位导致企业之间的恶性价格竞争等，最终引发企业的财务危机。

其三，其他企业的影响。如上下游企业合作的终止、有资金关系的企业突然陷入危机、对手企业的恶意竞争、其他企业假冒或仿造等行为损害本企业形象等。这些都会使企业的物资、金钱、信誉等资产流失，或造成三角债崩坏等债务关系上的难题，最终导致财务危机。

其四，企业所处的产业本身走到了生命周期的末尾。如传统工业中的部分"夕阳产业"，或其他因技术更新换代而被遗落的产业等。产业生命走到末尾本身意味着产业由于技术成熟、创新枯竭、市场饱和和商品同质化等因素而导致的利润低下，企业发展空间不足。在这种产业中的企业本身就容易因难以盈利而爆发财务危机。

第三节　企业财务危机的预控

财务危机的出现是一个由量变转化为质变的渐进性过程，受企业内部和外部政治、经济、社会、市场环境的影响。这意味着，在量变过程切断企业内部和外部因素的影响，降低和化解企业财务风险，就能在危机出现前将其消弭于无形，这就是企业财务危机的预控。

一、企业财务风险－危机的过程及分析

在企业财务危机的过程中，企业财务活动面临财务风险是危机发生前的阶段，在企业内部和外部的各类因素影响下，风险逐渐呈现出向危机转化的趋势。在成为危机后，危机的爆发会给企业的财务状况带来影响，而企业则需要采取措施应对危机，最终以转危为安或走向破产的形式迎来危机的终结。

既然财务危机是一个从风险转化而来的过程，那么如果在风险转化为危机之前，从财务风险、财务危机的内部和外部成因的角度人为地对这一过程施加干预，就能够避免进入危机爆发的阶段。因此，企业管理者和财务人员需要对危机的过程有清楚地认识，在危机尚未形成之时及时介入和处理。

众所周知，灾害和突发事件是引起危机的直接原因，企业财务中的突发事件若应对不及时很可能促进量变的快速积累而导致危机。我们在对企业财务危机的内部成因和外部成因的分析中，建立了政治、经济、社会等宏观环境－市场中观环境－企业内部微观因素的逻辑链条，链条上要素的变化会组成引起危机爆发的具体事件。因此，分析企业财务危机的成因，并根据成因对政治、经济、社会、市场和企业内部要素进行调整和处理，是防止突发恶性事件爆发和预控财务危机的基本途径。

在现代社会，风险、突发事件和危机的关系正在转型，并呈现出更多新的特点。突显的和复杂的风险不断出现，在此情境下，引起危机的灾害和突

发事件的规模和破坏力扩大，最终引发的危机则呈现出跨界的态势，危机与危机之间的连锁反应不断加强。在企业财务领域，新型财务风险的出现使得企业愈发难以应对，而财务危机成因的复杂性则意味着其所组成的突发事件具有更强的破坏力且难以得到清除，最终财务危机本身的扩散性意味着单个企业的财务问题会在市场环境下不断扩大，并危及其他企业和市场主体。因此，在企业财务危机的预控中，管理者应该具有不断革新认识观念的思维，对企业财务和外部环境的变化及时收集足够的信息并做出处理，以做好在新的风险和突发事件的环境下预控危机的预控准备。

二、企业财务危机预控的方法

（一）树立财务危机意识

危机意识决定了企业面对危机所采取的态度。一个具有良好财务危机意识的企业不仅在面对危机时临危不乱，有条不紊，还会在危机发生之前积极主动地保持危机氛围和忧患意识，居安思危，防患未然。企业要树立财务危机意识，不仅要从文化和思想层面出发，还应该有配套的战略、组织和制度上的安排，使得危机意识真正落实到每个财务人员心中。

企业应该树立财务危机意识，切实做好具体工作。其一，在企业战略方面，保持谦逊和学习的姿态，不藐视任何竞争对手，对同企业有财务关系的市场主体保持清醒认识，不对自身的市场定位、经营和财务状况盲目乐观或自大。其二，在财务人事组织上，建立一个适用于危机预控的、具有足够弹性的组织结构。针对财务过程中的特定环节设置专门的危机管理人员，或将危机防控的任务拆解落实到已有的财务人员身上，同时由于一线财务人员能够直接接触和感知企业的财务风险，因此应当建立自下至上的畅通的沟通渠道，并给予一线员工足够的危机处理培训和主动采取措施的权力。其三，在财务制度上，加入预防财务风险和防范财务危机的部门和人员，要利用制度设计对其进行引导和构建，形成规范化、常态化的危机预控模式，在特殊情况下，强制预控人员按照危机预控的思维采取措施，从而避免潜在的因企业的错误行为而导致的财务风险和突发事件。其四，在企业文化上，强化危机预控的文化宣传和员工教育，形成居安思危的企业价值观，在这种文化的引导下，逐渐形成企业内部注重细节，不出纰漏，对外积极进取，不断创新以适应市场变化和应对风险的企业行为模式。总之，危机意识的树立是一个全面、系统的过程，企业需要在长期的过程中坚持对危机意识潜移默化地培养。

（二）建立财务预警机制

危机预警是将企业状态同预设的预警值进行对比衡量，并依据偏离程度而发出预警信号并组织采取后续措施的过程。企业危机预警是针对企业危机的事前管理活动，而建立危机预警机制则成为大多数现代企业的共识，危机预警系统成为企业建设的重要组成部分。在财务管理方面，财务预警机制是企业危机预警机制的一个子系统，担负着对企业财务状况进行监控、衡量、发出预警信号和采取措施的任务。当企业建立了良好有效的财务危机预警机制时，潜在的风险和突发事件就能够得到更有效地识别，从而达到预防财务危机爆发，保障企业持续运营和健康发展的效果。总体来说，财务危机预警机制应当包括以下三个部分：

1.财务危机预警系统

财务危机预警系统是企业针对财务危机进行信息收集、处理分析、判断决策和采取措施的模块，由专门负责的企业人员、配套的管理设施和对应的规章制度构成。财务危机预警系统包括财务危机信息收集、财务危机信息处理、财务预警管理决策等三个子系统。

财务危机信息收集子系统是财务危机预警的输入系统，是整个财务预警过程的起点。该子系统负责对企业财务的各项信息进行收集，包括企业产品状况、收支情况、资产和负债数据、供应商和竞争对手的财务信息、政治经济社会信息和其他财务信息等。收集的信息经过初步筛选和分类处理后被保存在危机信息数据库中。特别是在大数据时代，信息爆炸和信息过载是企业在收集信息时不得不面对的难题，因此危机信息收集子系统的功能和职责范围有不断扩大的趋势，继而要加强对所收集信息的识别和筛选工作。

财务危机信息处理子系统是财务危机预警的分析和加工系统，负责对已收集的财务危机信息进行进一步的处理和分析，并得出可用于财务危机管理和决策的结论性成果。信息处理的过程就是根据已建立的财务危机指标和预警评价系统，将收集的信息进行标准化处理和计算，并将计算结果同预设的财务状况指标的正常数值进行对比，同时在数值差异超过预警值时判断是否存在财务风险，最终输出判断结果的过程。与此同时，在进一步的危机诊断过程中，信息处理子系统还需要利用模型和分析软件对危机可能发生的时间、类型、影响和损害程度等进行判断和预测，以为之后的危机化解提供必要的支持。在决策愈发科学化的时代，企业财务危机信息的收集和处理实际上是将信息加工为决策证据的过程，通过科学方法收集和处理的信息变为在科学意义上可信的证据，并作为循证决策的基本参考而发挥作用。

财务预警管理决策子系统是预警系统的核心，也是最终的输出系统。管理和决策的过程是接收信息处理子系统发送的判断结果，并依照结果做出是否发布预警信号和如何采取进一步措施的决策过程。同时，管理和决策子系统还担负着管理整个财务危机预警系统、协调各个子系统工作和保证顺畅工作流程的任务。通常情况下，财务预警管理和决策子系统会和企业更高层次上的预警管理和决策总系统连接在一起，并在针对企业财务状况发出预警信号和组织应对措施的同时，将财务状况作为决策证据反馈给总系统，并在和总系统联动的情况下对财务风险和潜在危机做出及时的应对。

2. 财务危机预警指标体系

财务危机预警指标体系是预警系统处理危机信息和输出判断结果的主要依据，其本质是根据财务理论和统计学方法对企业财务的正常状态做出预设和测算，并将测算结果作为标准值，以用于同预警系统收集和处理得出的危机信息进行比较。良好的预警指标体系应当包括简洁、有概括性并且真正能实时和灵敏地反映企业财务状况的指标。

针对预警指标的设计，诸多学者在理论上进行了研究并提出了可用的指标模型，如阿尔特曼（Edward0 attman，1968）的 Z 评分模型、F 评分模型、我国学者陈晓东（2001）的企业核心竞争力危机模型等。Z 模型和 F 模型利用期末流动资产—负债、留存收益、利润、市场价值、销售收入和总资产等指标测定企业在偿债、获利、营运和创造现金流等方面的能力。企业核心竞争力危机模型使用投资收益率、资产负债率、贷款回收率来判断财务生存能力，并通过信誉等级、资产增值率等对企业的发展和变革能力做出评价，这一模型包括了财务、生产、人力资源等企业的各个方面。

总而言之，企业财务危机预警指标体系的设计是选择指标并设计测算方式的过程。不同学者提出的不同模型在测算上都会涉及对企业现金、债务、经营、周转和盈利状况这五个方面的评估，并使用不同指标搭配权重来分别反映这五个方面的标准和现状。例如，使用基本现金置存标准、现金平均持有系数等来反映企业现金状况，使用资产负债率、本息偿付率等指标反映企业负债状况等。五个方面的统计结果按权重和公式加以计算得出企业总体的财务状况。此外，在纯粹的量化计算之外，也有一部分定性指标被广泛应用于企业的预警指标体系中，例如员工感知和企业文化等。这些定性指标以问卷、访谈、专家评估等方式取值，并和定量指标相结合，共同反映企业的财务状况。企业可以根据现实状况和自身需要选择合适的指标来构建指标体系。

3. 财务危机预警处理流程

在财务危机预警系统和预警指标体系建设完成后，企业的财务危机预警工作就会依照财务危机预警处理流程正式投入使用，财务危机预警处理流程分为正常状态和异常状态两部分。

在正常状态下，企业财务危机预警管理者依据预警指标体系划定标准，由信息收集者依照时间长短进行常规性统计，如对人均劳动生产率和销售额的月度统计，对债务、投资指标的年度统计等。之后，信息处理者依据统计结果和预设标准对企业财务状况进行细分和综合性评估，得出财务状况正常或存在偏离的结论，并将结论反馈至管理者。管理者依据反馈结论和自身判断做出决策，即继续按照正常状态运行还是进入异常状态。当预警管理者判定企业财务存在爆发危机的可能，并决定发出预警信号时，财务危机预警系统进入异常状态。

在异常状态下，信息收集者和处理者需要继续对财务危机信息进行收集和处理，并依据这些信息对企业财务风险的具体状态，以及财务危机爆发的时间、类型、程度等要素做出预测，将预测结果反馈至管理者。管理者依据预测结果、经验判断和企业制度等做出决策，决定为应对即将到来的财务危机采取哪些具体的财务措施。最后，当财务危机被成功预防或在爆发后被化解，预警系统将对企业财务状况进行再次测算和评估，当评估结果认定企业财务状况回归正常，则整个系统恢复正常状态，依照正常状态进行预警处理流程。

（三）采取科学运营方法

在树立危机意识和采取针对性的预警措施之外，企业在正常的运营过程中采取科学的方法，促使生产经营的良性开展，本身就是保障企业财务状况，预控财务危机的一项重要途径。从企业财务危机的成因角度来看，企业需要在内部的战略决策、制度设计、组织结构、监督激励和创新等方面做到完善，并时刻保持对企业外部的市场和政治、经济、社会环境的信息收集与处理工作，以确保对环境的清醒认识和创新工作的开展。企业通过采取科学运营方法来预控财务危机，具体做法包括以下七种：

1.提高领导素质，提升财务决策质量

企业领导层对企业财务活动的开展负有掌舵的责任，自上而下的财务决策质量对企业财务状况的影响甚为关键。企业需要通过对领导者的科学培训和选择、改善领导层结构等方式来提高领导素质，并使用严格的决策流程和科学合理的决策方法，在对现有信息充分分析的基础上提出数个备选方案，并通过科学的统计工具、技术模型和分析方法，在对不同方案进行充分论证的基础上择优选择，避免一言堂、经验主义的决策，保障财务决策的质量，从而保证企业财务状况的安全。

2.优化财务制度并严格落实

制度设计是包括财务活动在内的一切企业活动的规范根基，制度漏洞和落实不力会导致企业财务状况出现问题。因此，企业需要时刻注意对财务制度的审查，查漏补缺，及时优化。同时，在制度的落实上要做到严格规范，不图省事、不留空子，确保财务活动严格按照制度规范开展，不混乱，不逾矩。

3.优化完善财务人事状况

良好的组织结构是企业效率的保障。企业需要对财务活动涉及的人事和组织结构等状况进行检查，确保在财务活动上的每个环节均有专人负责，确保财务人员的专业技能、职业素养和责任感，确保财务人员之间顺畅地沟通、协调和合作，确保明确的人员权限和责任，确保员工群体内部的结构合理，确保组织结构的合理。当财务人事状况出现问题时，要能及时发现并加以解决。

4. 建立健全内部财务管理体制

企业应当以经营组织形式来构建适合的财务管理体制，分权和集权设计得当，并明确企业内部各个部门的经济和财务责任，依照财务责任分配相应的财权，并依据责任大小和履责情况合理分配利益。最终实现财务权力、责任的统一，个体权责的明确和以责定利的有效激励，从而提升企业理财的质量和效率。

5. 强化内部财务监督和控制

监督控制是保障企业财务活动按规定和流程进行的重要措施，企业应当变革内部的治理结构，建立专业的监督控制部门并强化监督力度。针对部分权力过大的"内部人控制"现象设计相应的制衡机制，避免财务权力的过分集中。在监督活动完成后，对结果进行及时的输出，针对违反财务规定造成损失的人员和事件给予严肃处理。

6. 科学开展企业投资、生产、销售和运营活动

投资、生产和销售是企业使用资金和促使资金运动的最主要活动，也是企业获得盈利的关键。企业应当在投资选择、产品设计、生产过程、销售策略等方面进行科学的论证和规划，依照成本—收益分析确定最具效益的资金使用策略，以尽可能赚取更多利润。在企业的扩张和运营过程中，科学分析内部资产，对外采取合理的资本交易策略，确保资金流向竞争力强的产品和项目，推动企业的良性扩张和竞争优势的提升。最终保障企业财务状况的健康，并不断提升财务弹性和风险应对能力。

7. 提升企业对外部环境的感知和创新能力

政治、经济、社会和市场环境是企业财务风险的外部成因。据此，企业需要时刻关注外部环境变化，设置专门的外部信息收集和处理机制，以此来掌握外部环境变化并为企业的内部决策提供依据。同时，对外部环境的感知还意味着企业内部需要做好不断创新的准备，通过产品、销售、管理模式等

方面的创新来使企业跟上外部环境的变化，并避开可能存在的外部风险，预防因企业经营困难而出现财务危机。

三、企业财务危机预控的失败与应对

作为针对企业财务危机的事前管理模式，企业财务危机的预控并不能保证成功防止所有财务危机的发生。当部分财务风险在开展预控措施的情况下仍然发展并转化为财务危机，危机的预控就失败了。为了更好地提升财务危机预控的成功率，我们需要对预控失败的原因进行分析，并提出针对预控失败的应对策略。

（一）财务危机预控失败的原因

危机预控的过程本身由企业危机意识、财务危机预警系统和企业日常的生产经营状况所决定。因此，除了出现的财务风险和突发事件过于强烈以至于只依靠危机预控无法有效防止时，危机预控本身出现失败的原因也来源于危机意识、危机预警系统和日常生产经营这三个方面。

1. 企业危机意识的缺乏

危机意识是一种根植于企业制度、行为和全体人员心中的价值观念和规范。当企业缺乏危机意识，意味着企业的制度和开展的各项活动均难以考虑到潜在的风险和突发事件。即使财务制度设计、组织结构、财务管理过程和监督体系均没有问题，也可能因企业人员自身的麻痹大意而导致落实过程中的错误，从而导致企业陷入危机。甚至在某些情况下，企业人员或部门并非未认识到潜在风险和突发事件的存在，而是出于侥幸心理或者个人利益的考量而拒绝采取行动，最终使得危机预控的机会错过。

2. 财务危机预警系统失灵

财务危机预警系统是企业对危机进行认识、判断和做出决策的核心系统。当危机预警系统失灵，管理者自然无法有效地认识到危机的来临，因而也无法做出有效的预控措施。

财务危机预警系统的失灵可能源自多方面的原因。除了危机意识缺乏而导致的人为因素外，危机预警系统本身的设计、流程的执行和维护问题也可

能造成系统的失灵。例如，危机预警系统在模块设计上存在空白，缺失了某项必要的功能或环节而导致运行不畅；系统使用的财务预警指标体系不合理，无法敏锐地反映企业财务状况的变化；预警系统的运作流程存在逻辑漏洞；预警系统缺乏日常维护和更新，或使用的信息收集、处理和分析技术落后，导致系统无法有效地发挥作用。预警系统的失灵会导致对风险是否存在输出的判断结果错误，或在风险存在时给出的决策依据有问题，最终导致危机预控的决策失误，财务危机无法避免。

3.生产经营问题积重难返

在某些情况下，企业的危机意识得到树立，财务危机预警系统也处于正常运行状态，但发生的风险和突发事件过于剧烈以至于企业无法有效预控。这意味着风险和突发事件带来的量变积累超过了企业财务危机发生的临界值，从而产生了风险向危机的质变。但有些时候，临界值的突破不仅仅源自量变的发生，也可能和临界值自身的低下有关，即企业本身的财务弹性差，无法应对程度较重的风险。

财务弹性差的问题通常来源于企业本身的积弊，这种积弊不仅存在于财务活动当中，更是和整个企业的生产经营活动有关。例如，企业在产品和销售策略上因客户或合作企业的关系被长期套牢、投资组合过于保守或激进、人事结构存在问题或部分员工之间的对立和分化严重等。这些问题是企业本身长期存在并且难以根除的问题。当企业积弊过多，应对风险的能力下降，就很难单纯依靠预控的方式来防止财务危机的发生。

（二）财务危机预控失败的应对措施

1.及时维护财务危机预警系统

综上所述，财务危机预警系统的维护是决定其失灵与否的重要原因。要发挥危机预警系统的作用，提升预控成功的可能，就要对其进行及时的维护和更新换代。这些工作主要包括：检查危机预警系统的模块和流程设计，找出并填补纰漏；定期进行危机信息收集和处理的统计工作，完善月报、季报和年报制度，在正常运行的状态下发现并解决细节问题；在计算机技术和统计学方法等技术层面上保持学习，尽可能使用新技术进行危机预警工作，并及时升级配套的技术设备。

2. 敢于进行企业内部变革

企业内部的积重难返是导致财务弹性下降和财务危机爆发的主要原因。企业内部诸多问题的混杂难以逐个解决，甚至会遭到部分管理者的刻意忽视。在此，企业管理者在意识到积弊存在时，应当具有开展变革，根除积弊的魄力，敢于进行企业内部变革，不怕变革带来的暂时性损失和牺牲，并且有智慧和方法消除变革的阻碍，和其他员工一道将变革推行下去。只有不断变革和根除积弊，企业的财务弹性才能得到改善。

3. 无法避免时尽力降低危机影响

最后，财务危机的预控需要在判断危机是否发生的基础上，针对危机发生的具体要素做出预判。而当危机的发生无法依靠预控来避免时，预控部分的判断和措施就会成为进一步的财务危机化解过程中的资源。同时，根据成本—收益的分析方法，企业在采取预控措施时不可避免地需要付出成本，而当预控花费的成本过高，以至于高出了测算得出的危机带来的损害时，危机预控就成为不合理的选择。因此，企业需要采取的另一种措施是在无法避免危机的发生时，在预控阶段尽力降低危机带来的影响，减轻危机的损害并尽可能地使得危机化解工作的开展更加顺利。

第四节　企业财务危机的化解对策

当企业财务危机的预控失败，危机已经不可避免地发生时，企业就需要想尽办法化解危机。不仅要设法使危机尽早结束，还要在使危机结束的过程中尽可能把危机的影响范围缩小、影响程度降低，控制危机的扩大，将危机损失减少到最低。当企业无法通过自主力量化解危机时，愈演愈烈的危机就会将企业拖入破产清算，并以破产的形式强制结束财务危机。虽然在理论上，破产后的企业仍有东山再起的可能，但在破产到来之前以企业的管理和资源结束危机，延续企业生命，对企业而言仍旧是十分必要的。因此，企业应当千方百计化解财务危机。

一、企业财务危机化解的理论逻辑

（一）财务危机的可逆性

财务危机本身的可逆性是化解企业财务危机的根本力量。在讨论财务危机特征时，我们知道财务危机具有可逆性，企业的生命周期因财务危机的爆发而走向终结的过程并不是绝对的，只要企业采取恰当的处理方式，危机就可能被中止甚至转化为机遇，而财务危机化解的过程就是设法将财务危机可逆性变为现实的过程。财务危机的可逆性在深层次上连接的是企业再造理论，从这一意义上说，任何程度上对企业财务危机的化解，实际上就是某种意义上再造企业的尝试。

（二）危机成因的关联性

导致财务危机发生的因素来源于企业的内部和外部，并且这些因素在逻辑上并不仅仅单向地指向财务危机的发生，因素与因素之间也存在互为因果的状况，甚至一个因素的变化会影响其他因素的改变，进而影响到财务危机发生的进程。危机成因的关联性意味着企业管理者能够从特定的成因入手改变财务危机发生的进程，当财务危机来临时，分析危机的成因并对症下药，是化解危机的根本策略。

综合考虑企业背景和宏观经济状况的前提下，通过危机识别后的方案收集和实施形成企业的可控资产。完成这一过程需要企业构建解决方案并进行资源内化。从这一意义上看，不同发展阶段和不同环境背景下，企业资产的异质性成为解决危机的关键。异质性就意味着企业需要针对危机来设法构建互补性资产——因为不同的企业资产指向着不同的危机成因。反之，危机成因的关联性也内在地要求企业具有综合运用不同资产和手段处理危机的能力。

二、企业财务危机化解的原则

财务危机的化解应当遵循基本原则，这些原则是对企业进行财务危机化解行为的规范性要求，能够帮助企业更及时地对危机做出处理，控制危机的影响范围和程度，最终更加高质量地完成危机化解工作。

（一）整体性原则

财务危机的形成过程可能源自企业财务系统或其他模块中的局部变化，但危机对企业的影响却是全局性的。因此，应当将危机视作一个对企业发展造成影响的整体性事件，并从整体性的角度对危机进行研判和处理。整体性原则对企业采取化解措施的要求包括两个方面：其一，企业需要调动全体人员投入危机化解工作中。财务危机的影响是全局性的，那么应对危机的工作也不应当仅仅交由财务人员或专门的危机处理小组来负责，而是应该由企业全体人员共同参与和协作完成。其二，企业在处理危机时要有全局观念，即危机处理的负责人需要从企业整体的利益考虑问题，企业内部的各个部门和人员要懂得局部利益服从整体利益。依照整体性原则对财务危机进行化解，例如，在财务领域，资金的筹集、投放、回收和分配共同构成了资金运动这一整体，而财务活动又和诸多企业活动一起构成了企业的盈利过程。当财务领域中资金运动的某一个环节出现断裂，企业的资金就难以支撑企业活动的开展和盈利的实现。要挽救危机，促使企业再度盈利，不仅要对出现问题的资金流转环节做出处理，还需要对该环节影响到的各个企业部分进行修复，有时还需要调动企业其他模块的资源来解决财务方面的问题。因此，必须从整体上考虑问题，对企业产生的财务危机进行系统的应对。

（二）及时性原则

企业的财务危机由风险和突发事件转化而来，并在转化过程中呈现出由量变到质变的渐进性特征。事实上，在质变完成，企业财务危机爆发后，量的积累也并没有停止，导致危机的各类成因如果得不到有效遏制，将不断激化危机，推动危机朝向规模更大、破坏力更强、性质更加严重的方向发展，甚至对整个市场环境造成难以预测的破坏。因此，企业不仅应当在危机出现前设法预控，在危机爆发后也应当及时识别导致危机的因素，尽快诊断和做出处理，以阻断危机量的继续积累，从而尽快控制危机，减少影响和损失。依照及时性原则采取措施，要求企业在处理危机的一切环节中都保持对高效率的强调。其一，企业对危机的爆发的判断和反应要及时，迅速进入紧急状态并调动全体人员投入应对。其二，企业对危机的分析诊断要及时，在危机爆发后尽快分析成因并提出解决方案，同时迅速识别出财务危机中的重点问题，有针对性地配置资源。其三，整个企业针对危机采取的措施要及时，在执行危机化解方案时，各部门和人员需要高效和迅速地完成被分配的任务，以确保整个企业对财务危机的应对是及时有效的。

（三）科学性原则

财务危机的形成与企业内部和外部的各个要素有关，企业要采取科学的处理措施加以干预。科学性就是正确性，要求企业在化解财务危机的每个步骤和过程中做科学的、正确的事。其一，对企业财务危机的成因和形成逻辑做科学地把握。企业应当使用在经济学和统计学上得到验证的方法，配以专业的分析人员和分析软件对财务危机进行信息收集和处理，力求准确地形成对本次财务危机的全面认识。其二，在企业内部形成科学的处理措施。企业应当依照危机管理的一般性理论准备应对财务危机的各项资源，包括形成规范的应急预案、决策系统等；同时严格按照既定的规则和组织结构，在对危机相关的证据进行充分研判的基础上做出循证式的决策，保证决策本身的科学性；总之，决策的执行过程应当配以科学合理的人力资源和监督激励方式。其三，对危机的处理重点得当，效益优先。作为营利性组织，企业的一切决策和行为都应当运用成本—收益分析为基础的分析方法。在化解危机的过程中，企业需要对财务危机的重点指标和关键问题进行识别，对影响严重的危机集中资源进行重点处理，同时在危机处理过程中遵循效益原则，尽可能控制化解危机所需要的成本。其四，化解财务危机的举措应当符合企业自身状况。科学性原则并不意味着一切以既有理论和模式为准绳，而是应该将科学成果和企业现实状况结合起来，使用切合实际的方式化解危机。

（四）合作性原则

企业财务危机在对企业整体造成影响的同时，还具有扩散性，即对其他企业和市场主体造成影响。因此，对企业财务危机的化解应当遵循合作性原则，协调企业内部和外部一切可用主体的力量，共同化解危机。合作性原则要求企业从两个方面开展工作。其一，在企业内部动员全体部门和人员，依照已有的组织结构和危机处理规则，在部门、人员之间建立起良好的信息沟通机制和资源输送渠道，保证企业内部资源的集中运用和部门、人员之间的高效合作。其二，在企业外部吸收和利用一切可利用资源，在危机发生时主动向外界通报情况并寻求支援，谋求同其他企业、行会、个人、非营利组织或政府等一切市场主体乃至社会主体的合作，从而共同遏制危机的扩散，使危机在企业外部造成的影响降到最低。

（五）创新性原则

在现代社会，市场环境瞬息万变，企业财务活动所面临的新风险、新事件层出不穷，企业自身的运行规则和理念也需要不断更新。例如，金融工具和融资渠道的多样化、网络经济的发展导致理财环境的变化、新冠疫情等无法预料的新风险不断涌现等，这些问题都给企业的危机化解过程造成了困难。企业不能固守已有的或传统的危机处理模式，应当遵从创新性原则，结合财务危机的具体问题和所处的环境状况，敢于调整和改变管理模式和方法，特别是要对眼下财务风险和危机的新变化加以把握，不断地在危机管理中进行创新，以提升财务危机化解的效果。

三、企业财务危机化解的流程

在财务危机化解的过程中，企业需要遵循一定的流程开展工作。企业财务危机化解的流程描述了企业解决财务危机的基本步骤，指导了危机不同阶段的企业行为。

（一）组建危机指挥中心和处理小组

危机指挥中心是企业内部应对危机的核心组织，是在危机化解的整个过程中负责决策和管理的组织模块，危机处理小组则是负责将企业化解财务危机的策略加以落实的执行者。危机指挥中心和处理小组的形成本质上是在危机爆发时企业组织结构的自我调整。一般情况下，危机指挥中心和处理小组的构成来源于企业对已有组织部门和人员的抽调，在部分情况下也有从企业外部聘请人员作为危机指挥中心和处理小组成员的做法。在权力架构上，危机指挥中心应当具有危急时刻的最高决策权和管理权，能够对企业内部各个部门的各种行为和各类资源进行干预和使用；危机处理小组可能存在多个并分别负责危机的不同方面，受危机指挥中心管理和指挥，并有权依据自身判断介入企业部门的活动当中。

在组建危机指挥中心和处理小组的过程中，企业必须做好有关工作。其一，保证指挥中心和处理小组的组建效率。因为危机指挥中心和处理小组是应对危机的核心，只有当其得以组建后，企业才能够对财务危机进行有效地应对，因此组建的效率至关重要。其二，指挥中心和处理小组的人员素质必须过硬。对人员素质的要求包括财务和危机管理的相关知识、决策和执行的必要技术和能力、良好的心理素质和综合能力，以及对企业的绝对责任感和忠诚。财务危机关系到企业生命，因此处理危机的人员必须拥有对整个企业而言绝对优秀的素质，从而保证指挥中心和处理小组的作战能力。其三，危机指挥中心和处理小组的层级分工明确，并独立于其他的企业架构。指挥中心和处理小组共同构成了企业应对财务危机的组织结构，这一结构应当专门负责财务危机爆发时的信息收集与分析、信息发布、决策、管理和执行控制等任务，其在有权调动企业内部资源的同时，也应当为避免内部管理和利益倾轧等问题而保持一定的独立性。总之，组建危机指挥中心和处理小组是企业进行内部调整以应对财务危机的开端，是整个化解流程的第一步，接下来的财务危机化解工作应当主要由危机指挥中心和处理小组负责展开。

（二）进行信息收集、处理和公开

信息是企业危机化解的最关键资源。在危机指挥中心和处理小组组建后，首要任务就是针对财务危机相关的信息开展工作。信息工作应该包括信息收集、信息处理和信息公开三个部分。信息收集工作是指企业需要收集一切和此次财务危机相关的信息，包括企业自身的资产、债务和利润额、员工数和工资，外部的法律法规、政策和合作企业状况等，以及关于危机本身的信息包括危机开始的时间、产生和影响的环节、造成的损失数额等。信息收集的工作一部分可以来源于在危机预控过程中财务危机预警机制所做的工作，即将预警机制识别和处理的危机信息和相关的结论予以接收和使用；另一部分则需要危机处理小组利用观察、访谈和计算机大数据等方法和技术予以收集。

在收集过程中，收集者需要进行一定的信息筛选工作以确保信息质量。在信息收集完成后，信息处理工作需要企业对收集完成的信息进行处理，即在已收集信息的基础上给出进一步的判断，这就要求相关人员掌握财务和风险数据分析的技术、方法并拥有配套设施。最终输出的是关于企业财务危机的类型、影响范围、扩散方向等进一步的信息成果，即可用于决策的证据。这些证据将进入到危机指挥中心并作为危机管理措施的支撑资源。

此外，在信息收集和处理过程之外，企业还应当及时进行有组织的信息公开活动，向企业内部和外界通告此次财务危机的情况，使其了解事件的真相和企业正在采取的处理措施，同时能够向企业内外部传达诸如统一应对危机和寻求某一方面或某类特定资源上的支持和帮助等有效信息，以便于危机化解过程中的内部统一行动和外部合作。信息公开活动属于企业针对危机信息的应对措施，但其和信息收集和处理措施并不一定处于同一时间线和逻辑链条上。事实上，出于信息的及时性和有效性考量，企业在能够组织起有效信息以说明危急情况时，就应当主动召开员工大会或新闻发布会等活动，将信息资源进行有效传播。

（三）采取危机干预措施

危机干预是企业对已经爆发的财务危机的直接介入，是企业通过切断危机形成途径、遏制危机发展、进行损失补救等方式来削弱危机影响和化解危机的尝试。危机干预措施在流程上包括做出干预决策和执行干预措施两部分。做出决策是指危机指挥中心利用信息收集和处理过程所产生的证据来拟定不同的处理方案，并结合事实进行论证以择优适用的决策过程。执行干预措施则是由危机处理小组依照选定的决策对财务危机进行干预和处理。危机干预措施的采取需要遵循危机化解的基本原则，并在具体的实施过程中有多种可供选择的化解方法。同时，采取危机干预措施的行为应当得到企业内部一切部门、人员和资源的支持，并尽力谋求同外部主体的合作。干预措施的成功与否直接决定着财务危机能否被成功化解。

（四）善后和总结

善后和总结是在财务危机消除后企业继续进行的追加处理工作，其目的在于进一步化解财务危机带来的负面影响，并促进企业未来的良好发展。

针对即将处理好的财务危机，企业要积极做好善后处理工作。其一，根据引起财务危机爆发的原因，在企业内部作出相应的调整，例如经营战略的转型、组织结构和人事的调整、企业资产结构的变动和导致危机的相关责任人的追究等；同时也包括针对财务危机化解过程中的各方表现进行奖惩激励，例如对化解过程中危机指挥中心和处理小组的工作进行总结和评估、对财务危机化解过程中有突出表现的人员和部门进行宣传和表扬、对不配合危机化解或举措不力的人员和部门采取罚款批评等措施。其二，还应当做好对企业形象和信誉的重建工作，例如开展公关活动、通过稳定资产来重建市场信誉、宣传企业的创新和转型、将危机处理过程整理成报告并发布等。

针对财务危机的总结工作是指对财务危机的产生、发展和化解过程进行回顾，分析危机涉及的各方面问题，对不同问题分别制定整改方案并加以落实。总结工作可能涉及企业的日常生产经营、财务活动、外部关系处理、危机预控和危机化解过程本身等多个方面的总结提升，其最终追求的效果是企业创新的实现。

善后工作实际上是通过改革、激励和公关等手段弥补危机损失，主要要求企业在财务危机化解后的较短时间内做出调整，强调各项调整措施的回应性和针对性，其目的在于宣告财务危机的结束并进一步强化常态秩序。总结工作则是一种长期的、将危机转化为企业发展机会和动力的过程，对财务危机的总结提升能够促成企业创新，在财务、技术、管理、组织和危机应对等各方面获得创新和提升，从而有助于企业的持续健康发展。

四、企业财务危机化解的对策

（一）建立和落实财务危机处理计划

尽管企业财务危机的出现意味着企业由正常状态进入了异常状态，但企业应该在正常状态下就对出现财务危机时的状况做出设想，并预先准备好有效的财务危机化解办法。这种在常态下组织建立的、针对财务危机爆发状况下的策略组合就是企业财务危机处理计划。

　　通过财务危机处理计划来对企业财务危机做出处理，主要包括计划的建立和落实两个部分。建立处理计划的部分应该由企业在危机发生前完成，其内容主要包括：危机处理的负责人和相关团队、对应的权力范围、危机处理的预算、危机处理的原则和流程、常态化的危机模拟和应对训练等。这些内容最终应该以制度化的形式形成企业的危机管理手册，并对手册进行常态化更新。落实处理计划的部分是在财务危机发生时，企业和员工能够迅速准确地按照危机管理手册的指导来采取行动。

　　财务危机处理计划以危机管理手册的形式体现，其本质是一套针对财务危机预设和预先执行的策略组合。在建立财务危机处理计划时，应保证计划具有可操作性、全面性、灵活适用性和前瞻性，充分考虑到可能产生的危机的各个方面，并根据企业具体的资源配置制定方案。在落实财务危机处理计划时，应当遵循财务危机化解的基本原则，做到及时、主动、全员参与、谋求合作和敢于创新。

　　（二）进行有效的财务转折管理

　　财务危机的发展过程具有可逆性，而财务危机由强转弱，企业财务状况由衰转盛的逆转点就是财务转折。财务转折管理是企业在短期内集中在财务和非财务领域采取措施以中止财务危机的过程，是财务危机化解中最为重要的方法。财务转折管理的实施主要包括以下几点：

　　1.进行现金流管理

　　现金是企业的生命，现金的收入和支出量直接关系着企业的日常经营和支付。在财务危机发生时，企业应当立刻制定和执行切实可行的现金方案，缩减支付项目，催缴应收款项，并通过提供折扣等方式来鼓励现金支付。现金流管理的目的就是提高企业现金的存留量，以保证企业正常的生产经营活动得以持续。

　　2.缩减资产规模

　　企业拥有的资产在日常生产经营中可以成为获取利润的资源，而在财务危机出现时则可能成为企业的负担。不合理的资产结构和过高的资产维护支出都可能促成和加剧企业的财务危机。因此，财务转折管理的一项重要工作就是对企业现有的过大资产进行缩减，例如将相对不重要的资产抛售以换取资金回笼，或集中较大规模的资产以换取对危机应对至关重要的某项资产等。资产缩减的本质是企业内部和外部不同资产种类的相互转换，转换的核心目的仍是促进企业的现金量留存。

3. 处理人事与组织问题

人是企业财务危机出现和化解过程中的关键因素，财务危机的爆发需要追究相关人员的责任，而财务危机的化解也需要依靠人来开展。因此，对人事和组织上的问题进行及时处理是化解财务危机的重要手段。例如，及时裁撤冗余部门，加大危机化解过程中的激励力度，调整项目负责人甚至变更企业的管理者等。

4. 及时调整生产和销售策略

生产和销售是企业将资源转化为利润的核心过程，如果生产和销售策略有误，企业会因利润不足而产生财务危机。反之，在财务危机发生时，如果能够及时调整错误的生产和销售策略，扩大企业利润，就有可能在整体状况上扭亏为盈，化解财务危机。因此，企业需要在把握财务危机成因的基础上，面对因生产和销售策略有误而产生财务危机时及时调整策略，努力为企业创收。

5. 保持同企业外部的沟通与合作

综上所述，从整体性视角来看，企业财务危机的应对需要企业自身和其他市场主体共同完成。因此，企业需要时刻保持同外部的沟通与合作。积极做好有关工作，例如和股东进行沟通并交换意见；通过新闻渠道向顾客、合作企业和债权人发布信息，努力激发自信心；向外部的咨询公司或顾问人员寻求建议；向潜在的投资人或政府谋求合作，争取通过外部投入来控制财务危机等。同时，在网络传媒环境下，企业还需要利用和控制好各个信息渠道，设法消解针对本次财务危机的负面舆论，以帮助财务危机的化解。

（三）开展财务危机转机战略

财务危机的可逆性意味着危机不仅仅能够被干预和中止，还存在着转化的可能，即危机可以通过企业恰当的管理来转变成机遇，并在一个更加长期的时间段内为企业发展做出贡献。财务危机转机战略就是在财务转折管理同时或之后进行的，是更为长期和宏观的战略性调整和管理措施。

1. 企业一体化战略

一体化战略是指企业在横向市场或纵向业务链上的延伸，即将原本不属于企业面向的市场模块和不属于企业生产经营范围内的环节纳入企业业务当中。横向一体化是指企业通过企业间的联合或并购来形成一个大经济体，并涵盖地域意义上更为广泛的市场。随着全球化分工的发展，横向一体化可以将外部分工转化为企业内部分工，从而提升了应对风险的能力。纵向一体化是指企业通过代替原有供应商或分销商等上下游企业的工作，降低成本，控制稀缺资源，从而提升收益和改善财务状况。在化解财务危机的过程中，进行横向或纵向的一体化战略，将高回报的市场模块纳入企业业务范围，就有可能转危为安，甚至在利润大幅提升的基础上在新一轮市场竞争中抢得先机。

2. 收割战略

收割战略在某种意义上与一体化战略相反，是指企业在财务危机严重或生命周期进入衰退期时减少在某一特定模块或方向上的投资，将已有投资项目收割并折算为现金的战略。收割战略可以理解为业务层面的资产收缩策略。企业需要针对已有的市场、生产环节等业务模块做出分析，找出低收益和高成本的业务模块，将该模块裁减并将原有投入转化为现金，例如减少产品型号、放弃非核心客户等。收割战略的核心是精简业务，增加短期现金收入，并使得企业业务围绕某一特定的核心链条展开，从而提升企业提供的产品和服务质量，增加盈利的可能。

3. 长期转型战略

转型意味着企业的投入和业务模块发生调整，需要将资源从现有模块转移到一个新的模块上。长期的转型战略更强调战略意义上的转型，即在企业认识到现有业务的前景不明确或利润增长空间不足时，在保持企业稳定的基础上逐渐将资源抽离，并通过战略分析确定新的进入领域，并将资源转移过去的做法。从这一意义上看，财务危机可能正是企业现有业务存在问题的表现，能够间接地促使企业加快转型进度，而转型战略的成功实施不仅能够通过抛弃问题模块的方式化解危机，还能够在新的业务上抢占先机，实现持久发展。在实施上，转型战略包括主动转型和被动转型两个类别，涵盖产品、市场、行业等多项因素。主动转型是指企业认识到利润空间更大、发展前景更好的产品、市场或行业，并主动谋求进入。例如互联网企业向利润空间更大的金融领域进军，或以主营加工制造为主的企业顺势将产业链上移以参与研发活动等。被动转型是指企业现有产品同质化严重、市场饱和或行业进入衰退期等环境下在现有的业务上难以为继因而被迫转型，多见于传统工业、制造业等发展十分成熟的"夕阳产业"。总之，转型战略意味着企业从此进入了一个新的阶段，其对企业的根本要求是持续不断地创新。只有坚持创新，才能尽快完成转型并适应新领域，防止因转型带来的财务危机，避免加剧企业失败的风险。

（四）做好财务危机后的崛起

显而易见，财务危机的终结并不意味着财务危机化解工作的结束。一方面，企业要设法消除财务危机带来的持续性影响，修复损害并尽快恢复至危机前的正常生产经营状态。另一方面，企业要利用好财务危机，总结经验教训并对现有的生产经营模式和财务活动进行调整，以促进企业的长远发展。这些工作都是为了实现企业的再次崛起。

当企业成功化解财务危机时，需要及时跟进开展善后和总结工作，并利用有效的方法推动企业的恢复和发展。总结危机的经验教训，调整战略、人事、组织、管理模式等宏观战略，积极开展公关和形象宣传，推出全新的投资和理财计划，严格控制企业的资金活动。如果企业未能成功化解财务危机，而是进入了破产清算环节，也并不意味着企业生命的绝对终结。企业的所有者和管理者可以通过破产的方式处理掉本期的财务问题，并在履行完破产程序后通过资产重组或再创业等方式来尝试开启新的企业生命周期，从而在另一种意义上实现财务危机后的崛起。

第七章

企业创新危机管理

第一节　企业创新危机概述

在当前市场竞争日趋激烈、科技创新飞速发展的背景下，创新活动的重要性越来越受到企业的认可。作为一种优质的竞争手段，创新能帮助企业形成核心竞争力，在未来收获长远利益。党的二十大报告明确指出"完善科技创新体系。坚持创新在我国现代化建设全局中的核心地位。完善党中央对科技工作统一领导的体制，健全新型举国体制，强化国家战略科技力量，优化配置创新资源，提升国家创新体系整体效能。扩大国际科技交流合作，加强国际化科研环境建设，形成具有全球竞争力的开放创新生态。"[①]因此，探寻企业创新危机，对利用创新驱动因素推动企业以及经济的健康发展均具有重要现实意义。

一、企业技术创新与管理创新

（一）企业技术创新

从企业管理的角度看，技术创新是一个新思想"产生—研究—发展—试制—生产制造—商业化"的过程。技术发明的商业化是技术创新成功的标志，满足市场需求既是技术创新的出发点，同时又是技术创新的最终归属。任何类型企业的创新产品最终都必须面向市场，满足用户的需求。微软公司希望员工是"具有商业头脑的技术天才"，就是强调技术与市场整合的具体体现。

---

① 孙福全.坚持创新在我国现代化建设全局中的核心地位（新论）[N]. 人民日报,2022–12–09(9).

海尔认为，发明不一定是技术创新，发明者也不一定是创新者，只有把发明转化为社会的经济活动，而且能发挥显著经济效益的发明才是技术创新。[①]

不确定性是企业技术创新的显著特征，表现为技术研发、市场竞争、企业战略的不确定性。绝大部分企业技术创新失败的根源来自产品市场调查、销售和组织管理方面的缺陷。因而，现代创新理论强调的企业技术创新是技术研究与开发、市场、生产的三位一体，企业必须加强研究部门与发展部门、生产制造部门、营销部门这三个关键部门的联结和界面管理。当今随着科学技术不断向综合化方向发展，技术创新所需要的知识和技术种类越来越多，创新的综合性和复杂性日益提高，哪怕是技术力量雄厚的企业也难以从其内部创造出技术创新需要的所有知识，因此开放式创新模式是被普遍认可的有效协作创新模式。企业通过该模式得以加强与外部的联系与合作，充分利用并整合外部创新资源，往往可以达到理想的开放创新效果。

企业的产品创新是指一个全新的或技术上有显著变化的新产品进入市场，它可分为全新的产品和对已有产品性能的改进两个方向。全新的产品是指与以前所制造的产品相比，技术特性或用途具有显著差异的产品，这些创新可以涉及全新的技术，也可以基于组合现有技术取得新的用途，或者源于新知识的应用。技术上改进的产品是指其性能具有重大改进或提高的现有产品。技术的工艺创新是指采用技术上新的或有重大改进的生产方法和工艺，包括产品的交付方式等。

（二）企业管理创新

自1912年熊彼特提出创新概念以来，技术创新就掌握了创新研究领域的话语权。目前，学者们普遍认同企业管理创新的内涵是指涉及改变管理工作性质的管理实践、过程和技术，其目的是改进企业功能，以便有效利用企业内外部资源，实现企业战略目标，是一个复杂、动态的企业组织系统变革过程。部分学者聚焦企业管理创新思想与过程机制研究，认为企业管理创新是指企业家用新思想、新技术、新方法对企业管理系统（或企业战略、组织、

---

① 郭凯，张晶，牛牧青.开放式创新战略及其风险规避策略研究［M］.北京：中国经济出版社，2019.

技术、文化管理的某一个方面）的方略组合进行重新设计、选择、实施与评价，以促进企业管理系统综合效能不断提高的过程。

1. 企业管理创新的主要特征

（1）全方位。企业管理创新是全方位、多层次的管理创新活动。企业高层管理者进行企业管理系统总体创新方案设计，企业部门（分公司、战略经营单位、经营事业部）经理、中层管理者进行企业管理子系统创新方案设计，企业员工开展五小活动（小发明、小改造、小改革、小建议、小窍门）。

（2）全过程。企业管理创新的范围是全过程的。企业战略管理创新要求企业家进行企业环境分析，力求企业环境、企业目标、企业能力达到动态平衡，企业战略的选择、实施与评价等各个阶段均要创新，优化企业的生存与发展模式。

（3）全面效益。企业管理系统综合效能的提高表现为不断产出有特色的成果。在"硬件"方面主要表现为企业经济效益、人员素质、设备综合能力、产品（服务）技术与文化含量的提高；在"软件"方面主要表现为产生新的观念、新的理论、新的方法和由此组合产生的新思想与文化、新的经济管理制度、新的理论体系、新的方法体系；在"形象"方面主要表现为企业整体形象、企业家形象、企业产品形象、企业品牌价值等。

2. 企业管理创新的主要内容

（1）企业基础管理创新

企业的基础管理工作为企业日常运行和发展提供底层支持。同时社会化大生产的时代背景客观上要求企业必须适时进行基层管理的创新。结合现代企业管理原理和组织理论的基础，企业可以通过企业家、企业组织创新、企业制度创新来推动企业基础管理创新。

①企业家。企业家个人素质和能力将直接影响企业管理创新过程中启动、执行、结果三个阶段的成败。具体包括启动阶段的问题识别、问题议程、方案制订与预评估、方案采纳与合法化等环节；执行和结果阶段的方案实施、效果评估、调整与变更和组织终结需要制订相应的议程，在执行过程中，企业家还应及时对企业组织、制度、流程等进行修正、操作、澄清或确认，直至企业管理创新成为企业常规活动。因此，企业管理创新需要企业家个人的

知识储备和研究方向与企业战略、资源、能力相匹配。

②企业组织创新。现代企业组织正向着组织结构小型化、简单化和弹性化方向发展，只有创新的企业组织才可以适应社会生产和现代科技发展的要求，同时有助于促进企业本身的发展和成长。技术变革对企业组织创新有正向促进作用，工业经济时代造就了实体型组织，信息经济时代打造了虚拟型组织，而当下处于数字经济时代，建立智慧型组织则是企业普遍追求的目标。

③企业制度创新。企业制度创新主要着眼于对企业至关重要的三种流量——价值流、收益流和物流进行创新整合。商业模式创新是企业制度创新的重要组成部分，企业通过改变组织内部结构和组织与外界要素的关系结构，以及改变这些结构的各组成部分存在的内在联系来实现商业模式创新。此外，企业制度创新还包括产权制度创新、组织制度创新、企业领导制度创新、管理制度创新。

（2）企业综合能力创新

企业综合能力和企业整体素质息息相关，根据综合评价模型（comprehensive evaluation model），企业综合能力主要包含成长力、竞争力、融资力、团队力、舆论力、外部力、创新力七大能力。企业综合能力开发创新则主要包括信息文化开发、营销开发、产品开发、服务开发、企业技术进步及其评价、资金开发、人力资源开发等，其中尤以产品开发创新最为重要。

产品开发创新包括企业有形产品（包括核心产品、企业生产经营者、金融产品、房地产、企业生产经营系统的某一部分）、企业无形产品（包括品牌、服务、商誉、企业整体形象、企业家形象、企业主产品形象、企业员工形象等）的开发创新。聚焦于核心产品开发是产品开发创新的有效路径，企业可以对新产品的含义、开发策略、开发程序、构思原理、设计基础（工业设计）、常用技法进行创新改造，同时改造核心产品的价值创造程序、工作程序。

（3）企业管理方法创新

企业管理方法有行政方法、法律方法、经济方法、行为科学方法、民主管理方法、咨询顾问方法等。针对我国企业自我评价与诊断不够全面的现状，企业管理方法创新以不断提高企业员工创造性思维能力为目标，主要包括企业会议管理创新、创造性解决问题的方法、企业评价创新、企业诊断创新的方法与体系。

①企业会议管理创新。通过增加企业会议种类，提高企业会议的有效经营，开发创意性的企业会议、组织原则与议事准则，以此产生不同层次的创新方略组合和更多的创意。

②创造性解决问题的方法。通过树立系统创新的思想方法，运用走动管理法，运用摆脱习惯性思维束缚的训练等方式打破思维定式，通过智力激励型创新思维训练、扩散型创造思维训练等训练方式产生更多的创新方略组合。

③企业评价创新。在分析与研究日本的雷达图法和美国的杜邦体系评价法 及其改进的基础上，对评价企业的角度、指标体系与评价方法进行创新。

④企业诊断创新。企业在回顾诊断演进过程的基础上，构建企业行为机体和企业诊断体系，进行企业战略诊断、企业基础管理及企业综合能力诊断，以期改善企业经营管理，促进企业全面发展。

二、企业创新危机及分析

学术界对企业创新危机理论探讨主要聚焦于企业结构性创新短缺，企业创新危机的理论将有效创新视作企业发展和成长的根本动力，力图揭示企业因结构性创新匮乏而丧失活力、走向衰亡的现状。目前，学术界对于企业创新危机的理解，大体上可分为两种：一是文明的危机，二是经济的危机。

文明衰亡的真正原因并非技术的失败与敌人的攻击，而是自决能力的丧失。而自决能力丧失的起因就在于创造性个体与群体的湮灭，即创新危机会导致文明危机。汤因比对自决能力的重视与首次提出创新概念的熊彼特对经济的内生性发展的理解可谓殊途同归，但同时，汤因比也提出，自决能力丧失的两个方面可具体表现为模仿行为的机械性与组织的难驾驭性①。可见汤因比对模仿现象的态度并不如熊彼特等经济学家那样乐观。熊彼特的理论体系认为，创新会引起模仿，而模仿会带来创新的扩散，可以通过打破垄断刺激大规模投资，引发经济繁荣②。但相比创新的扩散，汤因比更倾向于把模仿视作创新的停滞。

---

① ［加］明茨伯格.公司战略计划：大败局的分析［M］. 昆明：云南大学出版社，2002.

② 黄阳华.熊彼德的"创新"理论：读《经济发展理论》［N］. 光明日报，2016-09-20（10）.

1998年，俄国学者在《克服创新危机的前提》一文中指出了俄罗斯当时存在的创新危机："在危机、预算赤字和内外债不断增长的夹击之下，国家只去满足眼前的需要，却放弃解决维系着俄罗斯未来的长远创新投资问题的解决，没能用有效的市场机制代替已经毁坏了的集中计划式创新投资机制。"同时，该文指出："创新战略以及大规模掌握基础性创新和与其相伴随的改进性创新的措施体系，应当成为在长期社会政治、科学技术、生态国防、对外经济政策中的首要优先项目。"

至于企业创新危机的大范围讨论始于2008年雷曼兄弟导致的世界金融危机。当时多数研究的关注点都集中于经济危机与创新的互动关系，研究的对象实则是经济危机而非创新危机，创新只被视为经济危机后的市场反应或拯救经济危机的必要手段。[①] 如 Archibugi 等人研究发现，经济危机并不会导致创新全方位遭遇缩减，但创新主体的身份与创新方向会有所改变。经济衰退前，扩大创新投入的公司往往规模较大，会从事研发，重视创新的独占性，会与供应商和消费者进行合作；而经济衰退后选择加大创新的企业往往规模较小，会进行跨界合作，重视挖掘新的市场机会，重视技术占有度，避免成本竞争。Mariatou 和 Vetsikas 提出，经济危机对于创新既是挑战也是机遇，不同国家创新体系对经济危机反应的不同主要来自国民收入、对外直接投资量与商品、劳务出口情况的差异。伴随着经济的稳步发展与风险投资的迅速扩张，对高投资高回报率的过度期待和错误的风险评估必定会让国家经济陷入灾难，但导致美国经济危机真正的罪人并不是金融业，而是整个国家创新能量的枯竭，是社会创新源头与创新支撑系统崩溃导致的阻滞。

三、企业创新危机阶段与特征

（一）企业创新阶段的划分

企业创新危机的形成和发展大致可分为潜伏、生成、高潮、爆发、转化、消退六个阶段。由于危机发展阶段与危机程度有紧密关系，故一场危机由潜伏到消退可将其视为一个周期，可以用坐标曲线示之，如图7-1所示。

---

① 李思屈，鲁知先.中国创新危机的破解与创新文化培育［J］.西南民族大学学报（人文社科版）2020，41（9）：31-40.

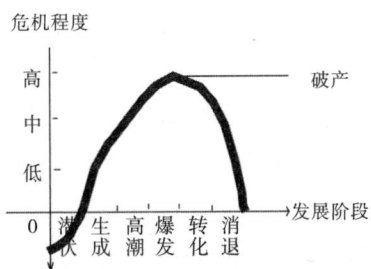

图7-1　企业创新危机阶段图

图7-1 中曲线表示了危机变化的大致轨迹，企业创新危机潜伏于顺境中，可以发现，生成期的危机程度较低，如果不及时遏制住上升的势头，必然使危机发展到高潮处，当危机处在高潮且尚未爆发时，如果此时采取及时得力的措施，创新危机将被有效管制，危机就步入转化、消退，完成一个周期；而如果错过了高潮前的"准危机"时期，创新危机管制失败，将在危机程度最高处继续恶化，最终危机爆发，导致企业破产。因此，企业应该把握创新危机的隐性危机阶段，即潜伏期到高潮期阶段。

（二）企业创新危机的特征

1. 全员性

企业创新危机波及以企业家为核心的，具有自力更生、冒险进取、刻意创新的创新者为骨干的，企业员工为基础的所有可能进行创新的群体。

2. 危害性

威胁到企业组织基本目标的实现，甚至威胁到组织的生存。危机的发生总会有轻重不同的影响并涉及企业的生产经营活动，威胁到企业的既定目标，最严重的将导致企业破产。

3. 突发性

许多企业创新危机的爆发往往超出了企业的预料，外界环境（包括政治、经济、社会、技术因素）或内部因素（所有权结构、企业高管、人力资源结构、知识管理、组织文化、物质基础）突然出现的变化均可能产生创新危机。

4. 双重性

"祸兮福所倚，福兮祸所伏"，危险与机会共存，一次创新危机若没能及时妥善地处理将造成更大损失，若得到及时妥当处理，可以转"危"为"机"。传统观点认为创新危机有害无益，但是现代创新理论认为创新危机同时蕴含了失败和发展、毁灭和改变、损失和收益的因素，因此可被理解为一种唤醒企业创新的警钟，亦可被视为一种特殊的财富。

5. 普遍性

创新危机普遍存在于每个企业，存在于企业活动的每时每刻。《危机管理》一书的作者菲克调查了美国《财星》杂志列出的 502 家大公司。在回答问卷的公司中，60% 的员工说他们曾经遭受过严重的创新危机。而真实数据可能远超于此，出于维护企业自身名誉和商业竞争力的考量，部分公司不愿承认公司曾发生过创新危机。

第二节　企业创新危机的成因及对策

基于国内外研究成果，从微观、中观以及宏观层面对企业创新危机的作用机理进行梳理总结，并构建出企业创新危机作用机理的整合模型，以期完善企业创新的研究成果，如图7-2所示。

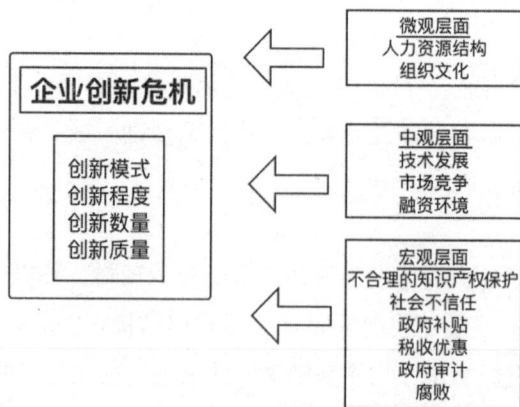

图7-2　企业创新危机影响因素的整合模型

一、微观层面企业创新危机的成因分析

企业与异质性企业在资源禀赋、治理机制等方面的差异直接影响企业的创新决策与绩效。企业异质性主要含盖基本财务特征、治理结构特征等方面。其中，基本财务特征包括企业规模、融资约束等，治理结构特征涉及高管激励、股权结构等。

国内学者刘诚、杨其静[①]认为任何企业创新危机都是结构性的，创新危机并不意味着企业成员创新能力的丧失，而是他们的创新能力在一定的体制和文化结构中得不到有效的释放。企业有强烈的创新成果需求，企业成员有创新的冲动和能力，但在特定的企业结构中，需求与能力之间缺乏有效的沟通，出现严重的脱节，这才会出现创新危机。

（一）人力资源结构

企业人力资源可划分为普通员工、基层管理者、中层管理者、高层管理者。中层管理者和基层管理者作为企业战略的主要执行者与企业创新危机存在密切关系。中层管理者对管理创新的影响主要体现在与高层管理者相似性方面，高层、中层管理者的受教育程度、职能定位越相似，两者间的正向关系越强，就越有利于企业创新。此外，基层管理者的执行力和组织能力对管理创新起推动作用。管理创新往往与资源配置、任务结构、职权和奖励有关，工作条件的改变会不可避免地引起组织气氛紧张，当中层和基层管理者的利益受到威胁时，他们会成为企业管理创新的抑制因素。

（1）高层管理者。高层管理者是企业管理创新自上而下的发起者，其教育水平、经验、领导力、年龄、企业家精神等个人特征会影响企业创新。同时，高管也是企业创新活动的决策主体、执行主体与监督主体，其创新意愿对企业创新有直接影响。高管激励机制能够有效降低委托代理成本，是促进企业创新的重要制度安排。

常见的高管激励机制主要包括薪酬激励与股权激励。其中，高额薪酬不仅能够吸引更具企业家才能的管理者，提升企业创新绩效，还可以产生利益趋同效应，抑制委托代理矛盾和高管风险规避行为，增强高管的创新积极性。

---

① 刘诚，杨其静.契约环境、社会资本与农合组织形式［J］.江苏社会科学，2012（1）：49-55.

股权激励方面，高管持股同样能够形成利益趋同效应，促使高管积极参与并监督创新活动，提高企业创新效率。然而，高管持股比例增加也可能导致严重的内部人员管理问题，产生管理防御效应，降低企业创新投入。因此，在两种效应的共同作用下，股权激励与企业创新可能呈倒 U 型关系。股权结构对应企业内部治理的最高层级，会影响企业的创新表现。

根据已有研究，过于分散的股权结构存在多方面问题从而导致企业创新危机。第一，股权分散极易导致因监督成本过高引起的股东"搭便车"问题，导致高管的短视行为，降低高管的创新积极性。第二，股权分散增加了中小股东对高管施加的短期业绩压力，使高管无法关注企业长期发展，导致创新投入的减少。第三，股权分散阻碍了参与决策的股东之间的有效信息传递，增加了企业创新的信息成本。

同时，过于集中的股权结构也可能诱发大股东通过关联交易等方式损害小股东利益，阻碍企业开展创新活动。股权集中度过高还意味着大股东可能面临更高的创新风险，导致其降低对高风险创新项目的支持程度。

鉴于此，有学者提出了"存在一种多个大股东相互制衡、适度集中"的理想股权结构，该结构能够有效缓解大股东"一家独大"与中小股东"搭便车"问题，从而发挥股权结构的创新促进效应，实现对创新危机的有效管理。

（2）普通员工

企业创新危机会通过自上而下的纵向关联和同层级内部的横向关联，连接企业的所有管理者和员工。企业中的普通员工的知识、能力也与企业创新存在关联性，受过良好教育、具有较强的分析能力与广泛的知识基础的优秀员工或者是一线员工往往对于企业的运作状况和顾客需求有更敏锐的观察，能够准确捕捉企业潜在的创新机会。

而大多数企业一贯低估普通员工的创新潜力，企业制订的烦冗复杂的工作标准也会极大地阻碍员工的思考，当普通员工对企业创新的反馈被阻碍时，就将埋下潜伏的创新危机。一方面，员工对企业创新价值产生怀疑，不愿将有限的时间和精力投入创新实践；另一方面，一线员工面临新的任务时，会抑制创新活动，优先完成企业任务。企业可以通过加强对普通员工的培训，赋予其更多自主权，促进普通员工积极参与到企业创新实践中。

（3）领先用户

用户知识是企业创新重要的知识来源，好的新产品构思来自对顾客的观察和聆听。Kleinschmidt 和 Cooper 对 123 家企业的 252 个新产品进行了研究，得出结论：大多数新产品源于顾客提出的创意，而不是源于公司内部的头脑风暴会议或者成熟的研发活动。因此，挖掘用户知识，理解用户需求，确认市场趋势对企业的技术创新是不可或缺的。成功的创新者对市场给予了更多的关注，对用户需求有更好的理解[①]。

例如，3M 公司每年都要开发 200 多种新产品。在研发新产品过程中，3M 公司始终与其顾客保持紧密联系，并实现研究人员、推销人员和管理人员精准对接用户对产品的反馈，最终实现用户对新产品的有效赋能[②]。

（二）组织文化

组织文化能够反映企业组织中人们共同遵守的规范、根深蒂固的价值观和信念。企业组织文化中的创新价值观、激励制度、行为模式的缺位对企业创新有负面抑制作用。反之，健全的企业组织文化可以激发员工形成具有创新意识的价值观，可以为创新提供制度保障的激励制度，可以为员工提供创新行动指南的行为模式，可以有效促进企业创新。

企业组织文化能够支持思维、工作方式的组织机制和结构创新，进而影响企业创新。组织文化对企业整体创新水平的影响会因情境不同而表现出不同特征。当处于运营环境不确定性高、企业家创新意识强且企业组织文化高的创新情境下，企业倾向于采用突变型管理创新，而不是渐进型管理创新。当所要实施的创新被认为符合组织价值观并具有收益前景时，企业就能够尽早、尽快实施创新。当所要实施的创新被认为不符合组织价值观，而企业感受到不创新将造成损失时就会实施管理创新。组织文化能够影响企业管理创新的类型和进程。因此，塑造有利于企业创新的组织文化，可以降低企业创新危机产生的风险。

---

① 董芹芹，张丽霞.体育产业开放式创新的机理与模式研究［C］//中国体育科学学会.第七届全国青年体育科学学术会议论文集.武汉：武汉体育学院体育经济管理学院，2014：7.

② ［美］科特勒.科特勒专栏：3M 公司的产品战略［EB/OL］.新浪财经，2002-09-30.

企业成员虽然在年龄、创新意愿、受教育水平、知识获取和使用方式等方面有所不同，但都愿意用所掌握的知识致力于企业管理创新，因此优秀的人力资本可以促进企业管理创新。相同经济政策下，农村地区和城市地区的企业创新效率不同，印证了社会因素对企业管理创新的影响。Anseri 等人研究发现，以美国为中心的企业组织文化由于不符合欧洲国家价值观，导致欧洲子公司创新管理实践受阻 [①]。海尔的"人单合一"模式向海外公司推广时，也因社会因素而受阻。中国本土企业采用西方管理理论或实践模式时，常因文化冲突而无法实现管理创新目标。因此，融合中国文化价值观和西方管理理论的行为规范，成为中国本土企业管理创新的新选择。

一般说来，创新危机常常表现为如下三种：一是驱动因素不足，创新得不到奖励，风险大，收益少；二是阻碍因素的增加，创新难以转化为企业生产力或精神成果；三是人才方向的错位，高素质人才更多地向创新性相 对较弱的领域流动。

企业成员创新能力的闲置原因在于企业成员创新能力得不到应有的发挥，企业普通成员的创新能量不能得到有效释放，管理部门和各种规章、制度、法令层出不穷，阻碍了许多创新性成果出现，企业基层管理体制和相关条例的不健全以及部门分割、学科分割、渠道分割、区域分割、缺乏科学性等 都是造成企业创新危机的制度性原因。"灵魂"与"体系"的脱节，企业核心价值 观念的缺位和扭曲，即共同应对挑战的目标导向的缺失，则是创新文化不兴 的内在原因。

二、中观层面企业创新危机的成因分析

在不同市场环境中，企业面临的竞争压力与融资环境存在差异，企业的创新行为也大相径庭。

（一）技术发展

新技术的出现会给企业带来颠覆性变化。例如，借助计算机和 Internet,

---

① 张振鹏.企业管理创新影响因素与过程机制：研究综述及整合模型［J］.科技进步与对策，2021，38（20）：154–160.

270

可以有效汇集整合企业信息，从而推动企业管理创新；依托 AR 技术与设备，可以将现实世界和虚拟世界相结合并提供有意义的信息和数据，优化企业管理流程；借助大数据技术，企业能更好地理解市场预期，快速适应市场需求，从根本上改变企业与市场的关系，创造出新的管理模式。基于现有文献分析，技术创新、管理创新是相互影响的双向关系，管理创新可以提升企业管理能力，优化技术开发流程，降低技术创新风险，为技术创新提供保障，并且提高技术创新的持续性。外部环境对企业管理创新的影响较为复杂，在不同情景下，外部环境通常是驱动因素或抑制因素。

（二）市场竞争

自创新概念被引入经济学以来，市场竞争就被视为决定企业创新的重要因素。鉴于此，Aghion 等人将技术水平差距引入熊彼特增长框架，提出市场竞争会产生促进创新的"规避竞争效应"与抑制创新的"熊彼特效应"，在两种效应共同作用下，竞争与创新构成倒 U 型关系[①]。随着专业化分工深化，产业关联愈加紧密，上游行业市场结构对下游行业企业创新的影响亦不容忽视。对竞争与创新关系的探讨也从产业内拓展至产业间，一些学者由此开辟出新的影响渠道。上游行业凭借政府规制形成的垄断势力，通过影响中间投入品的产品价格与数量攫取下游行业企业的创新收益，对下游企业创新形成不利影响。

（三）融资环境

外部融资环境的恶化也可能对企业带来创新威胁，产生创新危机。首先，单一的金融工具无法提供多元化投资组合，将降低储蓄向投资的转化效率，从而降低创新资金供给、增加企业融资成本；其次，恶化的融资环境促使借贷双方的信息不对称，增加金融市场中的委托代理成本，弱化金融市场资源配置，从而加大了企业创新的融资约束；最后，风险项目管理的弱化会导致投资项目风险升高，降低了应对金融市场应对流动性风险和非系统性风险的能力，进而削弱企业创新项目的吸引力。

---

① 张沁，王立勇，杨禄尧 . 贸易自由化对出口产品质量的影响研究：基于中国工业行业面板数据的分析［J］. 价格理论与实践，2018（7）：35-38.

三、宏观层面企业创新危机的成因分析

宏观层面企业管理创新与政治、经济、社会、技术等因素紧密相关，我们从不合理的知识产权保护和社会不信任、政府补贴和税收优惠、政府审计和腐败三方面出发，探讨宏观层面企业创新危机的成因。

（一）不合理的知识产权保护和社会不信任

合理的知识产权保护可以通过赋予创新者有限垄断收益，将创新的部分收益向创新者转化，从而形成对创新活动的外部激励。因此，知识产权保护是企业促进科技创新的基础性制度。

一方面，知识产权保护的缺位和缺乏可能导致严重的企业创新危机，适当的知识产权保护则会给企业创新带来机遇。首先，在缺乏知识产权保护的情况下，创新者无法得到创新成果的合法独占性与排他性，企业从事创新活动的事前激励无法实现，同时还可能导致窃取侵占企业创新成果的机会主义行为，提高技术转让过程中"敲竹杠"问题发生的概率，从而导致技术创新的溢出损失。其次，良好的知识产权记录所形成的信号传递效应，有助于缓解信息不对称问题，增强企业对外部融资与合作创新的吸引力，并且知识产权保护的信息披露制度也能够促进优质技术知识传播，在减少企业重复投资的同时促进行业知识积累与技术进步；最后，较强的知识产权保护能够吸引外国直接投资，促进跨国公司隐性技术向本土企业流出，提升本土企业创新能力。

另一方面，过度的知识产权保护可能导致有限垄断，从而抑制了市场竞争，最终导致被保护企业丧失创新动力，不利于企业创新能力的持续提升。此外，知识产权保护限制了其他企业对专利知识的利用，不利于技术扩散与开放式创新，而且还会诱发技术价格上涨，增加低技术企业的学习成本，"挤出"低技术企业创新。因此，过度知识产权保护也可能对企业创新形成阻碍。

作为一种典型的非正式制度，社会信任能够为经济发展提供稳定的心理预期，从而降低交易成本，引导其从事生产性活动。而社会不信任则会抑制企业创新，产生危机。社会不信任可能提高经济主体之间相互隐瞒、欺骗的概率，减弱利益相关者之间的信息传递，阻碍企业创新效率的提高。在制度

不完善的地区，社会不信任还会加大因正式制度不完善产生的负面影响，进一步引起区域创新环境的恶化。再者，作为一种社会担保机制，社会信任可以为借贷双方提供稳定的心理预期，降低交易费用与信用风险，促成企业与投资者之间的融资合作，缓解企业融资难度。此外，较高的信任程度有助于降低创新者的防备心理，增强研发人员交流意愿，促进企业内外的知识交流与互补，降低创新机会的搜寻成本，提升企业研发速度，从而对企业创新产生积极影响。

（二）政府补贴和税收优惠

由于创新的公共产品属性以及普遍存在的市场失灵问题，企业创新活动的自发供给难以达到预期水平，因而需要政府提供外部激励。实践发现，政府支持企业创新的常见激励手段主要是政府补贴与税收优惠。

但是，不合理的政府补贴可能会阻碍企业创新。第一，政府补贴可能会提供不正当激励措施，使企业依赖于低成本的政府资源而减少私人性质创新投入，产生挤出效应。第二，部分企业利用政府创新补贴政策的制度漏洞，通过策略性创新行为套取或骗取创新补贴资金，导致创新资源的利用效率极低，不利于企业创新能力的提升。第三，受有限信息和有限理性的制约，补贴政策在执行过程中容易出现寻租行为，不仅导致企业将有限资源用于寻租而非创新，还对政府补贴预期的正向激励效应形成扭曲。第四，由于存在信息不对称和委托代理问题，政府对企业创新难以进行有效的事前筛选和事后监督，政府补贴在加剧创新资源错配的同时引起创新要素价格上涨，并向社会传递企业具有高度不确定性的消极信号，导致企业难以获得外部融资，抑制企业创新活动。第五，补贴政策的选择性可能导致企业为迎合政策而投资于能够得到政府补贴的特定范围，导致企业在其他领域中的创新投入被收回。

税收优惠作为政府扶持企业创新的另一项重要政策，对企业创新存在抑制作用，主要表现为：第一，税收优惠具有较高的政策成本，无法有效地解决创新外部性导致的市场失灵问题，企业创新活动并未受其影响；第二，我国现行税收优惠存在的制度缺陷，可能诱使企业为避税"操纵"研发费用数据，而非切实提升研发强度，削弱了税收优惠的激励效果；第三，当政府对

低技 术产品提供税收优惠时，为迎合政策需求，企业可能减少对高水平创新活动 的投资，对企业创新能力提升产生不利影响。

（三）政府审计和腐败

基于我国特殊的政治经济环境，并参考我国现有的"受托经济责任论""国家审计'免疫系统'论"和"经济人假说理论"，现针对国有企业进行单独讨论，阐释政治关联如何引起企业创新危机。

我们结合实证性分析，主要从政府审计、腐败两个因素来研究政治关联造成企业创新危机的成因。

通常，在经济学研究中，腐败通常指政治腐败或企业内部科层腐败，指官员"为牟取私利而滥用公共权力或权威"的行为。国内外的大量研究已经证实，控制腐败有利于促进外商直接投资、提高生产率并拉动收入增长。

根据寻租理论，由于国有企业与政府关系的特殊性，使得政府会对国有企业采取更多的干预措施。政府的介入往往是依靠行政权力对资源进行重新配置，这一过程会存在额外的利益点，从而诱导部分权力所有者的寻租活动，发生腐败行为。当集权程度越高时，政治透明度越低，政府官员发生腐败的可能性就会越大。腐败所导致的直接结果是国有资源的流失。对国有企业创新的影响是造成创新投入不足，进而阻碍国有企业创新的发展。即腐败与国有企业创新呈负相关关系，腐败抑制了国有企业的创新。在市场机制并未完全确立的经济体中，超大企业通常会通过伴有非法支付的寻租行为获得市场特权，从而垄断市场，并最终抑制企业创新。

低效甚至无效的政府审计对国有企业的创新存在巨大的负面影响，并因此导致企业创新危机。政府审计是国家治理的重要手段，是经济发展中的 一道"免疫系统"。但政府审计存在不少漏洞，反而抑制了企业自身的良性发展，低效的政府审计会导致腐败行为，进而影响国有企业创新。这反映了政府审计、腐败治理和国有企业创新之间的关系，意味着推动国有企业创新不能一味地将重心放在加大研发投入上，重点是要充分利用好政府审计的优势，加强对国有企业资金流向的监督和管理，确保资源可以被合理、有效的利用，以此帮助政策制定者作出正确且有效的政策。

第三节 企业创新危机的应对与管理

通过企业创新危机商业模式的创新驱动、创新管理、组织模式三个视角，分别针对性提出了"大数据"创新驱动、数字创新、协同创新三大解决对策，旨在为企业在新时期探寻企业创新切入点提供可行的解决路径，如图7-3所示。

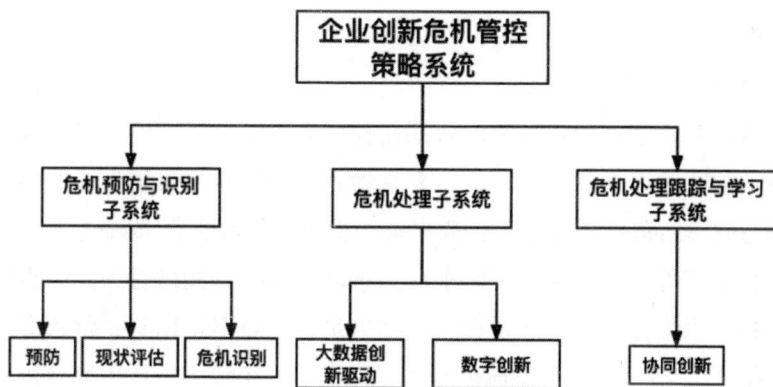

图7-3 企业创新危机管理策略系统

一、"大数据"创新驱动

随着信息通信技术的发展、交汇与融合，新的商业模式层出不穷，涌现出一大批依靠商业模式创新而创造辉煌的企业，如苹果、IBM、亚马逊、Google、eBay、Facebook、海尔等，商业模式创新登上了企业创新的中心舞台，"大数据"成为商业模式创新的基本时代背景。2011年，全球知名咨询公司麦肯锡在其题为 *Big Data：The Next Frontier for Innovation Competition and Productivity* 的研究报告中最早提出"大数据时代已经到来"，数据已经渗透到每一个行业的每一个业务职能领域，逐渐成为重要的生产要素，人们对于海量数据的运用将预示着新一轮生产率增长和消费者盈余浪潮的到来。

基于"大数据"的创新属于基本构成要素的创新，属于熊彼特提出的创新的范畴，它是以新资源和新技术供应为基础的产品、生产方法、市场及行业的转变；这种创新是建立在新的数据资源观基础之上的，它包括对"大数据"资源本身价值、利用方式、获得方式的再思考，也包括对受"大数据"影响的企业其他资源、能力延伸和利用方式的再思考。基于"大数据"的企业特征层面的商业模式创新主要表现为价值主张创新、价值创造和传递模式创新（关键业务和流程创新）、收益模式创新，以及外部关系网络和价值网络重构。

（一）基于"大数据"的价值主张创新

1. 洞悉消费者的真实需求

面向顾客的公司很长时间以来都在利用数据细分和定位各自的顾客，然而消费者的真实需求具有隐蔽性、复杂性、易变性和情景依赖性，利用历史的、静态的、结构化的数据，企业很难获得用户的真实需求数据。而"大数据"使企业获得消费者的真实需求成为可能，人类的细微行为，会直接暴露内心的真实想法，例如，网友在网络中的足迹、点击、浏览、留言等都能直接反映他的性格、偏好、意愿。在物联网世界，企业可以运用来自内置于产品中的传感器数据，了解商品在真实世界里的真实使用情况。

2. 对消费者进行准确细分

企业可操作的消费者细分一般以地理位置、人口统计特征为依据，而"大数据"可以帮助实现越来越接近消费者真实需求的细分方式。一是细分标准抽象化。当人们的兴趣、爱好、价值观、生活方式、沟通方式等都可以数据化以后，以这些特征细分消费者就具有了现实可行性。二是细分市场微小化。从本质上讲，世界上有多少人就有多少种兴趣、偏好和需求，每个人都是一个细分市场，"大数据"正在使企业向"微市场"化迈进。例如在医疗行业，基于包括个人遗传基因及分子组成的大数据的个性化医疗，已经成为这一行业商业模式变革的大趋势。

3. 产品的即时、精准、动态定位

大数据的实时个性化以及多来源、多格式数据的快速综合对比分析能力使数据的收集、整理、分析、反馈、响应可以在瞬间完成，使企业随时随地精准圈定用户群并满足他们的真实需求和潜在需求成为可能。零售业就是一个典型的数据驱动定制化的行业，目前在线零售商利用实时数据提供精准的商品推介已经十分普遍：新一代的零售商已经可以通过互联网点击流跟踪消费者的个人行为，更新他们的偏好，实时模型化他们的行为模式，快速识别出消费者在什么时候接近购买决策，然后预打包首选商品促进交易的完成。

（二）基于"大数据"的关键业务和流程创新

作为基础技术条件和工具，"大数据"资源具有释放并放大其他资源价值的能量。"大数据"的关键业务和关键流程创新就是企业业务活动的"大数据"化，依据其改造和影响的范围可以分成以下几种情况：

一是以"大数据"设施和技术作为基础、以数据信息流为线索对整个业务流程进行再造。例如，"大规模定制"生产方式的实现就是基于强大的 IT 基础设 施对企业进行流程再造的结果。

二是以"大数据"活动取代传统的业务流程，使企业的业务经营模式发生变化。例如，电子商务的发展就是传统商业流通主要交易流程被数据交换取代的结果。

三是把"大数据"活动纳入价值创造流程，寻找新的价值创造方向和路径。例如，在汽车行业，利用大数据分析，充分挖掘数据信息背后所隐含的行业技术关联，寻找有效途径延长燃气涡轮、喷气式发动机和其他重型设备的运行时间，这为传统制造业寻找新的价值增长点提供了思路。

四是基于"大数据"的流程再设计，以"大数据"作为解决问题的新方法，可以显著提高某一业务流程的效率或效果。以新加坡樟宜机场为例，预计航班到达时间是机场的一个重要流程，以往这一估计由飞行员到达最后一个导航点至机场期间提供，高误差率和大的误差范围极大提高了运营成本。2018年，该机场利用 PASSUR Aerospace 公司提供的名为"RightETA"的航班到达时间估计服务彻底改变了这种状况，基于天气、航行时间表等公共数据以及

PASSUR 收集的多维历史数据进行的精细分析和模式匹配分析，机场从根本上消除了预测误差，每年节省了近七百万美元的经费开支。[①]

（三）基于"大数据"的价值创造、传递模式创新

大数据技术使企业获取和利用其他外部资源的成本和风险也大大降低，为新的价值创造模式和价值传递模式提供了以下可参考的技术路径：

1. 众包

众包是指把传统上由指定代理人（通常是雇员）完成的任务以公开选拔的形式外包给大量不特定的个人去做的行为，众包模式的实质是对离散社会资源的有效利用。在 IT 业，开源社区就是典型的众包模式，目前各大 IT 巨头都争相采取这种模式构筑自己的创新"生态圈"，其他行业的许多世界性大公司也都建立了自己的网络平台或者借助众包中介，以众包方式解决技术、创意、设计等原来完全由内部流程和资源完成的活动。

2. 用户自生成内容

用户自生成内容是在"去中心化"、用户参与、用户体验、协同创作等互联网文化推动下产生的一种新兴的网络信息资源创作与组织模式，消费者以上传文字、图片、音频、视频或者共享文件等形式参与内容和价值创造。

3. 共同创造

从比较深层的意义上看，共同创造是把消费者、供应链成员乃至其他相关产品提供者共同纳入产品价值网络的思维方式。从意义上看，共同创造是指企业整合来自多元系统的数据、邀请跨职能部门的合作甚至从外部供应商和消费者那里获取信息以共创产品。例如，汽车行业基于集成化数据平台的全供应链设计合作，玩具行业巨头乐高基于在线订购，允许客户组装他们自己乐高套件的乐高工厂等。这些新模式所依赖的核心工具都是基于Web3.0 技术的网络平台。这些创新改变了企业对外部资源需求的内容及方式，改变了企业创造价值、传递价值的方式及路径，改变了企业的商业生态，使企业的资源边界、市场边界和契约边界都呈现模糊化趋势。可见，企业对

---

① 董卫."世界最佳机场"的服务质量：新加坡樟宜机场见闻［J］. 上海质量，2006（8）：50-52.

"大数据"资源的获得和利用过程也是企业重构外部关系网络和价值网络的过程，价值网络重构已经成为企业商业模式创新的重要方式之一。

二、数字创新

当下处于数字经济时代，数字技术的可重新编程性和数据同质化特性改变了产品创新、过程创新、组织创新和商业模式创新的方方面面。因此，针对性的数字创新是解决企业创新危机的有效对策。

（一）数字创新的内涵及外延

在中外学者研究成果的基础之上，我们认为，所谓数字创新就是指在创新过程中采用信息、计算、沟通和连接技术的组合，包括带来新的产品、生产过程改进、组织模式变革以及商业模式的创建和改变等，主要包含数字技术、创新产出和创新过程三个核心要素。

由于数字技术的数据同质性、可重新编程性和可供性，现有文献基本达成共识并认为数字创新具有自生长性，自生长性是指由于数字技术是动态的、可自参照的、可延展的、可编辑的，数字创新可以持续地不断改进、变化。最典型的例子是诸如各种 APP 等数字产品可以根据用户的反馈及运营过程中出现的各种问题进行实时迭代创新。

数字创新开发则是指企业将启动阶段产生的创新想法发展成为一个可以被应用的数字创新的过程。创新开发阶段的重点为创新主体对于期望创新产出的设计以及创新想法如何与企业内原有知识基础进行融合。与传统创新过程 不同，数字创新开发阶段的设计是一个持续迭代的过程，没有清晰的开始点和结束点，而是一个动态交互过程。

（二）数字创新的分类

根据创新的产出，我们可以把数字创新细分为数字产品创新、数字过程创新、数字组织创新和数字商业模式创新四种。

1. 数字产品创新

数字产品创新指对特定市场来说，非常新的产品或服务都包含数字技术（信息、计算、沟通和连接技术的组合），或者被数字技术所支持。数字产品创新主要包含两大类：纯数字产品（APP）以及数字技术与物理部件相结合的产品（智能家居产品）。

纯数字产品的创新有如下三个主要特征：第一，纯数字产品的创新往往具有产品空间虚拟无限，也就是说数字技术的自生长性使得纯数字产品理论上在虚拟空间里可以进行无限次更新迭代。第二，由于数字技术的可重新编程性，纯数字产品可以针对不同的客户需求进行轻易的重新整合并重新使用。第三，纯数字产品的创新极大依赖于数字基础设施（网络、数字创新平台等）的发展和支持。而另一类数字创新是通过将物理部件与数字部件相结合进而改变产品的体系架构，使其具有数字实体特性。

2. 数字过程创新

数字过程创新指数字技术的应用改善甚至重构原有的创新流程框架。在数字经济时代，创意产生、产品开发、产品试制与制造以及物流和销售等环节都可能被数字技术所颠覆。例如：在产品研发阶段，数字仿真以及数字孪生技术的支持使得企业研发成本大大降低；物联网技术的支持使得企业生产流程各环节变得十分透明；客户能够通过虚拟客户环境参与包括产品构思、产品设计和开发、产品测试、产品营销和传播以及产品支持等价值创造活动。

数字过程创新总体上有如下三个方面的特征：第一，数字过程创新的时间和空间边界变得模糊，例如，3D 技术的使用让不同的参与者在不同时间和地点都可以参与创新过程；第二，数字技术让过程创新和产品创新之间的边界变得模糊；第三，数字技术的可重新编程性使得在数字过程创新中出现许多衍生创新。

3. 数字组织创新

数字组织创新指数字技术改变了组织的形式或者治理结构。实际上，数字技术能够影响诸如交易处理、决策制定、办公工作等企业治理的方式甚至改变企业的形态，比如，阿里巴巴在 2015 年为适应数字经济而启动了"中台战略"，将企业的核心业务能力沉淀并聚集到由业务中心组成的中台层上，前台应用以中台为支撑，向轻量化、敏捷化转变，即"大中台，小前台"。企业在数字组织创新过程中可以通过设立首席数字办公室 CDO（Chief Digital Office），实现组织流程、组织文化、组织结构的变革。

4.数字商业模式创新

数字商业模式创新指通过数字技术的嵌入改变企业价值创造以及价值获取的方式进而改变企业的商业模式，通过建立价值空间框架模型，企业可以在其中获取并创造价值，以及寻求其价值主张。在这一价值空间中，数字资源是数字创新组成模块，通过组合创新，某个资源有潜力可以同时成为多个价值路径的组成部分。基于这一逻辑，数字技术可以通过多种价值创造路径创新商业模式。因此，有学者系统总结了数字技术改变商业模式的三条路径：自动化和数字增强、数字化扩展以及数字转型。其中，自动化和数字增强是指使用数字技术增强现有商业模式；数字化扩展是指企业使用数字技术支持新的业务流程进而改变原有商业模式，这些新的业务流程补充了现有的活动和流程；数字转型是指企业利用数字技术开发出新的商业模式以替代传统的商业模式。

（三）数字创新流程

数字创新流程主要包括数字创新启动、数字创新开发、数字创新应用三个阶段。数字创新管理的过程不再像传统创新管理的基本流程所包含的从创意产生、研究开发到商业化等各个边界清晰的子环节，而是更多聚焦于各个参与主体之间的动态交互过程。数字创新启动过程是指企业通过识别数字创新机会并为数字创新做准备的过程。同时，因为数字创新的过程往往涉及组织过程、制度基础设施等的重大变化，因此现有组织领导以及组织内制度、文化的阻碍以及创新执行的阻碍使得数字创新启动变得困难。

数字创新流程复杂，企业在运作过程中要紧扣制订数字战略、开发数字资源、提升数字创新能力、构建数字创新导向的文化四个环节。

1.制订数字战略

数字战略定义为利用数字资源进行差异化价值创造的企业战略。企业需要根据外部数字化发展趋势和自身的资源优势来明确价值创造的范围（推出哪些数字产品，如何改进创新流程，是否进行数字组织创新和商业模式创新等）以及价值获取的方式（是否需要构建平台或者生态系统，如何与潜在的网络伙伴进行价值分配等）。在制订数字战略的过程中，经过企业内部的充分交流，为企业提供关于进行数字创新的未来愿景、行动纲领和策略 的具体知识和共同理解。

2. 开发数字资源

从广义角度来讲，数字资源包括数字创新过程中需要的各类资源。企业在进行数字创新之前，首先要确定企业层面的数字基础设施是自建还是依托于 企业外部的设施。其次，企业需要对企业内外潜在的可以数字化的信息进行 全方位的掌握，并配备与之相匹配即懂数字技术的人力资本，建立动态创新团队来整合具有不同技能的员工，持续学习以更新数字创新技能。

3. 提升数字创新能力

第一，由于数字技术的自生长性，数字环境的变化日新月异，企业需要持续扫描并更新数字环境以识别新的创新机会。数字环境扫描能力，即识别公司内外部数字环境中与创新相关机会的能力，是企业进行数字创新之前需要构建的能力。

第二，吸收能力，即企业识别、吸收和使用外部知识的能力，在启动数字创新阶段至关重要。例如，吸收能力在企业启动数字创新过程中的限制和作用，获取、分布和使用客户知识的能力对于数字创新具有重要作用。

第三，双元能力，即重构、整合和变革现有资源和新资源以掌握新的复杂资源组合的能力，对于进行数字化转型的在位企业至关重要，同时对于启动数字创新亦非常关键。例如，企业在创新启动阶段需要解决现有能力与必需能力之间的平衡、创新焦点是产品创新还是过程创新的平衡、内部还是外部合作的平衡以及控制还是柔性治理之间的平衡。

4. 构建数字创新导向的文化

在启动数字创新的阶段，企业需要构建以数字创新为导向的文化。具体而言，企业还需构建承担风险的文化、允许试验即兴创新和学习的文化，以及企业内分享观点和分权决策的文化。

三、协同创新

协同创新是以知识增值为核心，企业、政府、知识生产机构（大学、研究机构等）、中介机构和用户等为了实现重大科技创新而开展的大跨度整合的创新组织模式。我们从整合维度与互动强度两个维度来探索构建协同创新的框架，阐释协同创新的理论框架与内涵，最后针对协同创新的组织和平台构建提出几点建议。

协同创新的先期基础是协同制造。协同制造是充分利用网络技术、信息技术等手段，实现供应链内部及供应链之间的企业在产品设计、制造、管理和商务等方面的精细合作，最终通过改变业务经营模式达到企业资源最充分利用的目的。协同制造整合了敏捷制造、虚拟制造、网络制造、全球制造等生产模式的优点，打破了时空的约束，通过互联网络，使整个供应链上的企业和合作伙伴共享客户、设计、生产经营信息。协同制造从传统的串行工作方式，转变成并行工作方式，从而得以最大限度地缩短新产品上市时间，缩短生产周期，进而快速响应客户需求，提高设计、生产的柔性。

相对于协同制造，协同创新是一项更为复杂的创新组织方式，其关键是形成以大学、企业、研究机构为核心要素，以政府、金融机构、中介组织、创新平台、非营利性组织等为辅助要素的多元主体协同互动的网络创新模式，通过知识创造主体和技术创新主体间的深入合作和资源整合，产生系统叠加的非线性效用。一般说来，协同创新主要有以下两个特点：

1. 整体性

创新生态系统是各种要素的有机集合而不是简单相加，其存在的方式、目标、功能都表现出统一的整体性。

2. 动态性

创新生态系统是不断动态变化的。

第四节　企业创新危机的化解与实践

一、构建企业创新网络

随着网络信息技术的快速发展，企业所面临的外部技术环境、市场环境日趋复杂，不确定性因素日益增多，这是企业埋下创新危机的隐患。仅仅依靠企业内部信息与知识进行"闭门造车"式的创新方式无法从源头化解企业创新危机，因此，企业需要向外部进行知识搜索，从不同渠道获取创新资源，并且以网络模式进行创新。网络创新模式的出现显著改变了现代企业的创新方式与路径，创新不仅是简单的线性过程，更是一个基于不同企业间不断合作而形成创新网络的过程。因此，企业通过契约、协议、社会关系等纽带关系与大学、研究机构、政府、资本市场以及中介机构等主体连接形成合作组织，将组织内外部创新资源整合起来，基于网络集成进行合作创新的方式迅速成了全球企业普遍采用的模式之一，也是从源头上化解创新危机的有效途径。

（一）企业创新网络的研究

企业创新网络就是为一定区域内的企业与各行为主体（大学、科研院所、地方政府、中介机构、金融机构等）在交互式的作用中建立的相对稳定、能够激发创新、具有本地根植性、正式或非正式的关系总和。由此可见，创新网络是指企业及其他相关组织合作形成的外部主体间的连接网络，而非宏观的国家层级、产业层级创新网络。

从 20 世纪 90 年代至今，学术界对企业创新网络的研究呈现出数量不断增加、研究领域不断扩张的态势。国外学者以企业为主体，对不同类型企业创新网络的类型、形成与演化、发展路径等问题进行了深入探究。2010 年以后，主流学术界逐渐占据企业创新网络研究的网络结构特征及其作用机制的研究，并开始研究探讨企业创新网络中的合作关系、控制模式、契约关系及网络治理的影响因素等多个问题。

（二）企业创新网络的实践路径

从实践的角度来说，企业创新网络是时代发展下的必然产物，迅速发展的信息技术迫使企业向外部探索创新资源，网络作为一种帮助企业连结不同主体从而获取创新资源的方式成为企业创新的必由之径。基于实践导向，我们给出两种化解企业创新危机的路径选择。

1. 校企合作

校企合作是"企业创新网络"的重要实现路径。20 世纪 80 年代的美国为了解决大学新技术开发与企业应用新技术之间的鸿沟，促进大学的新技术、新知识向产业界进行转移，政策制定者进行了大量的政策尝试，先后通过拜杜法案（*Bayh-Dole Act*）、《合作研究法》（*Cooperative Research Act*），授予大学研发的技术成果向企业进行转移的权利，并鼓励大学和企业建立技术转让联盟，打破了大学与产业界之间的鸿沟，使得大学产业作用迈向了新的阶段。在此之后，大学企业合作、大学企业技术转移、技术转让办公室等创新实践不断涌现，这些快速发展的实践活动带动了校企技术转移、合作创新等研究的兴起。高校成为企业获取创新资源、进行创新合作的重要主体之一，也成了企业创新网络构建中必不可少的主体之一。

我国在教育政策和科技方针的指引下，大量的高校教学和科研人员投身于生产实践，初步尝试高校与企业合作，如在早期的"三下乡""三线建设"等活动中，我国高校、大学生就扮演了重要角色。改革开放以后，我国发展重点转移到经济建设上，高校与企业合作步入快速发展阶段，截至 2019 年，我国高校科研经费来源构成中，来自企事业单位的研发经费一直保持在 35%左右，工科院校这一比例高达 45%，有的高校甚至超过 60%。而美国、英国、法国、日本等国高校的科研经费中，来自企业的比例只有 5%或以下，即使加上来自非营利组织的经费，也仅有 10%左右；德国、韩国高校的这一比例相对较高，但都在 15%以下，均明显低于我国高校。可以说，我国高校通过与产业界的密切联系，分担了企业技术创新的部分工作，已成为企业技术创新网络中不可或缺的重要合作伙伴 [1]。

但是从专利转让和高校科技成果转化总体情况来看，我国高校明显落后于美国等国外高校。[2] 近年来，根据《中国科技成果转化 2021 年度报告（高等院校与科研院所篇）》，2020 年 3554 家高校院所的合同项数为 466882 项，合同总金额为 1256.1 亿元，当年到账金额为 811.7 亿元。以转让、许可、作价投资和技术开发、咨询、服务方式转化科技成果超过 1 亿元的高校院所数量

---

[1] "《促进科技成果转化法》落实及成果转化相关工作"课题组，陈宝明，林新.全面客观评价科技成果转化成效［J］.科技中国，2018（3）：34-35.

[2] "《促进科技成果转化法》落实及成果转化相关工作"课题组，陈宝明，林新.全面客观评价科技成果转化成效［J］.科技中国，2018（3）：34-35.

为261家。[①]这表明我国高校在科技成果转化方面总体展现出较为积极的态势，主要体现在这些转化活动主要围绕解决企业的具体需求进行，通过提供定制化的解决方案来实现。这些转化为企业所用的研究成果，是基于企业实际需求开发的隐性知识，缺乏产权形式。然而，在转化规模上，那些显性的、有产权形式的，且富含原创性和探索性的研究成果明显不足，一个突出的表现便是高校专利的转让率偏低。高校与企业合作进行技术创新的实践，奠定了我国产学研合作、中小企业产业集群等实践的基础，也是企业创新网络最早在我国的实践体现。

2. 企业联盟

信息技术的快速发展对企业创新水平提出了更高要求，竞争与合作并存的状态成为企业运营发展的常态，并且被产业界广泛认可。美国 DEC 公司总裁霍普兰德（J. Hopland）和管理学家尼格尔（R. Nigel）基于这种竞合关系提出了战略联盟的概念：企业战略联盟是指由两个或两个以上有着对等经营实力的企业（或特定事业和职能部门），为达到共同拥有市场、共同使用资源等战略目标，通过各种协议、契约而结成的优势相长、风险共担、要素水平式双向或多向流动的松散型网络组织。

此外，企业战略联盟策略作为一种特殊的企业网络合作模式，表现为参与主体自发地、非强制地进入这种网络关系，为了获取企业发展的必要资源从而进行战略合作。相对一般的创新网络而言，战略联盟网络中的成员一般是源于同行业的企业，拥有更明确的契约、协议关系，合作关系更为紧密，差异性更小。

二、颠覆性技术创新

（一）颠覆性技术创新研究

核心技术攸关企业生死存亡，也掣肘着国家整体的经济发展。传统渐进创新模式的"引进、消化、吸收、再创新"在核心技术获取上常常"失灵"。

---

① "《促进科技成果转化法》落实及成果转化相关工作"课题组，陈宝明，林新 . 全面客观评价科技成果转化成效 [J]. 科技中国，2018（3）：34–35.

如何在新材料、集成电路、航空发动机、操作系统、人工智能等核心技术领域实现颠覆性创新，并不断产出原创性的先进技术，是中国企业、研究机构、高等院校及政府部门在未来较长一段时间需要共同担负的迫切任务。

企业容易形成管理思维惯性与行为路径依赖，忽视产业内外涌现的新技术对自身所在产业与市场地位造成的颠覆性影响，常常因此面临失去市场份额、利润下降，甚至破产的厄运。而后发企业常常因进入壁垒、自身资源与能力所限、转换成本、领先企业打压等的影响，而在向在位企业发起挑战中面临重重困难，最终实现后来居上的颠覆者寥寥无几。成功预测并提前介入颠覆性技术创新，可以有效帮助在位企业持续保持优势地位，也可以帮助颠覆者改写产业竞争版图，获得新的领先者地位。

企业是颠覆性技术创新的主要组织载体。颠覆性技术创新通常是由单个企业或企业与其他组织及个人共同组成的创新联合体进行的一种突破性的技术创新活动。一般而言，存在着两种不同类型的颠覆性技术创新：一种是高端创新，主要为新技术创造全新的市场需求；另一种是低端创新，所提供的技术与现有技术具有相似特点，但产品成本更低。

颠覆性技术创新通常需要有效的跨界网络治理，可以经由技术网络丰富、市场网络丰富以及技术网络与市场网络协同下的价值共创等不同阶段，动态推进技术进步。此外，颠覆性技术创新还需要包括内容治理、关系治理和价值治理三方面的跨界网络治理，且在不同发展阶段会呈现出不同的网络治理路径。

（二）企业层面的颠覆性技术创新

早期的颠覆性技术创新研究集中在企业层面，重点讨论新进入者为什么能够成功挑战在位企业，所关注的核心问题是：存在劣势的边缘技术如何通过创新的不断推进逐渐超越主流技术，并最终成功"侵占"主流市场。颠覆性技术创新归因于多种因素影响下在位企业与新进入者创新路径的不同：主流客户和既定盈利模式限制了在位企业对新兴技术的投入，在位企业缺乏创新动力，陷于延续性技术中并最终失败，新进入者借助某项激进或尖端的技术而后来居上。

现阶段针对颠覆性创新的研究大多强调创新过程的重要性，认为颠覆性技术创新是一个完整的过程，包括技术开发过程与技术支持下的产品与服务商业化过程，这一过程中任何流程要素的缺失或错误都会使创新失去颠覆性的地位。因此，在全过程中充分把握创新时机并在动态中有效控制创新过程的新进入者便获得了颠覆在位企业的机会。

综上所述，从技术维度来看，颠覆性技术创新是新进入者以市场为导向，不断改进技术水平最终颠覆主流技术的过程；从市场维度看，颠覆性技术创新是新进入者以新技术支撑的产品与服务，由利基市场不断提升直至颠覆已有主流市场的产品与服务的过程。

（三）平台网络层面的颠覆性技术创新

自互联网兴起以来，越来越多的企业以平台推进技术创新，并谋求对在位者进行颠覆。企业搭建的平台天然具有连接功能：将众多与之互补的个体或组织连接成为网络。与企业层面不同，在以多边平台为特征的创新系统中，颠覆者的关键任务是围绕新技术构建一个新的创新网络，获取丰富的互补资源，并最终实现价值共创。

平台及其互补者在从事颠覆性创新的过程中，主要面临网络的稳定性与可进化性之间的紧张关系，既要实现技术转型或升级以降低互补者挑战，又要保证价值共创下治理成本的最小化，而价值共创与治理成本之间存在悖论关系。由此，为保证平台网络的可持久性，需要统筹考虑网络、平台、互补者的作用，并从治理的角度考虑为网络参与者提供技术基础设施、价值观引导和关系协调。

具体而言，平台网络治理在技术创新过程中主要有内容治理、价值治理和关系治理三种治理活动。其中，内容治理是指平台对网络基础能力的治理，主要涉及平台代际技术的转型与升级；价值治理是指平台对网络中关键目标和期望的合作精神的治理；关系治理主要是指平台在降低网络中的机会主义行为方面的治理。当下，互联网时代产业边界的模糊带来很多跨界颠覆者，造就了平台网络颠覆性技术创新情境下，一个技术网络丰富、市场网络丰富以及两者的协同演进、次第、渐进的动态新型跨界网络过程。

平台网络的颠覆性技术创新的主体更加丰富，关注点也不再是一个企业，而是平台连接下的跨界网络。主导企业通常构建了一个以主导企业搭建的平台为核心、众多来自产业上下游及不同产业的互补者共同参与的跨界创新网络。该网络兼具结构复杂性与行为复杂性，并在从某项技术的初始探索到该技术的逐步完善与价值变现中展现出了一个较为完整的、连续性的动态治理过程，如图 7-4 所示。

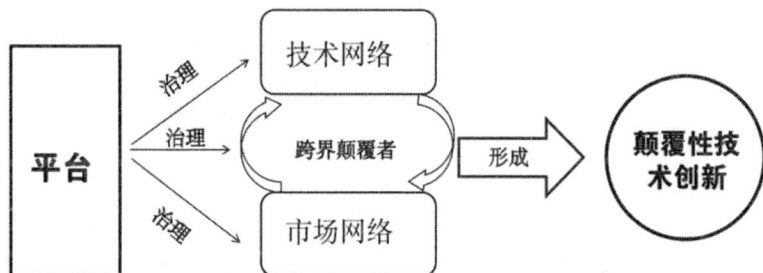

图 7-4 颠覆性技术创新治理过程示意图

早在 2013 年，百度就战略布局汽车自动驾驶技术领域，旨在颠覆传统汽车驾驶技术，但该项目历时四年仍无太大进展。2017 年，随着数字化技术在企业平台的普及，百度搭建了 Apollo 平台构建创新网络，试图借力跨界创新网络来寻求在自动驾驶领域的颠覆性技术创新。目前，该平台经历了技术网络的丰富、市场网络的丰富和技术网络与市场网络的价值共创三个阶段，且仍在演进之中，如图 7-5 所示。2018 年 7 月，Apollo 平台在宣布开放 3.0 版本并与厦门金龙公司合作推出了 L4 级无人驾驶小巴阿波龙，标志着自动驾驶汽车量产化进程的开启。同期，Apollo 平台还推出了无人驾驶车辆认证平台，以及面向量产的自主泊车、无人作业小车和自动接驳巴士等三套自动驾驶方案。2019 年 9 月开始，Apollo Go 正式向种子用户开放，开启了技术与市场协同发展的新阶段。[①]

---

① 李子慧．百度加速布局自动驾驶 真正落地为时尚早［EB/OL］．时代在线，2020-07-16．

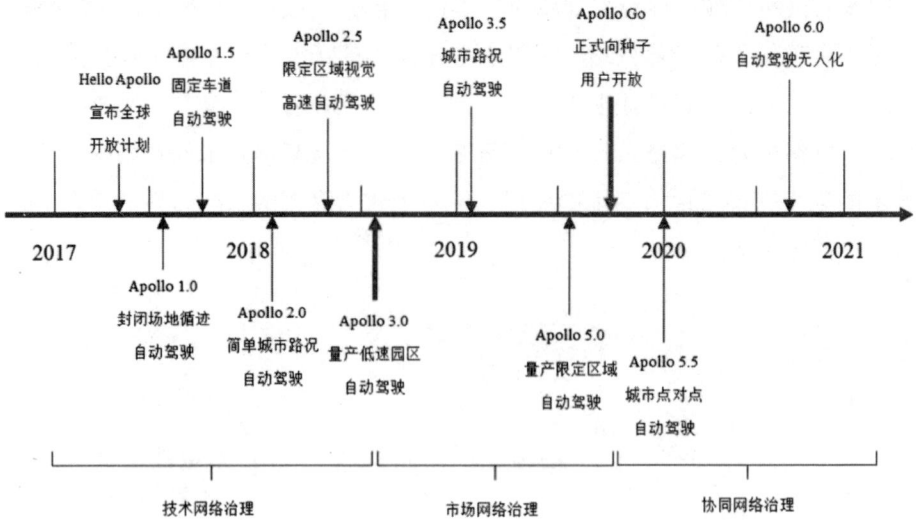

图7-5 百度 Apollo 平台发展历程

1.跨界创新网络的三个阶段

由于跨界网络的复杂性以及颠覆性技术在技术端与市场端的不确定性，企业构建的以平台为核心的跨界创新网络在技术网络丰富期、市场网络的丰富期、技术网络与市场网络的价值共创期三个不同阶段，需要采取不同的、有针对性的治理行动，推动创新网络朝着逐步实现颠覆性技术创新的目标演进。

（1）技术网络丰富期。当处于技术网络丰富期时，平台可以通过内容和关系治理，即通过渐进式技术开源、技术场景探索和技术能力进阶形成"技术扩散—技术验证—技术成熟—技术扩散"的技术探索循环迭代，促进技术应用场景、性能、功效 等技术内容颠覆。

因为网络组织并不具备产生天然协同的能力，要想分担颠覆性技术创新的研发成本、分散经营风险、促进知识溢出等以获得协同效应，就必须进行技术网络的关系治理。对技术网络的关系治理的主要途径是通过利用社会机制影响技术结构颠覆，治理的主要方面包括资产专用性、任务复杂性和频率等交易条件的响应等。

Apollo 自动驾驶技术创新网络的参与者普遍是具有相对独立的社会身份

与法律地位的经济组织或个人，要让他们朝着推动自动驾驶技术进步与成熟的方向共同行动并非易事，协调和维护交易的难度大，因而以社会性联结为特征的关系治理必不可少。因此，一方面，Apollo 平台通过同边网络效应激发吸引网络参与者加入，获得互补性技能和广泛的知识库，同时从网络组织的结构层面进行嵌入，推出技术认证服务以便异质性技术知识的生产通过平台进行有效连接，从而使得技术生产成本下降，进而产生范围经济。这种类型的整合，某种程度上降低了技术的复杂度，有助于获取最为关键的互补性知识。另一方面，借助关注伙伴的合作潜力与融洽的组织关系，弱化网络内不同参与者的竞争性威胁，使得参与者相互间形成信任，互动频率越来越高，从而促进网络内技术知识的溢出。可以看出，技术结构属性的变化重在整合网络资源、去技术化以及促进知识溢出，通过降低技术集成成本促进颠覆性技术创新。

（2）市场网络丰富期。当处于跨界网络治理的市场网络丰富期时，平台通过关系治理，即通过同边网络效应激发、范围经济型整合和求偶式竞合，形成高密度网络、地位限制和关系限制，促进技术利用中的市场机会整合、去成本化和利益重构的市场结构颠覆。

颠覆性创新是一个过程，其中创业努力和行动对创新的发展和商业化至关重要。自动驾驶技术作为颠覆性技术，具有复杂性、高集成性等特点，使得百度 Apollo 需要经历一个长周期、高复杂性、高投入的创新优化过程，才能达到一定程度的规模商业化和市场化。因此，长时间无法获得短期利益回报的技术开发过程会面临公司内部、创新网络其他参与者的严重质疑，随之削弱内部参与者的信心和研发积极性。

在这种技术认知的合法性压力下，Apollo 平台在持续推进技术开发同时也 重点推进市场网络所能带来的商业化进程与效果。例如，以期增强创新网络 参与者的信心和确保技术利用上的行动一致性和持续投入。一方面，Apollo 平台通过将已积累技术在合作伙伴已有的价值创造中有效利用，展示出相关技术的应用潜力，从而向网络参与者描绘出富有诱惑力的未来收益前景，使网络参与者感知到技术所具有的商业价值潜力，提振了网络参与者的参与信心和合作基础，增加了对技术利用的长期预期。另一方面，平台适时将拥有共有价值主张的参与者进行合作捆绑，从而提高参与者的资源与能力的专有化程度，增加了参与者的平台网络转换成本，以此巩固了自身平台在参与者一方的权重。这些有效措施为 Apollo 平台和部分合作者带来了可观的现金收入，增强了所有参与者对合作开发自动驾驶技术的未来商业前景的信心。

（3）技术网络与市场网络的价值共创期。为了将个体层级的隐性知识扩散传递给更多创新网络参与者，百度的 Apollo 平台通过逐步开放源代码，吸引了整车厂、汽车零部件供应商、芯片 生产商、软件开发商等众多网络参与者。网络参与者之间随即开始了整合重 构开源知识，以此达成创新网络的联结化。随后，Apollo 在此基础上，将分 布在创新网络中的验证化知识归纳、吸收到平台层面的隐性知识库中，形成 分散知识的内在化与社会化，实现技术的迭代与升级。为保证技术的持续交 流与创新，Apollo 平台进一步将所获知识以开源的形式共享出去，实现与其 他网络参与者的技术共享、共创、迭代升级的循环。

2.百度 Apollo 平台颠覆性创新的管理启示

对于追求颠覆性技术创新的所有企业，尤其是那些希望进入新的产业领域并实现后来居上的跨界颠覆者而言，百度 Apollo 平台的案例具有多个方面的管理启示。

第一，平台网络可以成为企业推进颠覆性技术创新的重要组织载体。不少高度复杂、前沿的颠覆性技术，很难由单个企业独立完成创新过程，需要在开放和合作中实现创新，在进入新的产业领域并谋求颠覆的过程中尤其如此。企业要想吸引到足够且合格的外部互补者在合作中共同推进创新，必须有合适的组织载体，以便能够促进前沿技术的汇聚、分享，推动各方沿着颠覆性技术方向在分工协作中共同开发，并能够促动源于共同开发的产品与服务对已有主流市场地位的颠覆。建构以平台为核心的跨界网络，是企业的 一种现实选择。

第二，从现阶段实践来看，只有以平台为界面的技术网络、市场网络及二者的交互互动可以有效实现技术复杂性和集成性高、技术开发与商业化周期长的颠覆性技术创新。根据平台网络参与者扮演角色的不同，可将参与者划分为技术开发贡献者、市场开拓贡献者和兼具两种身份的贡献者三大类。

因为颠覆性技术创新往往需要经历漫长的开发周期，因而企业要想有序推进颠覆性技术创新向前迈进，就必须借助技术网络的演进提升技术水平、借助市场网络的演进推动商业化，并在二者的互动支持中实现价值共创，直至最终实现颠覆创新目标。

第三，平台要积极发挥在跨界网络中的关键推手作用。跨界网络唯有持续保持活力并朝着颠覆目标有序演进，才能真正发挥出颠覆性技术创新有效组织载体的作用。在企业搭建平台并借此广泛连接形成跨界网络的情况下，平台是跨界网络有序演进的第一"发动机"。针对互补者特征、平台及网络属性等的要求，平台要综合使用内容治理、关系治理和价值治理等多种治理手段。

综上所述，对依托平台搭建跨界创新网络的平台主导者具有较强实践性。此外，对于创新网络中其他参与者来说，在适宜条件加入跨界创新网络具有诸多益处：一方面，参与者将因此有机会与其他合作者共享未来颠覆带来的巨大商业价值；另一方面，参与者可以通过在创新网络中的合作来提高自身的技术能力与市场开发能力，并将此过程中的有效习得广泛应用到其他创新网络，甚至在时机成熟时以发起者身份搭建新的跨界创新网络。

三、全景式创新

（一）全景式创新概述

全景式创新可概括为三维核心要素，即全方位创新、全过程创新和全主体创新，如图7-6所示。首先，从创新资源的广度来看，全方位创新是在创新过程中，需要从资源全球化和思维广域化的两方面，通过搜寻、筛选的方法导入外部创新资源。其次，从创新过程的紧密度来看，全过程创新强调创新活动必须从跨阶段、跨专业、跨系统来实现资源的协同集成，跨阶段强调管理与运营等不同阶段之间的协同合作与集成，跨专业强调产业链多专业之间的协同合作与集成，跨系统强调实现不同子系统接口界面的协同合作与集成。最后，从创新主体的嵌入度来看，全主体创新强调组织内部需要形成高度嵌入和紧密联系的创新网络，包括通过核心创新主体之间交互融合，作为系统集成者的主体深度嵌入，以及从高层到基层员工的全员创新等方式来提高创新效率。全景式创新的三维核心要素之间相互交叉，通过形成互补的三角关系，推动企业创新的实现。

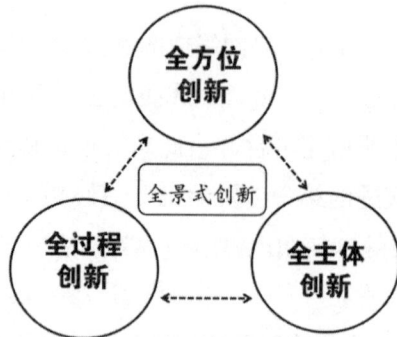

图7-6 全景式创新示意图

全方位创新是重大工程创新的基础，为创新活动提供最为基础的创新要素和动力。全过程创新是重大工程创新的手段，为创新活动开展提供最优组合和方式。主体创新是重大工程创新的载体，承担整体创新活动。重大工程全景式创新不是对原有重大工程创新管理理论和方法的归纳集成或简单延伸，而是以创新生态系统理论和复杂系统理论为基础理论所提出的新的重大工程创新范式。

一般说来，全景式创新与传统创新理论主要存在以下区别：

第一，全景式创新强调从创新资源、创新过程和创新主体并行开展重大工程创新活动，突破了传统重大工程创新的单一视角，突出其全面性、动态性和系统性。

第二，全景式创新强调资源全方位和主体深度嵌入。传统创新理论由于未充分考虑重大工程技术复杂性所带来的创新管理需求，往往忽略思维广域化和深度嵌入性对于满足创新需求的重要作用。

第三，全景式创新突破了原有创新组织界限和时空范围，涵盖更广更长范围，包含整个价值链和全生命期不同阶段，在治理过程中需要达到动态平衡的态势。与传统企业创新范式的最大区别在于全景式创新强调从主体深度嵌入、核心主体交互融合和全员创新三方面延伸到创新活动中，所提出的"竞争和合作"动态平衡的治理逻辑也从侧面映射出全主体创新的典型特性。

全景式创新强调在面对重大工程创新管理时，一方面，需要搜寻最优的创新资源并融合最先进的建造与创新理念。全景式创新动态关注对新技术和新工艺的敏锐度，规避了传统创新管理中的封闭创新系统。另一方面，需要厘清重大工程各个子系统之间的逻辑关系。通过全主体创新构建多主体深度嵌入的创新网络，以跨阶段、跨专业和跨系统创新的方式实现重大工程创新的深度嵌入，有效地消除创新"孤岛"。

（二）全景式创新实践：港珠澳大桥工程

港珠澳大桥是我国新时期建设的里程碑工程。该工程坚持管理 创新探索和技术自主创新，提出并实践"全寿命周期绿色工程"，该工程的建 设实践精准地诠释了全景式创新的深刻内涵。

港珠澳大桥工程秉承"开放"的理念，通过全方位吸引海内外优势团队、引进国内外先进技术、吸收融合国内外重大工程管理经验，在合作创新过程中以本土团队为核心，实现重大工程创新活动的高效运转，掌握具有自主知识产权的技术。重大工程全方位创新强调在创新过程中，需要全方位的对创新资源和信息展开搜寻、筛选和导入，具体表现为"资源全球化"和"思维广域化"。港珠澳大桥管理局采取不同方式来实现创新资源全球化的集成与协同，包括吸纳全球产业链中海内外先进设备制造商和工程承包商，引进、吸收和集成不同行业的先进技术，以及学习国内外其他重大工程的经验等。

港珠澳大桥工程的创新活动包含在全生命期中，从项目的初步设计阶段开始，全方位充分融合并引入海内外创新资源，引进海内外先进工程承包商和服务商等，提升了工程整体创新能力。例如，在港珠澳大桥工程的初步设计中首先引入了丹麦科威（COWI）国际咨询公司和英国奥雅纳（ARUP）工程顾问，通过国内本土设计文化、能力与国外经验深度融合，有效解决项目前期在沉管隧道设计、钢箱梁设计等难题；在桥梁工程施工图设计中，引入日本株式会社长大（Chodai）和英国合乐（Halcrow）集团公司，有效解决钢箱梁结构设计和钢混组合梁结构设计中的钢结构疲劳问题，通过不同文化的碰撞和交流，提升国内设计团队的钢结构设计经验。[①]
再如，施工难度最大的岛隧工程是以中国交通建设股份有限公司为核心，
融入了艾奕康有限公司、丹麦科威国际咨询公司、上海城建（集团）公司、
上海市隧道工程轨道交通设计研究院等国内外众多参建主体。不同于一般
企业创新，重大工程技术创新对于可靠性和成本有严格要求，因此需要技
术专家组或顾问团队提供有效支撑，既需要确保工程技术满足工程质量要
求，也需要控制成本和其他风险，从而让全球资源通过第三方专家顾问团
队等方式实现知识转移和传递。

　　港珠澳大桥工程关注海内外先进技术，通过搜寻关键技术、学习先进
经验和集成外部知识等多种手段，实现工程整体创新能力的跃迁。例如，在
沉管隧道管节的生产制作过程中，与德国派利公司（PERI）联合设计，由
PERI确定整套模板设计和选型，上海振华负责模板结构制造和安装，既保障
了工程目标的实现，又让国内企业实现制造工艺的升级。瑞士威胜利工程公
司（VSL）承担沉管预制同步分散顶推成套设备的供应与技术服务，与中交
集团共同创新最终接头研发技术，提出"三点支撑，多点连续顶推"新工法，
实现了管节从浇筑区到浅坞区的长距离顶推。港珠澳大桥前期协调小组办公
室和管理局在工程初期，通过大量的实地调研，向世界各地的桥梁专家学习，
希望以"取人之优以善己"的思想来实现港珠澳大桥先进技术的集成管理。
同时，港珠澳大桥工程在全方位创新过程中，融入"思维广域化"理念，通
过学习其他大型工程的先进技术、吸收其他行业的先进技术等方式，实现重
大工程创新。例如，借鉴高铁、地铁等大型机电系统的管理经验，通过机电
系统集成总承包方式，实现工程界面的接口协调；引入气象和大数据相关技
术，集成风云卫星基础数据和现场观测数据，通过预报模型为沉管浮运安装
的最佳时段预测提供科学支撑；引入航空航天行业技术，在沉管隧道安装中
引入微机械陀螺和高速度倾角传感器，联合航空航天导航制导专用设备共同
开发了沉管运动姿态实时监测系统。在新技术集成和应用中，工程前期规划
和治理保持动态视角，例如港珠澳大桥管理局保持动态学习理念，密切关注

---

① 苏权科，谢红兵.港珠澳大桥钢结构桥梁建设综述［J］.中国公路学报，2016，29（12）：1-9.

不同行业的技术发展水平，动态调整将可运用的技术装备和新材料应用于工程中。[①]

通过上述分析可见，港珠澳大桥创新管理体现在引入全球资源和吸收广域知识过程中，并通过与海外优质承包商签订施工顾问合同，购买海外供应商的设计与服务，与海外设备供应商联合开发新工艺等方式实现资源全球化；通过搜寻和吸收国内其他行业新技术，引入并集成制造、核电、信息科技、航天等行业先进技术实现了知识吸收和技术融合。

[①] 苏权科，谢红兵.港珠澳大桥钢结构桥梁建设综述［J］.中国公路学报，2016，29（12）：1-9.

参考文献

一、中文文献

（一）专著

［1］［德］贝克，［英］吉登斯，［英］拉什.自反性现代化：现代社会秩序中的政治、传统与美学［M］.赵文书，译.北京：商务印书馆，2001.

［2］［德］贝克.风险社会：新的现代性之路［M］.张文杰，何博闻，译.南京：译林出版社，2022.

［3］［美］爱迪斯.企业生命周期［M］.赵睿，陈甦，何燕生，译.北京：中国社会科学出版社，1997.

［4］［美］波特.竞争战略：分析产业和竞争者的技巧［M］.陈小悦，译.北京：华夏出版社，1997.

［5］［美］布坎南.制度契约与自由：政治经济学家的视角［M］.王金良，译.北京：中国社会科学出版社，2013.

［6］［美］亨廷顿.变化社会中的政治秩序［M］.王冠华，刘为，等译.上海：上海人民出版社，2017.

［7］［美］康芒斯.制度经济学［M］.于树生，译.北京：商务印书馆，2021.

［8］［美］米德玛.科斯经济学：法与经济学和新制度经济学［M］.罗君丽，李井奎，茹玉璁，译.上海：格致出版社，2018.

［9］［美］西蒙.管理行为［M］.詹正茂，译.北京：机械工业出版社，2004.

［10］［美］希斯.危机管理［M］.王成，宋炳辉，金瑛，译.北京：中信出版社，2004.

［11］［英］伯林.扭曲的人性之材［M］.岳秀坤,译.南京:译林出版社,2021.

［12］［英］舍恩伯格,［英］库克耶.大数据时代:生活、工作与思维的大变革［M］.盛杨燕,周涛,译.杭州:浙江人民出版社,2013.

［13］［英］斯密.国富论［M］.章莉,译.南京:译林出版社,2011.

［14］［英］汤因比.历史研究［M］.曹未风,译.上海:上海人民出版社,1996.

［15］蔡定创,蔡秉哲.信用价值论:宏观经济理论新原理［M］.北京:经济日报出版社,2020.

［16］曹月娟,许鑫鑫.企业舆情研究和危机管理［M］.南京:南京大学出版社,2019.

［17］查先进,陈明红,杨凤.竞争情报与企业危机管理［M］.武汉:武汉大学出版社,2010.

［18］常立华.企业财务危机机理研究［M］.成都:西南交通大学出版社,2018.

［19］程艳霞.管理沟通:知识思维与技能［M］.武汉:武汉理工大学出版社,2011.

［20］戴万稳.危机管理之道［M］.南京:南京大学出版社,2019.

［21］杜岩.企业公关危机管理体系研究［M］.北京:中国市场出版社,2011.

［22］范鹏飞,周南平.通信企业危机管理［M］.北京:中国书籍出版社,2013.

［23］高民杰,袁兴林.企业危机预警［M］.北京:中国经济出版社,2003.

［24］何足奇,陈双全,谈伟峰.危机营销［M］.天津:天津人民出版社,2003.

［25］洪银兴.转向市场经济体制的秩序［M］.南京:江苏人民出版社,1998.

［26］居延安.公共关系学:第3版［M］.上海:复旦大学出版社,2005.

［27］李斌.危控论:现代民营企业全面健康管理［M］.成都:四川大学

出版社, 2017.

［28］李春波. 走出困境：企业危机管理［M］. 哈尔滨：黑龙江大学出版社, 2014.

［29］李存健. 风险评估：理论与实践［M］. 北京：中国商务出版社, 2012.

［30］李剑锋, 王珺之. 战略管理十大误区［M］. 北京：中国经济出版社, 2004.

［31］李晓安, 阮俊杰. 信用之路：我国信用治理的经济学研究［M］. 北京：经济管理出版社, 2008.

［32］林钧跃. 企业信用管理［M］. 北京：企业管理出版社, 2001.

［33］刘刚. 危机管理［M］. 北京：中国人民大学出版社, 2013.

［34］刘铁忠. 危机管理理论与实践［M］. 北京：北京理工大学出版社, 2020.

［35］骆正林. 媒体舆论与企业公关［M］. 北京：新华出版社, 2005.

［36］彭秀坤. 国际社会信用评级机构规制及其改革研究［M］. 北京：中国民主法制出版社, 2015.

［37］蒲红果, 何晓梅, 刘路, 等. 如何应对舆情危机?［M］. 北京：新华出版社, 2015.

［38］施继元. 信用担保新论［M］. 北京：中国金融出版社, 2013.

［39］童一秋, 纪康保. 诚信中国：中国企业信用危机报告［M］. 北京：中国盲文出版社, 2002.

［40］王爱民. 营销风险管理［M］. 武汉：武汉理工大学出版社, 2009.

［41］王岩. 社会视角下的企业危机管理模式型构与重塑［M］. 北京：经济管理出版社, 2019.

［42］文学国, 范正青. 中国危机管理报告蓝皮书［M］. 北京：社会科学文献出版社, 2011.

［43］吴琳. 企业危机管理：转危为机的艺术［M］. 北京：经济管理出版社, 2018.

［44］谢旭. 突破信用危机［M］. 北京：中国对外经济贸易出版社, 2003.

［45］熊文军. 大数据视角的品牌微危机管理研究［M］. 武汉：武汉大

学出版社，2020.

［46］徐辉．信用行为经济学导论［M］．合肥：安徽大学出版社，2014.

［47］杨慧．占领国际市场百策［M］．南昌：江西高校出版社，1995.

［48］余廉，高风彦，李东九．企业营销预警管理［M］．石家庄：河北科学技术出版社出版，1999.

［49］张春景，魏劲松．挽救败局：企业危机运营［M］．北京：经济日报出版社，2002.

［50］张维迎．信息、信任与法律［M］．北京：生活·读书·新知三联书店，2003.

［51］张岩松．企业危机管理与网络舆情应对［M］．北京：经济管理出版社，2015.

［52］张玉波．危机管理智囊［M］．北京：机械工业出版社出版，2003.

［53］郑秀梅，刘英娟．现代企业管理探索与实践［M］．北京：新华出版社，2015.

［54］周永生．现代企业危机管理［M］．上海：复旦大学出版社，2007.

［55］朱延智．企业危机管理［M］．北京：中国纺织出版社，2003.

（二）期刊

［1］陈劲，阳银娟．协同创新的理论基础与内涵［J］．科学学研究，2012，30（2）：161-164.

［2］高闯，关鑫．企业商业模式创新的实现方式与演进机理：一种基于价值链创新的理论解释［J］．中国工业经济，2006（11）：83-90.

［3］黄升民，刘珊．"大数据"背景下营销体系的解构与重构［J］．现代传播（中国传媒大学学报），2012，34（11）：13-20.

［4］贾根良，张峰．传统产业的竞争力与地方化生产体系［J］．中国工业经济，2001（9）：46-52.

［5］解学梅．中小企业协同创新网络与创新绩效的实证研究［J］．管理科学学报，2010，13（8）：51-64.

［6］刘宏程，仝允桓．产业创新网络与企业创新路径的共同演化研究：中外 PC 厂商的比较［J］．科学学与科学技术管理，2010，31（2）：72-76.

［7］刘锦英.核心企业自主创新网络演化机理研究：以鸽瑞公司"冷轧钢带"自主创新为例［J］.管理评论，2014，26（2）：157-164.

［8］刘学元，丁雯婧，赵先德.企业创新网络中关系强度、吸收能力与创新绩效的关系研究［J］.南开管理评论，2016，19（1）：30-42.

［9］路江涌，相佩蓉.危机过程管理：如何提升组织韧性？［J］.外国经济与管理，2021，43（3）：3-24.

［10］吕俊萍.危机管理与战略管理：把危机意识融入战略管理过程［J］.决策借鉴，2001（4）：7-11.

［11］马永红，张帆，周文，等.新进企业合作伙伴搜寻模式、网络结构与创新扩散效率［J］.系统管理学报，2016，25（6）：1051-1057，1065.

［12］倪渊.核心企业网络能力与集群协同创新：一个具有中介的双调节效应模型［J］.管理评论，2019，31（12）：85-99.

［13］其格其，高霞，曹洁琼.我国ICT产业产学研合作创新网络结构对企业创新绩效的影响［J］.科研管理，2016，37（S1）：110-115.

［14］钱锡红，徐万里，杨永福.企业网络位置、间接联系与创新绩效［J］.中国工业经济，2010（2）：78-88.

［15］闪淳昌，周玲，秦绪坤，等.我国应急管理体系的现状、问题及解决路径［J］.公共管理评论，2020，2（2）：5-20.

［16］童星.风险灾害危机连续统与全过程应对体系［J］.学习论坛，2012，28（8）：47-50.

［17］王琴.基于价值网络重构的企业商业模式创新［J］.中国工业经济，2011（1）：79-88.

［18］许峰.人才流失危机管理的战略对策［J］.山东社会科学，2005（8）：119-121.

［19］薛澜，沈华.五大转变：新时期应急管理体系建设的理念更新［J］.行政管理改革，2021（7）：51-58.

［20］薛澜，张强，钟开斌.危机管理：转型期中国面临的挑战［J］.中国软科学，2003（4）：6-12.

［21］杨克虎.循证社会科学的产生、发展与未来［J］.图书与情报，2018（3）：1-10.

［22］余刘军．企业员工招聘问题浅析［J］．人口与经济，2007（S1）：79-81．

［23］张海波．中国第四代应急管理体系：逻辑与框架［J］．中国行政管理，2022（4）：112-122．

［24］张建宇．企业危机解决策略的逻辑机理分析［J］．华东经济管理，2010，24（2）：121-123．

［25］赵曙明，沈群红．论企业人力资源管理评估的功能与方法［J］．生产力研究，1998（6）：109-113．

［26］朱俞青，黄方玉．董事会特征对企业财务危机的影响：基于江苏省家族上市公司数据的实证研究［J］．经营与管理，2023（9）：28-34．

（三）论文

［1］付菁葆．企业战略危机诱因研究［D］．哈尔滨：哈尔滨工程大学，2010．

［2］胡勇．企业公关危机风险评价及防控研究：以湖北 X 公司为例［D］．武汉：华中师范大学，2020．

［3］李航．企业人力资源危机的感知与防范［D］．上海：同济大学，2008．

［4］周永生．基于内部诱因的企业危机预警评价系统构建研究［D］．长沙：中南大学，2005．

二、英文文献

（一）专著

［1］BOOTHMAN B E C. Corporate Cataclysm：Abitibi Power and Paper and the Collapse of the Newsprint Industry［M］. Toronto：University of Toronto Press，2020．

［2］CHESBROUGH H W. Open Innovation［M］. Boston：Harvard Business School Press，2003．

［3］DRUCKER P F. The Practice of Management［M］. New York：Harper Business，2006．

［4］MONAHAN B. Strategic Corporate Crisis Management: Building an Unconquerable Organization ［M］. New York: Routledge, 2022.

（二）期刊

［1］BRADY T, DAVIES A. Managing Structural and Dynamic Complexity: A Tale of Two Projects ［J］. Project Management Journal, 2014, 45（4）: 21–38.

［2］BROCKMANN C, BREZINSKI H, ERBE A. Innovation in Construction Megaprojects ［J］. Journal of Construction Engineering and Management, 2016, 142（11）: 04016059.

［3］COASE R H. The Problem of Social Cost ［J］. The Journal of Law & Economics, 1992, 9（1）: 79–81.

［4］EISENHARDT K M. Building Theories from Case Study Research ［J］. The Academy of Management Review, 1989, 14（4）: 532–550.

［5］HYLAND P K, LEE R A, MILLS M J. Mindfulness at Work: A New Approach to Improving Individual and Organizational Performance ［J］. Industrial and Organizational Psychology, 2015, 8（4）: 576–602.

［6］PEARSON C M, CLAIR J A. Reframing Crisis Management ［J］. Academy of Management Review, 1998, 23（1）: 59–76.

［7］PEARSON C M. Reframing Crisis Management ［J］. Academy of Management. 1998, 23（1）: 59–76.

［8］PORTER M E. How competitive forces shape strategy ［J］. Harvard Business Review, 57（2）, 137–145.

［9］Rousseau, D. Psychological and Implied Contracts in Organizations ［J］. Employee Rights and Responsibilities Journal, 1989, 2（2）: 121–139.

［10］TURNER B A. The Organizational and Interorganizational Development of Disasters ［J］. Administrative Science Quarterly, 1976, 21（3）: 378–397.

（三）其他

［1］MCGUIRE T, MANYIKA J, CHUI M. Why Big Data Is the New Competitive Advantage ［EB/OL］. Ivey Business Journal.